わかりやすい
社会保障制度

改訂版

はじめて
福祉に携わる
人へ

淑徳大学総合福祉学部教授　和洋女子大学看護学部准教授　埼玉大学大学院
人文社会科学研究科准教授

結城康博・河村　秋・大津　唯

編著

ぎょうせい

はじめに

　政府は全世代対応型の持続可能な社会保障制度の構築と銘打って、社会保障全般の総合的な検討を行っている。いわゆる「全世代型社会保障制度」の構築である。超高齢化少子化時代に直面している日本社会は、負担と給付といった側面から大きな政策テーマとなっている。

　一方、市民にとっても子どもから高齢者まで社会保障制度は身近なものであり、誰もが利用せずにはいられない。医療、年金、介護、福祉、子育て支援、生活保護、保健といったように社会保障制度が整備・充実されてこそ、安心した生活を送ることができる。しかし、多くの市民が詳細に制度の中身を理解しているかといえばそうではない。たとえば、保険料の負担の仕組みなど、かなり複雑であり難しい。また、働く世代にとっても雇用保険や労災といった制度は重要と認識しつつも、十分に理解している人は少ないだろう。

　本書は、超高齢化・少子化に直面している日本社会の課題や問題点を明らかにしながら、各分野にまたがる社会保障制度の中身をわかりやすく解説している。なお、既刊本である『わかりやすい　社会保障制度〜はじめて福祉に携わる人へ〜』の改訂版という形式となっているが、大きく中身をリニューアルしており、最近の制度改正の内容を盛り込んでいる。また、新しく「控除」「扶養」「非課税」といった章を設けている点では、市民が社会保障制度を理解するには有効だろう。

　専門職や一般市民はもちろん、福祉や看護を学んでいる大学生も本書に触れることで多くの学びにつながると考える。そして、多くの人が今後の日本社会の方向性を考えるうえでの参考本になればと思う。

2023年1月

淑徳大学教授　　結城康博

（執筆者を代表して）

序　章
社会保障とは

1　社会保障は難しい？

　「社会保障とは？」と問われれば何と答えるだろうか。「年金」「医療」「介護」「生活保護」といったキーワードを思い浮かべるだろう。制度・政策論ではなく、「高齢化」「少子化」といった社会問題をイメージする人も少なくないはずだ。いずれにしても、私たちは、マスコミを通して「社会保障」の問題を見聞きしない日はない。

　しかし、どうしても「難しい」「制度が複雑」「専門用語が頭に入らない」といった苦手意識を抱いている人も多いに違いない。実際、介護や福祉現場で従事している専門職らも、「福祉」といったイメージは受け入れやすいが、「社会保障」というと縁遠いと感じている。また、社会福祉士や看護師などを目指す学生等からも「社会保障論は苦手で困っている」といった声を、筆者はよく耳にする。数字が出てくるので「数学」「算数」が苦手な学生は、数字を見ただけで後ずさりしてしまうのかもしれない。

2　社会保障給付費から理解しよう

⑴　「四則演算」のみで対応可能

　しかし、基本的な枠組みを筋道立てて学んでいけば、それほど難しい学問・分野ではない。特に、「社会保障」は制度・政策論の要素が強く、国や自治体の「役割・機能」を踏まえていけば、十分に理解できる。

　また、数字も「四則演算」のみで大枠の理解はできる。「四則演算」

とは、最も基本的な 4 つの計算法である「足し算」「引き算」「掛け算」「割り算」である。

(2)　ILOの基準

それでは、まず社会保障を学ぶうえで「社会保障給付費」という用語から理解しなければならない。ILO（国際労働機関：International Labour Organization）が定めた基準に基づき、何らかのリスクやニーズに対する「給付（サービス）」を提供するものである。

具体的には、①高齢、②遺族、③障害、④労働災害、⑤保健医療、⑥家族、⑦失業、⑧住宅、⑨生活保護その他といったように分類されている[1]。

そして、社会保障給付費の範囲は、①「社会保険制度（雇用保険や労働者災害補償保険を含む）」、②「家族手当制度」、③「公務員に対する特別制度」、④「公衆衛生サービス」、⑤「公的扶助」、⑥「社会福祉制度」、⑦「戦争犠牲者に対する給付」などが含まれるとされている[2]。

(3)　「社会保険」「福祉」「保健」

しかし、なかなか細かい分類は覚えにくい。そのため、①「社会保険」、②「福祉（生活保護など含む）」、③「保健」といった 3 区分だけ理解しておけば十分であろう。

そして、①「年金（約58.5兆円）」、②「医療（約40.7兆円）」、③「介護（約11兆円）」、④「その他（約20兆円）」といった社会保障給付費の順位付けを覚えておけばいい（図表序－1）。なお、社会保障給付費（2021年度予算ベース：約129.6兆円）の総額も踏まえておくべきだ。この総額は、国民総生産の約23.2％にのぼり、かなりの費用となっている。

1　厚生労働省国立社会保障・人口問題研究所「社会保障費用統計の作成方法の変更について（概要）」2013年10月 8 日 2 頁。
2　厚生労働省国立社会保障・人口問題研究所「社会保障費用統計の作成方法の変更について（概要）」2013年10月 8 日 3 頁。

図表序－１　社会保障給付費の推移

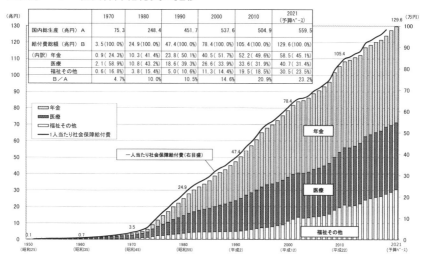

（兆円）	1970	1980	1990	2000	2010	2021（予算ベース）
国内総生産（兆円）A	75.3	248.4	451.7	537.6	504.9	559.5
給付費総額（兆円）B	3.5（100.0%）	24.9（100.0%）	47.4（100.0%）	78.4（100.0%）	105.4（100.0%）	129.6（100.0%）
（内訳）年金	0.9（24.3%）	10.3（41.4%）	23.8（50.1%）	40.5（51.7%）	52.2（49.6%）	58.5（45.1%）
医療	2.1（58.9%）	10.8（43.2%）	18.6（39.3%）	26.6（33.9%）	33.6（31.9%）	40.7（31.4%）
福祉その他	0.6（16.8%）	3.8（15.4%）	5.0（10.6%）	11.3（14.4%）	19.5（18.5%）	30.5（23.5%）
B／A	4.7%	10.0%	10.5%	14.6%	20.9%	23.2%

出典：財政制度分科会「社会保障（参考資料）」2022年４月13日３ページから抜粋

(4)　主 な 財 源

　社会保障給付費の主な財源は、「保険料」と「公費（税金）」から賄われている。その割合は、保険料約６割、公費４割と理解していいだろう（図表序－２）。なお、「給付費」とは利用者自己負担による財源を含まないのが一般的だ。そのため、「社会保障総費用」と「社会保障給付費」とで、利用者自己負担分を財源に加味するか否かで意味が異なることを理解しておくべきだろう。

　いずれにしても、社会保障のために「保険料」と「公費（税金）」を、市民から徴収することは間違いない。

　しかし国の歳入は「国債」と言われる国民からの「借金」に依存しているため、「将来世代への負担を先送りしない」といったことも踏まえなければならない。その意味では、「給付と負担」のバランスが重要である。

図表序－2　社会保障の給付と負担（マクロベース）

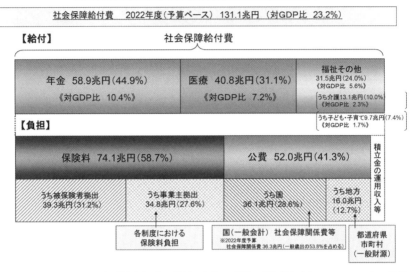

出典：厚生労働省「社会保障の給付と負担の現状」「給付と負担について」から抜粋

(5)　公費は国庫が中心

　なお、「公費」といっても、「国」によるものと自治体による「地方税」がある。社会保障給付費の「公費」は、「国」による国庫負担によるものが大部分である。ただし、都道府県や市町村による負担もあるので、その割合は各制度によって異なることを認識しておく必要がある（図表序－3）。

3　社会保障と社会福祉

(1)　社会保障

　厳密に社会保障の定義として、1950年の社会保障制度審議会による勧

図表序－3　社会保障財源の全体像（イメージ）

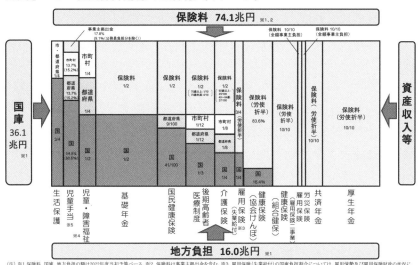

（注）※1 保険料、国庫、地方負担の額は2022年度当初予算ベース。※2 保険料は事業主拠出金を含む。※3 雇用保険（失業給付）の国庫負担割合については、雇用情勢及び雇用保険財政の状況に応じ、1／4又は1／40となるとともに、一定の要件下で一般会計からの繰入れが可能。※4 児童・障害福祉のうち、児童入所施設等の措置費の負担割合は、原則として、国1/2、都道府県・指定都市・中核市・児童相談所設置市1/2等となっている。※5 児童手当については、2022年度当初予算ベースの割合を示したものであり、括弧書きは公務員負担分を除いた割合である。

出典：厚生労働省「給付と負担について」から抜粋

告が通例となっており、「いわゆる社会保障制度とは、疾病、負傷、分娩、廃疾、死亡、老齢、失業、多子その他困窮の原因に対し、保険的方法又は直接公の負担において経済保障の途を講じ、生活困窮に陥った者に対しては、国家扶助によって最低限度の生活を保障するとともに、公衆衛生及び社会福祉の向上を図り、もってすべての国民が文化的社会の成員たるに値する生活を営むことができるようにすることをいうのである。」[3]と規定されている。

(2)　社会福祉

　そして、同勧告第4編において「ここに、社会福祉とは、国家扶助の適用をうけている者、身体障害者、児童、その他援護育成を要する者が、自立してその能力を発揮できるよう、必要な生活指導、更生補導、その

3　社会保障制度審議会（会長：大内兵衛）「社会保障制度に関する勧告」1950年。

他の援護育成を行うことをいうのである。」と述べられている[4]。

　この定義によれば、「社会福祉」とは、「社会保障」における下位概念として認識できる。「社会保険」「国家扶助」「公衆衛生及び医療」「社会福祉」が組み合わさり、社会保障としての制度が成り立っていると理解できるからだ。つまり、何らかの生活困窮に陥った者に対して、国家はこれらの制度・手段を用いて文化的な生活を保障する責務がある。とりわけ、「社会福祉」とは生活困窮者に対して自立していくための支援・援助であるとされている。

4　社会保障におけるキーワード

(1)　現物給付と現金給付

　社会保障の基本的枠組みを理解するポイントは、第一に「現金給付」と「現物給付」といったサービス形態を踏まえておくべきである。

　基本的に「年金」「生活保護費（生活扶助）」「社会手当（子ども手当）」「失業給付（雇用保険）」は、「現金給付」と位置付けられる。

　一方、「医療」「介護」「生活保護（医療・介護扶助など）」「障害者福祉サービス」「保育サービス」などは「現物給付」といえる。

　既述のように、社会保障給付費においては「年金」が多くの割合を占めていることから、「現金給付」が日本の社会保障の傾向であるといえる。

　しかし、「現金給付」に傾斜していく社会保障システムは、サービスを必要としている個人にとって必ずしも有益とは限らない。たとえば、認知症高齢者の年金給付額が上がったからといって、「介護」のサービスに結びつくわけではない。児童福祉や教育においても同様である。

　つまり、「貨幣」を取得したとしても、最終的に必要なサービスに転換できなければ意味がない。特に、社会的弱者となった高齢者や児童等

4　社会保障制度審議会（会長：大内兵衛）「社会保障制度に関する勧告」1950年。

は、誰かが「貨幣」を必要とするサービスにつなげなければ有益とはならない。

　むしろ、「現金給付」を現行水準にとどめ、サービスが必要となった際には「現物給付」として保障していくほうが妥当ではないだろうか。しかも、「現金給付」は一部、貯蓄に回ってしまうことがあるものの、「現物給付」は看護師、介護職員、保育士といった医療・福祉系従事者の雇用拡大にもつながり、部分的には経済効果が期待できる。

　このように日本の社会保障において、「現物給付」もしくは「現金給付」のどちらに傾斜していくかの議論が求められている。なお、筆者は「現物給付型」のシステムに傾斜すべきと考える。

⑵　保険料と公費

　既述のように、社会保障給付費の主財源は「保険料」と「公費」である。これらのどちらに傾斜していくべきかという議論もある。実際、日本の社会保障制度は「医療」「年金」「介護」「雇用保険」「労災保険」といったように、「社会保険」システムが骨子となっている。

　「社会保険」方式といっても、半分は公費（税金）が投入されている制度もあり純粋な保険原理で運用されているわけではない。むしろ、徐々に引き上がる保険料負担において、保険者側も苦慮しているのが実態だ。

　政府は今後の社会保障制度を、今後も「社会保険」を中心に据えていくようだが、上昇する保険料負担について長期的なビジョンが描けていないのではないだろうか。むしろ、公費負担による制度再構築も求められていくかもしれない。

　そうなると、公費負担による制度は「福祉制度」が中心として機能するため、社会保険と福祉制度の役割分担が重要な視点となる。

⑶　世帯もしくは個人単位

　社会保障における「負担と給付」の単位は、「世帯」もしくは「個人」どちらかである。

たとえば、後期高齢者医療制度（75歳以上）の保険料負担は個人単位であるが、保険料の軽減策単位は「世帯」となっている。また、非正規雇用者の厚生年金適用に関しても個人単位で保険料負担が検討されているが、医療保険制度に関しては明確なビジョンが示されていない。

　かつて「家族」が社会保障の機能を担っていた時代では、「世帯」単位といったシステムがうまく機能していた。しかし、現在、超高齢社会に突入した日本社会においては「家族」形態も変わり、個人単位で社会保障制度を構築していかなければならない。特に、比較的新しい介護保険制度や後期高齢者医療制度は、個人単位で保険料を徴収している。

　しかし、他の制度は従来どおり「世帯」単位でシステムが稼働しているため、これらの整合性を見直していかなければならない。

　現行では「世帯分離」申請をしたほうが個人にとってはメリットとなるケースが生じてしまい（負担軽減）、現行の制度自体が公正なシステムとはなっていない。「世帯単位」と「個人単位」の考え方が混在したままの社会保障制度は、不公正なシステムを維持するだけである。家族構造の変化を鑑みながら、個人か世帯かの不具合を整理して、少しでも公正な制度改革が必要である。

5　主軸である社会保険

⑴　社会保険の種類は？

　社会保障制度の骨格を占める「社会保険」では、キーワードを理解する必要がある。特に、これらの制度は職域や職種などによって異なり複雑だ。

　社会保険には大きく、「年金」「医療保険」「介護保険」「雇用保険」「労災保険」の5つの制度がある（詳細は各章を参照）。5つの制度を理解するといっても結構難しい。特に、制度は年々変更されるため、毎年その変更点を追っていかなければ、2年後には古い知識のまま業務をする

ことになってしまう。

　社会保障制度の難解点はここにある。そのため、新聞などで社会保障制度の関連記事を確認しておく必要がある。

(2)　社会保険で覚える用語

　社会保険制度を理解するうえで共通して覚えるポイントがある。5つに制度が異なっているといっても、「保険」制度であることには変わりはない。よって、以下に述べるポイントに沿って勉強していけば、大枠は理解できるはずだ。

①　保険者は？

　保険者は何処なのかは必ず理解しよう。「市町村」「国」「公的組織」など、運営主体である保険者は5つの制度ごとに異なるため、保険者を認識することが重要だ。特に、医療保険などは、保険者がいくつも存在するため、その種類も把握しておくべきだ。もっとも、雇用保険のように、1制度1保険者しか存在しないものもある。

②　被保険者及び被扶養者

　保険者は、制度を運営している主体であるが、被保険者は、それに加入している者である。つまり、保険料を支払い、もしもの時にサービスを受ける側を意味する。この対象者をしっかりと把握しておくことが重要だ。

　ただし、会社員や公務員等が加入している医療保険（健康保険）では、「被扶養者」という概念がある（3親等内の親族）。被保険者は本人であるが、その家族も、病気になったときなどに保険サービスを受けることができる。ただし、「被扶養者」の範囲は、被保険者の収入で暮らしが成り立っていれば、必ずしも被保険者と同居していなくてもいい（ただし、2親等内）。

　たとえば、親と別居しアパートを借りている大学生も被扶養者となる

ことができる。しかし、年収が130万円を超えてしまうと被扶養者になることはできない。そのため、主婦は年収130万円未満のパートしかせず、その金額を調整している。もし、130万円を超える学生や主婦がいたら、自分で医療保険に加入しなければならなくなる。

③　保険料

　保険料の仕組みはかなり複雑だが、社会保険を学ぶうえでは必要不可欠だ。加えて、その保険料が、「所得に応じて異なるのか」「全員一律か」「課税世態もしくは非課税世帯のどちらであるか」によって、その計算式が異なる。保険料の算定の仕方は難しいが、概略だけでも理解しておくべきだろう。しかも、その保険料は、誰が、どの程度、支払うかも制度によって異なるため、十分理解しておこう。

6　格差とは

(1)　再分配機能

　カードゲームの「大富豪」とういう伝統的な遊びをご存じだろうか。このゲームの面白さは、強いカードを有していない不利となったプレイヤーが勝つことにある。何回かゲームを繰り返すうちに、運や駆け引きによって「大富豪」が大貧民に落ちることがあるからだ。

　しかし、実際の社会では、アドバンテージを得たプレイヤーは、慈善事業を除き、社会の格差是正のために多額の税を負担し、貧しい人々に「財」を再分配していくことを積極的に選択するだろうか。

　そもそも、市場経済では、一生懸命努力して良いアイデアを生み出し成功した人々から、高額な税金を徴収して不遇な人に財を「再分配」することに消極的な考えがある。フェアな市場経済で得た富において、「賢明な人が損をする」ことは許されるべきではないと。「再分配」システムは、重度障害者や不運な子どもらなどに限定的にすべきという、いわ

ば「小さな政府」こそが公正な社会システムというのだ。

　一方、「大きな政府」に基づき、市場経済で配分された富を、もう一度、税金などとして政府に納め、困っている社会的弱者に「再分配」することが、公正な社会であると主張する考えもある。

⑵　セーフティーネット

　元気な健常者であれば、自分で働いて所得を稼ぐことで生活には困らない。むしろ、それが自然なはずだ。しかし、人間は誰でも病気や事故に遭うなどして働けなくなる可能性がある。

　そのため、安全網といった仕組みが社会に盛り込まれていれば、誰もが安心して暮らしていける。このような安全網を「セーフティーネット」という。サーカスの空中ブランコの演技者は、落下しても下に網が用意されているから、思い切った技を披露できる。その意味で、我々の生活の安全網が社会保障制度である。

⑶　格差社会の是正

　一部には社会保障サービスの行き過ぎが問題視されている。「自助」という理念に基づき、市場経済で敗者となった層に対して社会がフォローするのは限定的でよいのではないかという指摘だ。

　たしかに、「生活保護」を受給せず厳しい生活を強いられている者も多いため、生活保護制度の不正受給が問題視されることも多々ある。しかし、だからといって、生活困窮者は自業自得であり、フェアな市場経済で敗者となったのだからやむなし、で済ませていいものではない。

⑷　自分だけの努力なのか

　実際、市場経済において、一生懸命働いた結果、勝つ人もいれば、負ける人もいる。たとえ勝者であっても、本当に自分の実力だけで成功したのかは疑問でもある。もちろん、本人の努力なくしては成功を収めることは難しい。しかし、そこには「運」なども大きく寄与している。

勝者は、偶然に恵まれた家庭で育ち教育機会も豊富で、初めから市場経済のなかで有利なプレイヤーであることが多い。一方、貧しい生活環境では、相当な努力をしない限り、勝負できるプレイヤーにさえなることさえもできないケースが多い。

　つまり、市場経済では、フェアなルールに基づいて経済活動がなされているものの、そこに参画できること自体が、一部、「幸運」であり決して自分の力だけではないことを認識されるべきである。

⑸　子ども・若者の貧困

　かつて日本社会は、どんなに貧しい家庭に生まれても、子どもの努力次第で奨学金などを利用しながら一流大学に進学し、それなりの社会的地位と賃金が得られるといった「平等社会」と認識されてきた。

　現在、大学、短大、高専、専門学校といった高等教育機関への進学率は約8割となっている。そのなかでも、親の子育てに関する不安として「大学等の教育費」との回答が多くを占め、就学前教育費等、小中高の学校教育費を大きく引き離している。特に、4年制大学の進学率は約50%となっており、先の団塊ジュニア世代の20%と比べると、かなりの高さとなっている。

　しかし、昨今の高等教育に進学する学生のうち貸与奨学金を利用している学生も多く、卒業後に200万円～500万円と借金を抱える新社会人は少なくない。親の就労状況の変化や大学全入時代と相まって、借金を抱えた新社会人が増えることは、社会全体の活力にも影響を及ぼすことになる。いわば膨大な借金を個人が背負うことで、日本の高学歴化は担保されてきたといっても過言ではない。

⑹　所得格差を測る指標、ジニ係数

　ところで、「平等」とは、どのようなことだろうか。社会保障制度に絡めれば、たとえ弱者になっても、貧しくなく「平等」に市民生活が送れるようなイメージを持つだろう。それゆえ、障害者、高齢者、病人であっ

ても安心して暮らしていけることを、「平等」といえるのかもしれない。

　では、「平等」な社会とは、どのように測定するのだろうか。一般的には、「ジニ係数」が用いられる。簡単に説明すると、0から1までの値で示され、完全に平等なときは最小値0となり、不平等度が大きいほど1に近づく。先進諸外国を見ると、福祉先進国と認識されるスウェーデン等では「ジニ係数」が低いため、より平等な社会とイメージしやすい。

　日本でも年金等の社会保障や税による再分配後の所得のジニ係数は、2017年調査と前回調査（2014年）とを比較すると、若干低下し0.3721（前回比：▲0.0038ポイント）となりジニ係数でみた場合、格差は拡大していない[5]。

(7)　「格差」は引き継がれてしまう

　現在、日本は超高齢社会に突入しており、格差社会も浮き彫りとなり深刻な危機を迎えている。そして、市場経済社会を堅持させ、親や祖父母の「資産」を有利に孫世代に引き継ぐ施策が実施され、不平等社会を是認する動きもみられる。

　しかし、そうなれば、社会を活性化させるエネルギーを低下させてしまう。人間、スタート地点が、はじめから不利となっていれば、それだけ努力する人は少なくなるだろう。

　一定の「資産」を有している者は、同じ社会構成員のために所得・資産の再分配のシステムを新たに考えていくべきではないだろうか。

　たとえば、資産高が多い高齢者に対して、さらに相続税を引き上げ、その「資産」を同じ時代を生きた「世代内」で再分配する仕組みを設け、社会保障といった高齢者施策拡充のために努めるべきであろう。

　誰でも、子や孫に「資産」を引き継がせたいのが「人」としての願望であろう。しかし、それでは、社会全体が歪んでしまい、格差を拡充させてしまうのである。

5　厚労省「平成29年所得再分配調査の結果」2019年9月6日。

7 社会保障制度の歴史

(1) 歴史はイギリスから

ア 救貧法時代

　世界で初めて「社会保障」という言葉が使われたのは、1935年アメリカの「社会保障法」であった。

　F. ルーズベルト（Franklin Delano Roosevelt）大統領が、社会保険である「老齢年金」「失業保険」、経済保障（扶助制度）である高齢者、児童、母子家庭、その他に対する「扶助制度」の３種類を統合して「社会保障」という言葉を用いた。

　しかし、社会保障制度の源流は、イギリスにおける1601年「エリザベス救貧法」からだ。それ以前にも救貧法はいくつか成立していたが、この年の救貧法が有名である。日本では、「関ヶ原の戦い」の時代に、イギリスでは、曲がりなりにも「救貧制度」が成立していた。この制度は、弱者を救済することでは評価できるものの、貧民監督官を設け、労働力のない障害者等に限定して支援を行った。

　その後、イギリスでは、1728年「ギルバート法」、1775年「スピーナムランド制度」、1834年「新救貧法」が成立・実施されていった。

イ 労働問題

　なお、産業革命を世界でいち早く成し遂げたイギリスでは、大都市における労働問題が生じ、子どもや女性の長時間労働が人道的に反すると主張された。そのため、1819年「工場法」が成立し、児童等の労働時間が制限されていった。

　また、この頃から、労働者の低賃金化が指摘され、ウェッブ夫妻らによる「ナショナル・ミニマム（最低生活保障）」の概念が生み出されていった。

ウ　貧困調査

　社会保障制度において「貧困」の問題は大きなテーマとなるが、歴史
上、２つの貧困調査が有名である。１つは、チャールズ・ブースの「ロ
ンドン調査」である。もう１つは、ベンジャミン・シーボーム・ラウン
トリーの「ヨーク調査」である。特に、ラウントリーは、「貧困線」を
設け、第一次貧困、第二次貧困といったように分類した。

エ　福祉国家への途

　イギリスの社会保障制度においては、1942年のベヴァリッジ報告とい
われる「社会保険及び関連サービス」を理解しておく必要がある。

　いわば戦後福祉国家の礎ともなる基本理念であろう。その後、1968年
「シーボム報告」が公表され、地方自治体らが中心となったコミュニティ
の重要性が福祉政策で強調されるようになった。

　しかし、サッチャー政権下では、新自由主義の台頭によって、福祉国
家の見直し策が形成され、社会保障制度の根幹を揺るがす議論へと発展
していった。

(2)　ドイツは「社会保険」発祥の地

　社会保障制度の源流はイギリスから始まったが、「社会保険」制度は
ドイツが先駆的な役割を果たした。19世紀末、ビスマルク宰相は、社会
保険制度を基軸とする福祉政策を展開した。1883年に「疾病保険」、
1884年に「労働災害保険」、1889年には「障害・老齢保険（年金）」を整
備した。

　しかし、失業保険はイギリスのほうが早く、1911年国民保険法という
形で、世界初の「失業保険」が誕生した。なお、日本では、1922年健康
保険法の制定が初の「社会保険制度」として誕生した。

(3)　日本の社会保障制度は明治以降から

　なお、日本の社会保障制度は、明治以降1874年の「恤救規則（じゅっきゅうきそく）」から

21

論じられる（1929年救護法）。ただし、日本の社会保障制度は、医療・保健制度が主流であり、結核対策等から伝染病予防や疾病対策に力点が置かれていた。

　その後、1922年に健康保険法、1938年に国民健康保険法と続き、労働保険関連は、戦後以降のことであり、1947年労働基準法制定から始まっている。参考までに、国民皆年金制度は1961年である。

　戦前の社会保障制度は、ほとんど「救貧」対策が主流で、そのサービス水準も低いものであった。しかし、戦前から社会保険制度が設けられていたことは、理解しておく必要がある。

　今後、急速に伸びる高齢化率の高まりによって、厳しい状況が続くと予想されるが、基本的には「社会保険」方式が核となって社会保障制度が維持されるのか否かを見ていく必要がある。

8 「公共性」と「競争原理」
. . . .

　時系列的に日本の社会保障政策を見ていくと、「社会保険」制度を基軸としながらも、1990年代から高齢者、児童、障害者、低所得者対策などの部門で、「民間委託」を中心とした「競争原理」の傾向が強くなり、やや「公共性」という視点が薄らいでいる。

　具体的には介護保険制度、障害者総合支援法、児童福祉法、指定管理者制度など、「市場経済」に基づく政策理念が浸透している。

　しかし、介護施設における介護職員による殺人（虐待）事件、障害者施設の大量殺傷事件、高齢者を対象とした貧困ビジネスといわれるグレービジネスの台頭など、多くの問題がクローズアップされている。これらは社会保障分野における「競争原理」に基づく政策理念が浸透し、「公共性」の希薄化が要因として考えられる。そのため、「公共性」という意義や役割について問い直す必要があるだろう。

第1章
年金制度

1 年金制度の全体像

⑴ 年金とは何か

　私たちは、高齢になったり、障害を負ったり、家計を支えていた家族が死亡したりしたとき、生活に必要な収入を得ることができなくなってしまう場合がある。そのような状況に直面したときに、生活を維持するために定期的かつ継続的に受け取れる金銭を年金[1]という。

　現代の先進諸国では、国が責任をもって給付を行う公的年金制度が普及している。日本の公的年金は、全国民を対象とする「国民皆年金」であり、リスクに備えてあらかじめ保険料を支払う社会保険方式を採用している。

⑵ 年金制度の全体像

　図表1－1は、日本の年金制度の全体像を示したものである。国が直接運営する公的年金には、国民年金と厚生年金の2つの制度がある。詳しくは後述するが、国民年金は20歳以上60歳未満のすべての人が加入を義務付けられていることから、日本の公的年金は「国民皆年金」といわれる。一方、厚生年金は会社員や公務員が国民年金の上乗せとして加入する制度である。このように日本の公的年金は、全国民に共通の国民年金と会社員・公務員が加入する厚生年金の2つで構成されている。国民

1　本章の執筆にあたっては、『厚生労働白書』（各年度版）や厚生労働省の各種資料、『保険と年金の動向2021/2022』（厚生労働統計協会）などの解説書を参照した。

図表１－１ 年金制度の全体像

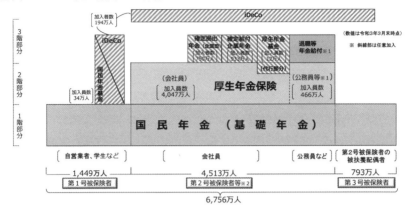

出典：厚生労働省「令和３年版厚生労働白書」

※１ 2015 年 10 月から、公務員や私立学校の教職員も厚生年金に加入。また、共済年金の職域加算部分は廃止され、新たに年金払い退職給付が創設。ただし、それまでの共済年金に加入していた期間分は、2015 年 10 月以後においても、加入期間に応じた職域加算部分を支給。
※２ 国民年金の第２号被保険者等とは、厚生年金被保険者をいう（国民年金の第２号被保険者のほか、65 歳以上で老齢、または、退職を支給事由とする年金給付の受給権を有する者を含む）。

年金を１階部分、厚生年金を２階部分とする「２階建て」方式である、ともいわれる。

　厚生年金の加入者は、さらなる上乗せとして、確定給付型年金、厚生年金基金、確定拠出年金（企業型）などの企業年金に加入している場合がある。これらを３階部分として、日本の年金制度を「３階建て」ということもある[2]。また、厚生年金の対象とならない自営業者などは、国民年金の上乗せとして国民年金基金に任意で加入することができる。このほか、すべての人が任意で加入できるiDeCo（イデコ；個人型確定拠出年金）という仕組みもある。

2　2015年９月まで共済年金の対象であった公務員と私立学校の教職員に対しては、３階部分に相当するものとして「年金払い退職給付」が用意されている。

2 公的年金の被保険者・保険者

⑴　国民年金の被保険者

　国民年金は、日本国内に住む20歳以上60歳未満のすべての人を加入者（被保険者）とする制度であり[3]、被保険者は第1号被保険者と第2号被保険者、第3号被保険者の3つに分かれている。このうち第2号被保険者は、会社員・公務員などの厚生年金の加入者（被保険者）が該当する。第3号被保険者は、第2号被保険者に扶養されている配偶者（専業主婦など）が該当する。扶養されていると認められるには、年収が130万円未満であることなどの条件を満たす必要がある。第2号被保険者と第3号被保険者以外のすべての人（自営業者や農業者、学生、無職者など）は、第1号被保険者となる。

⑵　厚生年金の被保険者

　株式会社などの法人や、常時5人以上の従業員を雇っている個人の事業所は、厚生年金の「強制適用事業所」となり、そこで働く70歳未満の従業員は厚生年金の被保険者となる[4]。パート、アルバイトなどの短時間労働者でも、1週間の所定労働時間と1か月の所定労働日数が正社員の4分の3以上である場合は、厚生年金の被保険者となる。所定労働時

3　60歳を過ぎても国民年金の保険料を納付した期間が40年に満たない人は、65歳になるまで任意で国民年金に加入し、将来の年金受取額を増やすことができる。さらに、65歳を過ぎても10年の受給資格期間（後述）を満たさない場合は、70歳になるまで任意で国民年金に加入することができる。なお、厚生年金の被保険者は自動的に第2号被保険者となるので、任意加入の対象とはならない。また、20歳以上65歳未満で外国に居住する日本人も、任意で国民年金に加入することができる。

4　「強制適用事業所」以外の事業所でも、事業主が従業員の半数以上の同意を得て「任意適用事業所」となれば、そこで働く従業員は厚生年金の被保険者となる。また、適用事業所以外の事業所の従業員も、事業主の同意を得れば単独で厚生年金に加入することができる。その他、70歳以上でも10年の受給資格期間（後述）を満たさない場合は、受給資格期間を満たすまで任意で厚生年金に加入することができる。

間又は所定労働日数が正社員の4分の3未満であっても、従業員数が101人以上の事業所では[5]、1週間の所定労働時間が20時間以上であり、かつ賃金が月額8.8万円以上（年収106万円以上）であるなどの条件を満たせば、厚生年金の被保険者となる。

⑶　国民年金と厚生年金の保険者

　国民年金と厚生年金は、いずれも国が運営主体（保険者）である。ただし、実際の運営には様々な機関が関わっている。年金記録の管理や給付などは、国の委託を受けた日本年金機構が行っている。国民年金の加入手続などは、市町村が行っている。また、国民年金と厚生年金の積立金の管理・運用は、年金積立金管理運用独立行政法人（GPIF）が行っている。

3　公的年金の保険料負担

⑴　国民年金の保険料負担

　国民年金の保険料を納付するのは第1号被保険者のみであり、第2号被保険者と第3号被保険者は保険料の直接的な負担はない。これは、国民年金の給付に必要な費用のうち、第2号被保険者と第3号被保険者の分については、厚生年金が基礎年金拠出金という形で一括して負担する仕組みとなっているためである。

　第1号被保険者が負担する国民年金保険料は、2004年度の物価で月額17,000円に固定されている。実際の金額は物価の変動に応じて毎年度改定され、2022年度は月額16,590円である。保険料の納付が経済的に難しいときなどは、保険料の免除制度や納付猶予制度を利用することができ

5　従業員が100人以下の事業所であっても、労使の合意に基づいて短時間労働者を厚生年金に加入させることができる。

る。

(2)　厚生年金の保険料負担

　厚生年金の保険料は、月々の給与や賞与に一定の保険料率をかけた額を、被保険者本人と会社が半分ずつ負担する仕組み（労使折半）となっている。ただし、月々の給与は標準報酬月額（税引き前の給与をもとに決定する32等級に分かれた金額で最高65万円）に、賞与は標準賞与額（税引き前の賞与の額から1千円未満の端数を切り捨てた金額で、上限150万円）に、それぞれ置き換えられる。保険料率は18.3％で固定されている。

(3)　保険料の決まり方

　国民年金保険料と厚生年金保険料の現在の決まり方は、2004年の年金制度改正で取り決められたものである。この制度改正では、従来のように給付水準を維持するために保険料を引き上げる方法（給付水準固定方式）に代えて、保険料水準を固定して給付水準を調整する保険料水準固定方式が導入された。この考え方に基づき、国民年金保険料は毎年280円（2004年度価格）ずつ引き上げた後、2017年度以降は16,900円（同）で固定することとなった。一方、厚生年金保険料率は毎年0.354ポイントずつ引き上げた後、2017年9月以降は18.3％で固定することとなった。国民年金保険料はその後、産前産後期間の保険料を免除する財源を新たに確保する目的で、2019年度から月額17,000円（2004年度価格）に引き上げられた。

(4)　国民年金保険料の免除・納付猶予

　前述のように、国民年金保険料を納付することが経済的に難しいときなどは、保険料の免除制度や納付猶予制度を利用することができる。

ア　国民年金保険料の免除
　前年の所得が一定以下の場合や失業中の場合、国民年金保険料の免除

制度を利用することができる。免除には全額免除、4分の3免除、半額免除、4分の1免除の4段階がある[6]。このほか、障害年金や生活保護の受給者なども保険料の全額免除の対象となる（法定免除制度）。なお、保険料の免除は老齢基礎年金の減額につながるので（詳しくは後述）、10年以内であれば免除された分の保険料を後から納付（追納）することができる。

　また、2019年4月からは、産前産後期間（出産の前月から4か月間）の国民年金保険料が免除されることとなった。この期間については、保険料が免除されても老齢基礎年金が減額されることはない。

イ　国民年金保険料の納付猶予

　50歳未満で所得が一定以下の場合、国民年金保険料の納付猶予制度を利用することができる[7]。また、学生の場合は、学生納付特例制度を利用すると保険料の納付が猶予される。なお、猶予された保険料は10年以内に追納する必要がある。

4　公的年金の給付

　公的年金の給付には、高齢になったときに支給される老齢年金だけでなく、障害を負ったときに受給できる障害年金、家計を支えていた人が死亡したときに遺族に対して支給される遺族年金がある。国民年金と厚

6　免除の対象となるのは、本人・世帯主・配偶者の前年所得が以下の金額の範囲内の場合である。

全額免除	（扶養親族等の数＋1）×35万円＋32万円
4分の3免除	88万円＋扶養親族等控除額＋社会保険料控除額等
半額免除	128万円＋扶養親族等控除額＋社会保険料控除額等
4分の1免除	168万円＋扶養親族等控除額＋社会保険料控除額等

7　保険料納付猶予制度の対象となるのは、本人・配偶者の前年所得が以下の金額の範囲内の場合である。

（扶養親族等の数＋1）×35万円＋32万円

生年金のどちらにも、これら3種類の年金給付がある。

⑴　国民年金（基礎年金）

ア　老齢基礎年金

　保険料を納付した期間と免除された期間、さらに「合算対象期間」[8]を合わせた期間を受給資格期間という。この受給資格期間が10年以上ある人は、65歳から老齢基礎年金を受給することができる。老齢基礎年金の受給に必要な受給資格期間はもともと25年以上であったが、2017年8月に10年以上に短縮された。

　保険料を40年間全額納めた場合に受け取れる老齢基礎年金の満額は、年額77万7800円（2022年度）である。保険料の免除や未納の期間がある場合、年間の受給額は、次の計算式で算定される。

　このように、老齢基礎年金の受給額は、保険料を納付した月数に比例して決まる。そのため、保険料の未納期間がある場合は、その期間の長さに応じて年金額が減ることになる。保険料を免除された期間は、全額免除の場合でも保険料を納付した場合の2分の1、4分の3免除の場合は8分の5、半額免除の場合は4分の3、4分の1免除の場合は8分の7の金額を受け取ることができる。ただし、産前産後期間の保険料免除は、保険料を全額納付したのと同じ扱いになる。

　なお、老齢基礎年金の支給開始年齢は原則65歳であるが、60歳以上であれば支給開始年齢を繰り上げて早期に受給し始めることができる（繰

8　合算対象期間とは、老齢基礎年金の受給資格期間には含まれるが、年金の給付額には反映されない期間をいい、外国に住んでいた期間や、1985年度以前のサラリーマンの妻、1990年度以前の学生など加入が強制でなかった期間が対象となる。「カラ期間」ともいう。

り上げ受給）。ただし、1か月繰り上げるごとに受給額は0.4％ずつ減額されるため、5年繰り上げて60歳から受給を開始する場合は、年金額が24％減らされることになる。逆に、支給開始年齢を75歳まで遅らせることもでき（繰り下げ受給）、この場合は1か月繰り下げるごとに年金額が0.7％ずつ増額される。10年繰り下げて75歳から受給を開始する場合は、年金額が84％増えることになる。繰り上げ受給や繰り下げ受給によって年金額が減額されたり増額されたりした場合、その金額は一生涯続くことになる。

イ　障害基礎年金

　国民年金に加入していた期間、または60歳以上65歳未満で年金制度に加入していない期間に病気やけがで障害を負ったとき、障害基礎年金が支給される。ただし、保険料を納付した期間と免除された期間の合計が加入期間の3分の2以上であること、または直近1年間に保険料の未納がないことが条件となる。

　障害基礎年金が支給されるのは障害等級2級以上の障害を負った場合で、2級の場合は老齢基礎年金の満額と同じ年額77万7800円（2022年度）、1級の場合はその1.25倍の金額が支給される。子がいる場合は[9]、その人数に応じた加算がある。

　なお、20歳未満で障害を負った場合は、20歳から障害基礎年金を受けることができる。ただし、所得による制限がある。

ウ　遺族基礎年金

　国民年金に加入中の者、かつて国民年金に加入していた60歳以上65歳未満の者、または保険料を納付した期間と免除された期間、「合算対象期間」の合計が25年以上ある者が死亡したとき、その遺族に対して遺族

9　年金制度において「子」は、18歳になる年度の年度末を迎える前の子、または20歳未満で1級または2級の障害がある子を指す。

基礎年金が支給される。ただし、国民年金に加入中の者と、かつて国民年金に加入をしていた60歳以上65歳未満の者の場合は、保険料を納付した期間と免除された期間の合計が加入期間の3分の2以上であること、または直近1年間に保険料の未納が無いことが条件となる。

　遺族基礎年金の支給対象となる遺族は、死亡した人に扶養されていた子のいる配偶者、または子である。配偶者は、前年の収入が850万円未満であれば、扶養されていたとみなされる。給付額は老齢基礎年金の満額と同じ年額77万7800円（2022年度）で、子の人数に応じた加算がある。

⑵　厚生年金

ア　老齢厚生年金

　老齢厚生年金は、老齢基礎年金を受給することができ、かつ厚生年金に加入していたことがある場合に、老齢基礎年金に上乗せして65歳から受給することができる。支給開始年齢は、老齢基礎年金に合わせて繰り上げたり繰り下げたりすることができる。

　給付額は、厚生年金に加入していたときの給与・賞与の額や加入期間の長さなどによって決まる。年間の給付額の具体的な計算式は2003年3月以前の加入期間の分と2003年4月以降の加入期間の分で異なっており、両者を合計したものが実際の給付額となる[10]。以下のとおりである。

---

①　2003年3月以前の加入期間の分の計算式：
　　　平均標準報酬月額×7.125/1000×被保険者期間の月数
　　　　　　　　　↳1946年4月1日以前に生まれた人は生
　　　　　　　　　　年月日に応じて異なる
（＊）　平均標準報酬月額とは、2003年3月以前の加入期間の標準報酬月額の平均である。金額は現在の価値に換算（再評価）される。

10　厚生年金の加入期間が20年以上あり、かつ65歳未満の配偶者または18歳未満の子を扶養している場合は、加給年金額が加算される。

② 2003年4月以降の加入期間の分の計算式：
　　　平均標準報酬額 × <u>5.481</u>/10000 × 被保険者期間の月数
　　　　　　　　　↳1946年4月1日以前に生まれた人は生年
　　　　　　　　　　月日に応じて異なる
（*）　平均標準報酬額とは、2003年4月以降の加入期間中の標準報酬
　　　月額と標準賞与額の総額の平均である。金額は現在の価値に換算
　　　（再評価）される。

　なお、支給開始年齢が原則65歳というのは、もともと男性で60歳、女性は55歳であったのが引き上げられたもので、経過措置として男性は2024年度、女性は2029年度まで、生年月日に応じて60歳以上65歳未満でも給付を受けられる（特別支給の老齢厚生年金）。

　また、60歳以上で仕事をしながら老齢厚生年金を受給する場合、仕事の収入額に応じて給付額が調整される。この仕組みを在職老齢年金という。

イ　障害厚生年金

　厚生年金の加入期間中に病気やけがをして障害を負った場合、障害厚生年金が給付される。ただし、障害基礎年金の場合と同じく、保険料を納付した期間と免除された期間の合計が加入期間の3分の2以上であること、または直近1年間に保険料の未納がないことが条件となる。

　障害厚生年金が支給されるのは障害等級3級以上の障害を負った場合である。2級以上は障害基礎年金の対象なので、障害基礎年金に上乗せして障害厚生年金が支給され、3級の場合は障害基礎年金の対象外なので、障害厚生年金のみが支給される。

　給付額は、2級と3級の場合は老齢厚生年金に相当する金額、1級の場合は2級の1.25倍の金額である。また、厚生年金の加入期間が25年未満の場合は、25年加入したのと同じ額が支給される。3級の場合は年間58万3400円（2022年度）が最低額として保障されている。2級以上で配

偶者を扶養している場合には、配偶者加給年金が加算される。

　なお、3級より程度の軽い障害を負った場合には、一時金として障害手当金が支給される。

ウ　遺族厚生年金

　厚生年金の加入中の人[11]、または保険料を納付した期間、免除された期間、「合算対象期間」の合計が25年以上である人が死亡したとき、その遺族に対して遺族厚生年金が支給される。ただし、遺族基礎年金の場合と同じく、保険料を納付した期間と免除された期間の合計が加入期間の3分の2以上であること、または直近1年間に保険料の未納がないことが条件となる。

　遺族厚生年金の支給対象となる遺族は、死亡した人に扶養されていた妻、子、55歳以上の夫・父母・祖父母、孫である。ただし、子のない30歳未満の妻は、5年間の有期給付である。給付額は、老齢厚生年金相当額の4分の3の金額である。ただし、厚生年金の加入期間が25年未満の場合は、25年加入したのと同じ額が支給される。夫の死亡時に40歳以上65歳未満で子のない妻には、中高齢寡婦加算が上乗せされる。

(3)　老齢年金の給付水準の決まり方

　2004年の年金制度改正では、新しく老齢年金を受給するとき（新規裁定）の年金額は現役世帯の可処分所得の伸び率に合わせて（可処分所得スライド）、いったん老齢年金を受給し始めた後（既裁定）の年金額は物価の伸びに合わせて（物価スライド）、毎年度改定することが法定化された。

　同時に、「マクロ経済スライド」という仕組みが導入され、年金財政の均衡が図られるまでのあいだ、可処分所得や物価の伸びに基づいた毎

11　被保険者でなくなった後でも、加入期間中の病気やけがが原因で5年以内に死亡した場合は対象となる。

年度の改定率から、「スライド調整率」（公的年金の被保険者の減少率＋0.3％）が差し引かれることとなった。ただし、スライド調整率を差し引くことで改定率がマイナスになる場合は改定率を0％とし、差し引く前から改定率がマイナスである場合はマクロ経済スライドを発動しないという条件が設けられている。

　2004年度のマクロ経済スライド導入以降、ほとんどの期間で可処分所得や物価が下落したため、マクロ経済スライドはほとんど発動されず、給付水準の調整は予定より大幅に遅れることとなった。そのため、2016年の制度改正で、マクロ経済スライドが発動されなかった分は翌年度以降に持ち越すルールが導入された（2018年4月施行）。このときの制度改正では、物価より可処分所得の下落率が大きい場合に、既裁定者の年金額も可処分所得に合わせて引き下げるルールも追加されている（2021年4月施行）。

5 公的年金の財政と給付の見通し

⑴ 公的年金の財政方式

　年金制度の財源を確保する方法は、積立方式と賦課方式の2つがある。積立方式は将来の年金給付に必要な費用を事前に積み立てておく方式で、人口変動の影響を受けにくい反面、インフレーションで積立金の価値が損なわれるリスクがある。一方、賦課方式は給付に必要な費用をその時々の現役の加入者の保険料で賄う方式で、インフレーションによるリスクがない反面、人口変動の影響を受けやすく、少子化が進むと現役世代の保険料負担が重くなってしまう欠点がある。

　日本の公的年金は基本的には賦課方式であり、世代間で支え合う仕組みとされている。一方、過去に積み立てられた巨額の積立金も保有しており、その額は約195兆円（2020年度末）である。1年間の給付の総額は約56兆円（2020年度）のため、その3倍以上の積立金を保有している

ことになる。

　2004年の年金制度改正では、この積立金を100年後に給付の1年分が残るペースで取り崩していくことになった。その後も常に100年後に給付の1年分の積立金が残るよう、固定された保険料水準のもとで給付水準を調整していくことになっている（有限均衡方式）。

　なお、基礎年金の給付の2分の1は、国庫負担によって賄われている。現在の日本の公的年金は、保険料、国庫負担、積立金の取り崩し・運用収益によって賄われているということになる。

⑵　公的年金の財政と給付の見通し

　公的年金の財政は長期的な均衡を図っていく必要があるため、国は5年ごとに年金財政の将来の見通しを試算する「財政検証」を実施している。2019年の財政検証では、「経済成長と労働参加が進むケース」ではマクロ経済スライドによる調整の終了後も所得代替率（標準的な年金受給世帯の年金額の、現役世代の手取り収入に対する比率）が50％を上回る状況が維持される一方、「経済成長と労働参加が一定程度進むケース」と「経済成長と労働参加が進まないケース」では2040年代半ばに所得代替率が50％まで低下すると推計されている。年金財政の将来の見通しは経済の動向に大きく左右されるが、5年以内に所得代替率が50％を下回ると見込まれる場合には、給付や負担の在り方を見直すことになっている。

6　企業年金、国民年金基金

　ここまで公的年金（国民年金・厚生年金）の仕組みについて解説してきたが、ここで企業年金等の関連制度についても触れておきたい。

⑴　企業年金

　厚生年金の加入者は、勤め先の企業によっては、国民年金と厚生年金

に加えて企業年金にも加入する場合がある。企業年金には、厚生年金基金、確定給付企業年金、確定拠出年金（企業型）がある。

ア　厚生年金基金

　厚生年金基金は、企業が独立した法人として設立するものである。最大の特徴は、厚生年金の保険料の一部を国に納付せず国に代わって徴収・運用をするところで、これを代行部分という。厚生年金基金は、この代行部分と基金独自の部分とを併せて給付を行う。

　代行部分については、運用がうまくいけば国に任せた場合よりも多くの給付を受け取ることができるが、運用状況が厳しく積立金が不足すると、その不足分を企業が穴埋めしなければならない。かつては企業年金の中核的な制度であったが、2000年代以降は会計基準や経済状況の変化による運用状況の不振などを背景に、代行部分の返上による確定給付企業年金への移行や、基金の解散が相次いでいる。さらに、代行部分の返上や解散の際には国に代行部分の資産を返還しなければならないが、そのための資金が不足している「代行割れ」も問題となっている。2014年度以降は厚生年金基金の新設が認められなくなり、既存の基金も解散が促されていくこととなった。

イ　確定給付企業年金

　確定給付企業年金には、「規約型」と「基金型」がある。規約型は、労使合意の年金規約に基づいて企業が外部の信託銀行などと契約し、その信託銀行などが資金の管理・運用や給付を行う仕組みである。

　基金型では、厚生年金基金と同じように、企業が「企業年金基金」を設立し、この基金が年金資金の管理・運用や給付を行う。ただし、厚生年金基金と異なり、厚生年金の代行は行わない。

ウ　確定拠出年金（企業型）

　確定給付企業年金と厚生年金基金は、どちらも事前に給付額が決めら

れているため、運用収益が予定を下回った場合、企業は追加の拠出を行わなければならない。これに対し、確定拠出年金は事前に給付額が決まっておらず、拠出した掛け金を加入者自身で運用し、掛け金とその運用収益の合計額に基づいて給付額が決まる仕組みとなっている。企業にとっては掛け金の負担のみで将来の積立不足を心配する必要がなく、個人にとっては持ち分が明確で転職の際に持ち運びやすいといった利点がある。ただし、運用に伴うリスクは全面的に個人が負うことになる。

　なお、確定拠出年金には「企業型」のほかに「個人型」がある。個人型は主に自営業者などの国民年金第 1 号被保険者を対象としたものであったが、2017年からは国民年金の被保険者であれば誰でも加入できるようになった。

(2)　国民年金基金

　厚生年金の対象外である自営業者などの国民年金第 1 号被保険者は、任意で国民年金基金に加入することができる。国民年金基金には、都道府県ごとの地域型と、同じ職業の人たちが集まってつくる職能型がある。

　給付は、65歳から生涯受け取れる終身年金が基本であるが、金額は年齢によって異なる。また、自由にこの額を増やしたり、有期年金を追加したりすることができる。

7　公的年金制度の沿革と近年の動向

(1)　公的年金制度の沿革

　日本の公的年金制度は、社会保険の整備が進むなか1942年に本格的に始まった[12]。この年発足したのは男性工場労働者を対象とした労働者年

12　日本の公的年金制度の歴史は、明治期の官吏を対象とした恩給制度に遡り、一般の国民を対象とした制度としては、1940年に船員保険が発足している。

金制度で、同制度は1944年に女性と事務職員にも対象が広げられて、名称も厚生年金と改められた。このときの財政方式は完全な積立方式であり、保険料も加入期間を通して一定であった。ところが、第2次世界大戦後の激しいインフレーションのなかで、すでに支給の始まっていた障害年金や遺族年金は実質的な価値を失い、積立金の価値も下がって財源として役立たなくなった。

そこで、1954年に厚生年金の全面的な制度改正が行われて完全積立方式が放棄され、保険料率を5年ごとに引き上げる「修正積立方式」が採用された。このとき、厚生年金を定額部分と報酬比例部分の2本立てとする仕組みも導入され、これが今日の基礎年金と厚生年金の原型となった。1961年には自営業者や零細企業の労働者を対象とする国民年金が発足し、すべての国民が公的年金制度に加入する「国民皆年金」が成立した。

その後、経済成長による税収や社会保険料の高い伸びに支えられて、公的年金の給付水準は大幅な引き上げが続いた。しかし、給付水準の引き上げは5年ごとであったため、急激な物価と賃金の上昇に対応するには不十分であった。そこで1973年に、物価の変動に合わせて毎年給付額を改定する物価スライド制[13]が導入された。一方で、給付水準の改善に見合う保険料の引き上げは十分に行われず、年金制度の財政運営は賦課方式の性格を強めていった。

1985年には、すべての人が国民年金の被保険者となり基礎年金の給付を受ける現行の制度が導入され、厚生年金は基礎年金の上乗せとして報酬比例部分の給付を行う制度に改められた。この制度改正は、就業構造や産業構造の変化に伴う財政基盤の不安定化や制度間格差への対応を図るものであった。なお、老齢基礎年金の支給開始年齢は65歳とされた。

1990年代に入ると、経済の低成長や少子高齢化の進行に伴い、給付と

13　当初は前年の消費者物価上昇率が5％を超えた場合にスライドが行われることとなっていたが、1989年の制度改正で、無条件で物価スライドが行われる完全自動物価スライド制に改められた。

負担の見直しが避けられなくなった。給付については支給開始年齢の引き上げが実施され、1985年の制度改正では女性の老齢厚生年金支給開始年齢が55歳から60歳に引き上げられていたが、1994年の制度改正で老齢厚生年金の定額部分の支給開始年齢が60歳から65歳に、2000年の制度改正では老齢厚生年金の報酬比例部分の支給開始年齢が60歳から65歳に引き上げられることが決まった[14]。一方負担については、2003年に総報酬制が導入され、これまで保険料賦課の対象外であった賞与にも保険料が賦課されることとなった[15]。

(2)　２００４年改正

2004年には、年金制度の大幅な改正が実施された。まず、保険料負担については、従来のように給付水準を維持するために保険料を引き上げる給付水準維持方式ではなく、保険料水準を固定してその範囲内で給付を行う保険料水準固定方式が導入された。一方、固定した保険料水準に合わせて給付水準を調整するために、マクロ経済スライドが導入された。

また、常に100年後に積立金が給付の１年分が残っているように給付水準を調整していく有限均衡方式が導入された。このほか、基礎年金の国庫負担割合が３分の１から２分の１に引き上げられることが取り決められた。この引き上げは段階的に行われ、2009年度に完了した。

(3)　社会保険庁の廃止と日本年金機構の設立

2000年代には公的年金の管理・運営における問題が次々と発覚し、運営体制についても大きく見直された。国が保険者である国民年金や厚生年金の管理・運営は、長らく厚生労働省の外局であった社会保険庁で行われてきた。しかし、2004年に浮上した政治家の年金未納問題をきっか

14　支給開始年齢引き上げは段階的に行われるため、引き上げが完了するのは男性が2025年度、女性が2030年度である。

15　総報酬制が導入される代わりに、全体の保険料収入に変化が生じないよう保険料率は17.35%から13.58%に引き下げられた。

けに社会保険庁による年金記録のずさんな管理が明らかとなり、さらに2007年には、1997年の基礎年金番号導入の際に過去の年金記録が統合されないまま放置されていたり、年金記録の管理を紙台帳からコンピューターに移行した際に記録が正しく移し替えられなかったりするといった「年金記録問題」が発覚した。社会保険庁は2009年末で廃止され、2010年からは新たに設立された日本年金機構が公的年金制度の運営を担うこととなった。新たな体制のもとで、年金記録問題の解決や運営業務の改善が図られている。

(4)　社会保障・税一体改革

2012年8月には、社会保障・税一体改革の一環として、被用者年金一元化法と年金機能強化法が成立した。被用者年金一元化法では、公務員と私立学校の教職員が加入していた共済年金を厚生年金に統合すること（被用者年金の一元化）が決まり、2015年10月に施行された。年金機能強化法では、短時間労働者への厚生年金の適用拡大や老齢基礎年金の受給資格期間の短縮などが盛り込まれた。これらの施行は消費税増税の延期により遅れていたが、厚生年金の適用拡大は2016年10月に、老齢基礎年金の受給資格期間の短縮は2017年8月に、それぞれ施行された。

2012年11月には年金生活者支援給付金法が成立し、所得の低い老齢基礎年金受給者に補足的な給付がなされることとなった。こちらも消費税増税の延期に伴って施行が延期されたが、2019年10月に給付が始まった。

(5)　その後の制度改正

その後も年金制度は少しずつ見直しが進められている。2016年の改正では、国民年金第1号被保険者の産前産後期間の保険料が免除され、その財源として国民年金保険料が月額100円（2004年度価格）引き上げられることとなった（2019年4月施行）。また、年金額の改定ルールも見直しが行われ、マクロ経済スライドが発動されなかった場合にその分を翌年度以降に持ち越すルール（2018年4月施行）と、物価より可処分所

得の下落率が大きいときに既裁定者の年金額を可処分所得に合わせて引き下げるルール（2021年 4 月施行）が追加された。

　2020年の改正では、短時間労働者への厚生年金のさらなる適用拡大、在職老齢年金制度の見直し、繰り下げ受給の上限年齢の70歳から75歳への引き上げなどが取り決められた。これらは一部を除いて2022年 4 月から施行された。

8　公的年金制度の課題

⑴　国民年金保険料の未納問題と無年金・低年金問題

　公的年金制度が抱える課題の 1 つは、国民年金保険料の未納問題である。国民年金保険料は、給与・賞与から天引きされる厚生年金保険料と異なり自ら納付することになるため、期限までに保険料が納付されず未納状態となる可能性がある。納付期限が過ぎた後も 2 年以内であれば遅れて納付することができるが、それを過ぎると納付をしたくても納付できなくなり、未納が確定する。

　国民年金保険料の最終納付率（保険料が納付されるべき月数のうち、2 年以内に実際に納付された月数）は78.0％（2019年度分）に留まっている[16]。最終納付率は改善傾向にあるものの、いまだ低い水準にあるため、国は納付率向上に向けた様々な施策を展開している。そのなかには滞納処分（財産の差し押さえ）という強制的な徴収もあるが、低所得者の免除や猶予の利用促進も含まれる。

　国民年金保険料が未納のままになると、その期間に比例して老齢基礎

16　国民年金保険料の最終納付率は、あくまでも国民年金保険料の納付をしなければならない国民年金第 1 号被保険者で、かつ免除や猶予の適用を受けていない者のなかでの納付月数ベースの数値である。そのため、公的年金制度の加入者全体に占める過去 2 年間の保険料未納者の割合は約 2 ％（2021年度末）である。「国民の 5 人に 1 人は年金未納」などと喧伝されることがあるが、これはまったくの誤解である。

年金の受給額が減ってしまう。さらに、未納期間が長期化して10年の受給資格期間を満たさなくなると、老齢年金をまったく受け取れない状態になってしまう。障害年金や遺族年金を受給することができなくなる場合もある。このように、保険料の未納は将来の無年金・低年金につながる恐れがあり、これを防ぐことは公的年金制度の最重要課題の1つといえる。

(2)　短時間労働者への厚生年金の適用拡大

　すでに述べたように、所定労働時間または所定労働日数が正社員の4分の3未満であっても、被保険者の総数が常時101人以上の事業所では、1週間の所定労働時間が20時間以上であれば厚生年金の被保険者となる。これは、2016年10月に従業員501人以上の事業所を対象として始まったものが、2022年10月には従業員101人以上の事業所に拡大したものである。2024年10月にはさらに51人以上に拡大することが決まっている。

　厚生年金の適用対象外であるパート、アルバイトの者は、厚生年金の被保険者に扶養されている配偶者でない限り、国民年金の第1号被保険者となって自ら国民年金保険料を納付しなければならない。そのため、短時間労働者に厚生年金を適用させることは、将来受け取れる年金額が増えるのと同時に、国民年金保険料の未納を防ぐことにもつながると期待されている。さらに、従業員が50人以下の事業所にも適用を拡大すべきかどうか、あるいは、労働者か自営業者かがあいまいなフリーランスやギグワーカーの増加にどう対応するべきか、ということが議論されている。

第2章
医療保険制度

1 医療保険制度の仕組み

(1) 平均寿命と健康寿命

　人間が病気やけがにならず、治療も受けずに生活する年数は、一生のうちでそう多くはない。「健康寿命」は、健康上の問題で日常生活が制限されることなく生活できる期間とWHOで定義されており、厚生労働省が、3年ごとに全国のおよそ20万世帯を抽出して調査し、推計値を公表している。2019年時点の健康寿命は、女性が75.38歳、男性が72.68歳である。

　2019年の簡易生命表における日本に住む日本人の平均寿命は、女性87.45年、男性81.41年となっている。平均寿命と健康寿命の差は、日常生活が制限されながら生活している期間ともいえる。

　さらに言えば、日常生活に制限がないまでも、私たちは、1年間、発熱や腹痛、頭痛や発疹などの体調の変化、異常に対し、医療機関を受診し、治療や投薬を受けるといったことがまったくないことがどれほどの年あるだろうか。

　日本は、世界でもトップレベルで平均寿命も健康寿命も延伸している。健康寿命が平均寿命に近づけば、医療や介護を極力受けずに地域で長く暮らし続けることができる。

(2) 医療保険制度の基本

　医療は、私たちが生活するうえで不可欠なものであると言える。2022年4月に厚生労働省が公表した2020年人口動態統計の死亡者の死因につ

いて、男女とも１位は悪性新生物「腫瘍」、２位は心疾患、３位から５位は男女で順位が違うものの、老衰、脳血管疾患、肺炎が入っている。これらの対策に加えて健康診断や感染症等の予防なども、地域で安心・安全に暮らし続けることができるための重要な施策であると言っても過言ではない。

　医療保険は、社会保険の１つである。社会保険と言うと難しく感じるかもしれないが、たとえば皆さんが個人で加入している生命保険をイメージしてみよう。民間の生命保険会社が運営する保険に加入し、保険料を掛けて、病気やケガになったときに、請求することで状況に応じて給付を受けることができる。

　社会保険を簡単に述べれば、国が制度を作って私たち国民が保険料を納め、何かあったときに国全体で保障をしていく制度である。日本は、国民皆保険制度となっている。生活保護の対象者は皆保険制度の対象外になるといった例外を除き、国民は勤め先、働き方や年齢によって必ずいずれかの医療保険に加入することが定められている。言い換えれば、生まれたときから死亡するまで、私たちは必ずいずれかの医療保険に加入している。

　医療が国民皆保険制度であることにより、全国どこにいても自由に医療機関を選んで（フリーアクセス）、高度な医療も患者負担を抑えて受けることができる制度である。

　日本以外の国ではどうだろうか。イギリスやスウェーデンでは日本と同様に全国民が対象となっている。ドイツやフランスでは多くの人が対象となっているが、全国民が対象になっていない。アメリカでは、高齢者・障害者に対するメディケア、低所得者に対するメディケイドが存在するが、現役世代への医療保障は民間が担っていたため、無保険者が存在している。メディケイドの対象範囲拡大などを盛り込んだオバマケアが、2014年に施行され無保険者が減少したが、依然として保険に加入していない者が相当程度いる。保険に加入していないと、病気やけがをしたときにすべて自己負担となるほか、救急車も保険加入していない人は

利用できなかったりするなど、貧富で医療の格差があり、助かる命も助からないことが発生する恐れがある。こうした諸外国の医療保険事情を考えると、日本の医療保険制度、国民皆保険制度は世界に誇れる制度となっている。

　医療保険の掛け金である保険料は、所得に応じて負担するなど、加入している国民＝被保険者の所得の多寡、負担能力に応じて負担する一方、受けられる医療サービスは所得の多寡にかかわらないため、所得が低い者も安心して医療を受けられることになる。また、保険料や受診時の費用負担を負担能力によって負担することにより、結果的に高所得者層から低所得者層に所得を再分配する機能がある。

(3)　日本の医療保険制度の歴史

　次に、日本の医療保険制度を振り返ってみよう。最初から皆保険制度としてスタートしたわけではなく、1922年に労働者を対象とする健康保険法が制定され、1927年に施行された。日本の医療保険制度はドイツの疾病保険をモデルに作られたといわれる。そして、1938年には農業などを生業とする人を対象にした国民健康保険法が1938年に制定され、同年に施行された。しかし、健康保険の適用範囲から除外された零細企業の労働者やその家族、国民健康保険を実施していない市町村の居住者、同種同業の者で構成する特別国民健康保険組合では事業の休廃止が生じるなど、公的保険のない状態に置かれる人が存在していた。

　そこで、1958年に国民健康保険法の全面改正が行われ、1959年に施行された。市町村に住所を有する人は、健康保険組合などの被用者保険加入者等でない限り、国民健康保険に強制加入となった。市町村に国民健康保険事業の運営を義務付けたのが1961年で、ここから国民皆保険制度がスタートした。

　それから、診療を受ける際の自己負担割合の変更、老人医療費の無料化、老人保健法の制定（老人医療費の無料化終了）、健康保険の保険料見直し、患者自己負担の増加、特定療養費制度の創設、診療報酬・薬価

等の改定、介護保険制度の創設と医療保険制度との棲み分け、後期高齢者医療制度の創設と、様々な変遷を経て現在に至っている。

⑷　医療保険制度の体系

現在の医療保険制度の体系については、以下のとおりとなっている（図表2-1）。

0～64歳はそれぞれの該当する保険制度に加入している。65歳以上の高齢者になると、退職してそれまでの協会けんぽや健康保険組合、共済組合といった被用者保険から国民健康保険に加入する人が増加する。高齢者になると所得が下がり、医療にかかる割合が高い（医療費が増加する）という傾向にあるため、65～74歳については、保険者のあいだの財政を調整する仕組みとなっていて、75歳以上については後期高齢者の保険料と現役世代が加入する保険者からの支援金、公費で財源を構成する後期高齢者医療制度に加入することとなっている。

図表2-1　医療保険制度の体系

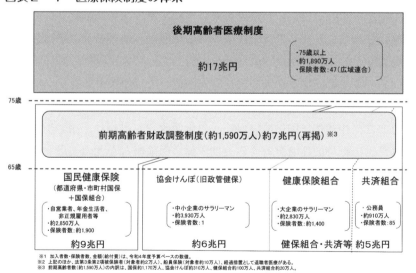

出典：厚生労働省「我が国の医療保険について　医療保険制度の体系」

2019年３月末現在の医療保険制度の加入者数等については、図表２－
２、２－３のとおりである。

2 各医療保険制度

⑴　全国健康保険協会（協会けんぽ）

おもに中小企業で働く会社員とその家族が加入する健康保険制度を運
営している公的な法人である。2008年10月に設立された。それまでは政
府管掌健康保険（略称は政管健保）と呼ばれ、社会保険庁が運営業務を
担っていたが、2006年６月の健康保険法の改正によって新組織に業務を
移すことになった。

図表２－２　医療保険制度の種別（加入者数（万人）、全体に占める割合）

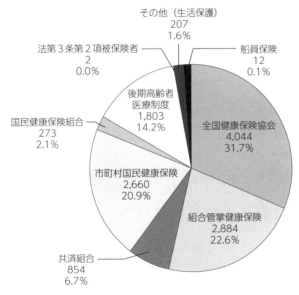

出典：厚生労働省HP「我が国の医療保険について　各保険者の比較」データをもとに筆者
　　　作成（※加入者数は令和２年３月末時点）

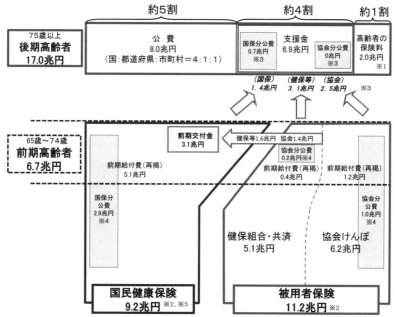

図表2−3　医療保険制度の財源構成（医療給付費・令和4年度予算ベース）

出典：厚生労働省HP「我が国の医療保険について　医療保険制度の財源構成」

　最大の特徴は都道府県ごとの運営を取り入れ、保険料も都道府県ごとに決められるとした点である。各地域で健康づくりを推進し、医療費を抑えることができれば、保険料も抑えられるなどと期待されており、従来の全国一律運営よりも効率的だとされている。

⑵　組合管掌健康保険（健保連）

　健康保険組合が運営する健康保険であり、組合健保と呼ばれる。事業主が単独または共同で組合を設立して、その従業員やその家族が加入する。保険料率は、協会けんぽ（旧政府管掌健康保険）が定率であるのに対し、標準報酬月額と標準賞与額を算定基礎とし、組合ごとの規約によ

り自主決定で定めることができる。また、保険料については、協会けんぽが事業主と被保険者とで折半するのに対して、こちらは事業主の負担割合を高めることができる。さらに法定給付の上乗せとして付加給付ができる。

⑶　共 済 組 合

　国家公務員、地方公務員等やその家族を対象として、一般の社会保険と同様の給付を行うための組織である。省庁ごとの共済組合、都道府県の地域ごとの市町村職員共済組合、私立学校教職員共済組合、農林漁業団体職員共済組合などがある。

⑷　市町村国民健康保険

　会社で働く者が加入している健康保険の被保険者や被扶養者、共済組合の被保険者や被扶養者などのように、75歳未満で他の医療保険制度の加入者や、公費負担で医療が行われる以外の者は、国民健康保険に加入することとなっている。市町村国民健康保険を運営する保険者は、都道府県と当該都道府県内の市区町村であるが、例外として一部事務組合や広域連合といった都道府県や市区町村の事務の一部を共同で行うものがある。

⑸　国民健康保険組合（国保組合）

　国民健康保険組合は、職域で構成されている職域保険で、医師、弁護士、理美容師、土木建築業など職種別に設立され、組合が定める地域内に居住する事業者とその従業員が加入する。設立には都道府県知事の認可が必要である。2020年4月現在、全国で161の国保組合がある。

⑹　後期高齢者医療制度

　急速な少子高齢化の進展に伴い、社会保障全体の費用が増え続け、医療費の伸びが著しい状況にある社会情勢を背景に、国民皆保険を維持し、

将来にわたって医療保険制度を持続可能なものとしていく抜本的な医療制度の見直しが行われ、2006年6月21日に公布された「健康保険法等の一部を改正する法律」により、「老人保健法」が「高齢者の医療の確保に関する法律」と全面的に改正され、2008年4月1日から、75歳以上の人および一定の障害があり申請により認定を受けた65歳以上の人に係る医療については、財政基盤の安定化を図るという考え方から、従来の医療保険制度から独立した、後期高齢者医療制度が実施された。

後期高齢者医療制度は、都道府県内のすべての市町村が加入する後期高齢者医療広域連合が主体となり、市町村と連携しながら制度を運営していて、47の後期高齢者医療広域連合が国内に設置されている。

被保険者は、後期高齢者医療広域連合の区域内に住所を有する75歳以上のすべての者と、後期高齢者医療広域連合の区域内に住所を有する65歳以上75歳未満で、一定の障害の状態にあることにより後期高齢者医療広域連合の認定を受けた者である。

(7)　法第3条第2項被保険者

健康保険法に定める被保険者のうち、以下のいずれかの人が該当する。保険者は協会けんぽとなる。

①臨時に2か月以内の期間を定めて使用され、その期間を超えない人
②臨時に日々雇用される人で1か月を超えない人
③季節的業務に4か月を超えない期間使用される予定の人
④臨時的事業の事業所に6か月を超えない期間使用される予定の人

(8)　その他（生活保護）

生活保護受給者は、国民健康保険の被保険者から除外されているため、ほとんどの生活保護受給者の医療費はその全額を医療扶助で負担している。ただし、①障害者総合支援法等の公費負担医療が適用される者や、②被用者保険の被保険者または被扶養者については、各制度において給付されない部分が医療扶助の給付対象となる。

図表2－4　制度別の財政の概要（平成30年度）

医療保険制度間では、年齢構成による医療費の違いなどによる財政の負担を調整するために、負担を調整する仕組みとなっています（前期調整額）。また後期高齢者に係る給付費の一部は他の制度も支援金という形で負担しています。（後期支援金）

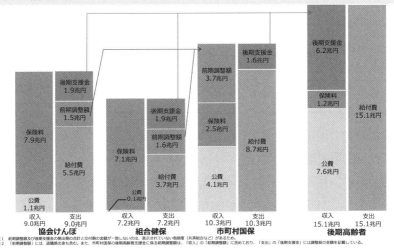

注1　前期調整額及び後期支援金の拠出側の合計と交付側の金額が一致しないのは、表示されていない他制度（共済組合など）があるため。
注2　「前期調整額」には、退職被拠出金も含む。また、市町村国保の後期高齢者支援金に係る前期調整額は、「収入」の「前期調整額」に含めており、「支出」の「後期支援金」には調整後の金額を記載している。

出典：厚生労働省「第145回社会保障審議会医療保険部会」（2021年9月22日）
　　　資料3「医療費における保険給付率と患者負担率のバランス等の定期的な見える化について」5ページから抜粋

　図表2－4の制度別の財政の状況にある公費については、協会けんぽや組合健保は国から、市町村国保や後期高齢者医療は国・県・市町村から支出されている。

3　保険料

　協会けんぽや組合健保については、以下のとおり、保険料額が決められる。

　　標準報酬月額（または標準賞与額）×健康保険料率

　標準報酬月額とは、月々の給料を1～50の等級（厚生年金は1～32）

に分けて表すもので、厚生年金保険料や健康保険料の金額を算出する際に利用する（第1章参照）。通常、毎年7月1日に算出し、算出根拠となるのは、その年の4～6月の3か月間の給料の月平均額である。この場合の給料には、基本給のほか、残業手当や家族手当、通勤手当、精勤手当、管理職手当などが含まれる。

標準賞与額とは、実際の税引き前の賞与の額から1千円未満の端数を切り捨てたもので、支給1回（同じ月に2回以上支給されたときは合算）につき、150万円が上限となる。

共済組合の保険料についても、標準報酬月額または標準報酬期末手当等に健康保険料率を掛けて保険料額が決められる。

国民健康保険は、国民健康保険税を課すときには保険料は徴収しないこととなっており、現在多くの自治体が国民健康保険税により徴収している。

保険税（料）の計算方法（賦課方式）は市町村によって違っているが、主に3通りある。

　　①4方式（所得割・資産割・被保険者均等割・世帯平等割）
　　②3方式（所得割・被保険者均等割・世帯平等割）
　　③2方式（所得割・被保険者均等割）

たとえば、①の4方式であれば、所得割で算定した額、資産割で算定した額、均等割で算定した額、世帯平等割を合算した額が保険税（料）となる。

所得割は、その世帯の所得に応じて算定され、旧ただし書き方式（総所得金額から基礎控除額（33万円）を引いた額に料率をかける）で算定される。資産割は、その世帯の資産に応じて算定され、固定資産税額に料率をかけて算定される。被保険者均等割は、その世帯の被保険者数に均等割額をかけて算定される。世帯平等割は、1世帯あたりの額で算定される。所得割や資産割の料率、均等割額や世帯平等割額は市町村によって条例で定められるため違いがある。

　また、保険税（料）の額には上限（賦課限度額）があるほか、低所得世帯を対象にした軽減措置や、災害等で被災された世帯に対する減免措置などもある。

　協会けんぽや組合健保、共済組合、国民健康保険などは、それぞれの保険料算定にあたり、それぞれの被保険者や被扶養者が受ける医療費用のほか、後期高齢者支援分の額も含めての算定が必要となる。加入者のうち、40〜64歳は介護保険の第2号被保険者に該当することから、別途、介護分が加算される。

　保険料は、療養給付費などの支払いに必要な額や後期高齢者医療への支援分に必要な額、介護保険料の負担に必要な額をはじめに推計し、その推計額をもとにどれだけの額の保険料が必要かを算出し、保険料率などが決められる。

　75歳以上が加入する後期高齢者医療保険は、その世帯に75歳以上の者が複数いれば、それぞれが被保険者として保険料を納めることとなっている。保険料の額は、被保険者一人ひとりに均等に賦課される「均等割額」と、所得に応じて決められる「所得割額」の合計額である。保険料は、療養給付費などの支払いに必要な額などを推計し、どれだけの額の保険料が必要かを算出し、保険料率を決めている。

　各医療保険とも、推計や実際に徴収した保険料の不足があれば財政が赤字になってしまい、逆に多すぎれば剰余金が多く発生し、被保険者から不満の声が多く出されることになる。

4　被保険者の資格

　国民健康保険は、地域保険と呼ばれている。国民健康保険法の規定で、都道府県の区域内に住所を有する者は、当該都道府県が当該都道府県内の市町村とともに行う国民健康保険の被保険者とする、とあり、当事者の意思や届出の有無にかかわらず、国民健康保険以外の医療保険の被保険者等でない者は被保険者となる。

また、外国人にも国民健康保険が適用される。適用対象となる外国人は、原則として出入国管理法及び難民認定法（入管法）の規定による在留資格をもって日本に在留する者と、興行・技能実習等の在留資格を有する場合で、資料等によって３か月以上滞在すると認められる者となる。

　被保険者の資格を得る時期については、国民健康保険法の規定で、都道府県の区域内に住所を有するに至った日または他の医療保険の被保険者等に該当しなくなった日から、その資格を取得する、となっている。

　住所を有するに至った日については、出生により住所を得る場合や他県から転入してくる場合などがある。

　他の保険（国民健康保険の適用除外）を外れて、国民健康保険の被保険者となる場合で、数が多いのは、健康保険法の被保険者と、その被扶養者ではなくなった者であり、一般的に「社保離脱」といわれている。社保離脱の場合、勤めていた会社を退職等する際に健康保険資格喪失証明書の交付を受けて、その証明書等を持参して住所地の市町村窓口にて国民健康保険に加入する手続きを行うことになる。証明書等の発行は、加入していた保険の保険者によって方法が異なる。

　協会けんぽや組合健保、共済組合は、一定の条件を満たす従業員が被保険者となり、一定の条件を満たす扶養されている配偶者や親族が被扶養者として加入対象となる。

　国民健康保険法では、被保険者の資格を失うことについて、都道府県の区域内に住所を有しなくなった日の翌日、または他の医療保険の被保険者等に該当した日の翌日から、その資格を喪失する、と規定されている。ただし、都道府県の区域内に住所を有しなくなった日に他の都道府県の区域内に住所を有するに至ったときや、生活保護法による保護を受けている世帯や国民健康保険組合の被保険者となった場合は、該当するに至った日から資格を喪失することとなっている。

　適用除外となって国民健康保険の被保険者ではなくなるもので、数の多いのは、健康保険法の被保険者とその被扶養者になった場合である。いわゆる社会保険に加入する場合で、一般的に「社保加入」といわれて

いる。会社に就職し社保加入する際、健康保険資格取得証明書の交付を
受けて、その証明書等を持参して住所地の市町村窓口にて国民健康保険
の資格を喪失する手続きを行うことになる。証明書等の発行は、加入す
る保険の保険者によって方法が異なる。

　その他、国民健康保険では住所地特例として、他の都道府県に所在す
る病院や介護保険施設等に入院、入所している者は、住所を当該病院や
介護保険施設等に設定していても、それまでに住所があった都道府県の
被保険者となる。これは、当該病院や介護保険施設等がある自治体の国
保医療費の負担を軽減する目的で行われている。

5　被保険者証

　各医療保険とも、被保険者や被扶養者に対して被保険者証が交付され
ている。また、保険医療機関等で療養の給付等を受ける場合の被保険者
資格の確認について、マイナンバーカードによるオンライン資格確認が、
2021年10月20日から運用開始された。

　なお、マイナンバーカードの読み取り機が設置されていない医療機関
を受診する場合や、マイナンバーカードを持っていない場合は、これま
でどおり保険証を提示する必要がある。また、保険証等は、マイナンバー
カードを持っている者を含めて、これまでどおり発行・更新される。

　なお、2023年4月からはオンライン資格確認の導入が原則義務化され
ることとなっている。

6　医療保険からの支出

　各医療保険から、支払われるものについて簡潔に記載する。

⑴　療養給付

　被保険者が病気やけがで診療を受けた時に、かかった診療費を医療機

関に支払うもので、保険者から見れば、被保険者には保険給付分を費用として直接支払わず、実際の診療という一種のサービスを給付するもので、現物給付と呼ばれている。なお、何らかの理由で現物給付ができなかった場合には、いったん被保険者が保険給付分も支払い、後日手続をして保険給付分の費用を支払ってもらう償還払いの方法もある。また、補装具等の療養費についても現物給付で償還払いとなっている。

　療養給付の範囲については、以下のとおりである。

- ①診察
- ②薬剤または治療材料の支給
- ③処置、手術その他の治療
- ④居宅における療養上の管理およびその療養に伴う世話その他の看護
- ⑤病院または診療所への入院およびその療養に伴う世話その他の看護

(2)　一部負担金

　医療機関等で療養給付を受ける者は、その給付を受ける際に、医療機関等に一部負担金を支払わなければならないこととなっている。その割合は、図表2－5のとおりである。

(3)　入院時食事療養費

　入院時食事療養費は、被保険者が医療機関への入院に伴い療養給付と併せて食事療養を受けた場合に支給される。

(4)　入院時生活療養費

　入院時生活療養費は、65歳以上の被保険者が医療療養病床への入院に伴い療養給付と併せて食事療養などの生活療養を受けた場合に支給される。

図表2−5　一部負担金の割合

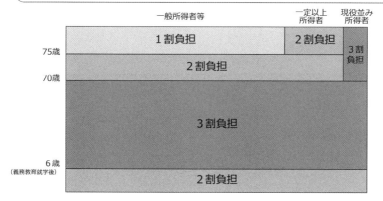

○ それぞれの年齢層における一部負担（自己負担）割合は、以下のとおり。
・ 75歳以上の者は、1割（現役並み所得者は3割、現役並み所得者以外の一定所得以上の者は2割^{（※）}）。
・ 70歳から74歳までの者は、2割（現役並み所得者は3割。）。
・ 70歳未満の者は3割。6歳（義務教育就学前）未満の者は2割。
（※）令和4年10月1日から施行。

出典：厚生労働省「我が国の医療保険について　医療費の一部負担（自己負担）割合について」

⑸　保険外併用療養費

　保険外併用療養費は、厚生労働大臣が定める評価療養（保険導入のための評価を行うもの）や患者申出療養（困難な病気と闘う患者の思いに応えるため、先進的な医療について、患者の申出を起点とし、安全性・有効性等を確認しつつ、身近な医療機関で迅速に受けられるようにするもの）、選定療養（特別の病室の提供など被保険者の選定に係るもの）を受けた場合に支給される。

⑹　療養費

　療養費は事後に被保険者に一定の費用を支給することで、現物給付である療養等給付を補完するものである。

(7)　訪 問 看 護 療 養 費

　訪問看護療養費は、指定訪問看護を受けた場合に支給されるもので、対象は在宅で寝たきり等の状態にある難病患者や重度障害者、働き盛りで脳卒中などにより倒れて寝たきり状態になった者である。

(8)　移 送 費

　移送費は、被保険者が療養給付を受けるため病院または診療所に移送されたときに支給される。

(9)　高 額 療 養 費

　被保険者の一部負担の軽減を図ることを目的として、高額療養費がある。

(10)　高 額 介 護 合 算 療 養 費

　前年8月1日～7月31日の1年間に、被保険者が世帯内で国保など医療保険と介護保険の両保険から給付を受けることで自己負担額が高額になったとき、被保険者の申請により医療保険・介護保険を通じた自己負担限度額が適用され、一定額以上は高額介護合算療養費として払い戻される。

(11)　出 産、死 亡 に 関 す る 給 付

　被保険者の出産、死亡について、医療保険の給付の対象となっていて、出産育児一時金の支給や葬祭費の支給が行われる。

(12)　そ の 他 の 給 付

　傷病手当金の支給、その他の保険給付が行われる。

7　他制度の給付との調整

　同一の傷病に対して、２つ以上の制度から給付を受ける権利がある場合にどの制度から優先して給付が受けられるか、順序をはっきりさせておくことが必要である。医療保険制度間の調整はもとより、介護保険法との調整、災害補償保険各法との調整、障害者福祉や児童福祉など他の法令に基づく国または地方公共団体の負担により行われる医療給付との調整などが挙げられる。

8　診療報酬

　国民健康保険制度や後期高齢者医療制度、被用者保険制度といった医療保険制度は、仕組みの違いがあっても、医療にかかった費用の支払いにあたっては、共通の単価、つまり診療報酬については同じ単価、同じ点数表となっている。同じ疾病で、同じ診療を受けた場合の医療費は、同額となり、自己負担割合が違っていても、診療というサービスを提供した医療機関等が受け取るサービス対価全体は同額ということになる。

　診療報酬とは、保険医療機関および保険薬局が、保険医療サービスに対する対価として、保険者から受け取る報酬である。診療報酬点数表では、個々の技術、サービスを点数化（１点は10円）して評価し、告示していて、点数表は医科、歯科、調剤に区分されている。

⑴　保険診療の流れ

　保険診療の流れについては、図表２－６のとおりである。

⑵　診療報酬改定の流れ

　診療報酬改定は２年に１度行われていて、2022年改定の次は2024年４月に改定される。薬価基準については、２年に１回行われている薬価調査に加え、その間の年においても、全品を対象に、薬価調査を行い、そ

図表2－6　保険診療の流れ

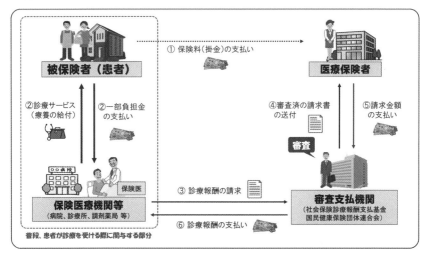

出典：厚生労働省「我が国の医療保険について　保険診療の流れ」

図表2－7　診療報酬改定の流れ

診療報酬改定は、
　① 予算編成過程を通じて内閣が決定した改定率を所与の前提として、
　② 社会保障審議会医療保険部会及び医療部会において策定された「基本方針」に基づき、
　③ 中央社会保険医療協議会において、具体的な診療報酬点数の設定等に係る審議を行い
実施されるものである。

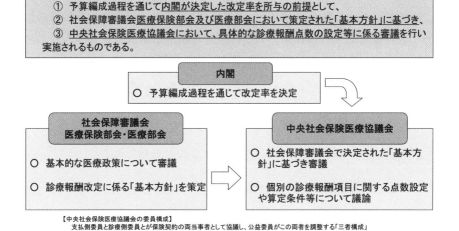

出典：厚生労働省「診療報酬改定の流れ」

60

の結果に基づき、価格乖離の大きな品目について薬価改定を実施することとなり、2021年に初めてこのルールでの改定が行われた。

(3)　診療報酬の構造

　概要の例として、医科診療報酬点数表例における基本診療料は図表2-8のとおりである。基本診療料は、初診もしくは再診の際および入院の際に行われる基本的な診療行為の費用を一括して評価するものであ

図表2-8　基本診療料

①外来

初診料	外来での初回の診療時に算定する点数。基本的な診療行為を含む一連の費用を評価したもので、簡単な検査、処置等の費用が含まれる。
再診料	外来の2回目以降の診療時に1回ごとに算定する点数。基本的な診療行為を含む一連の費用を評価したもので、簡単な検査、処置等の費用が含まれる。

②入院

入院基本料	入院の際に行われる基本的な医学管理、看護、療養環境の提供を含む一連の費用を評価したもの。簡単な検査、処置等の費用を含み、病棟の種別、看護配置、平均在院日数等により区分されている。なお、療養病棟入院基本料については、その他の入院基本料の範囲に加え、検査、投薬、注射および簡単な処置等の費用が含まれる。
入院基本料等加算	人員の配置、特殊な診療の体制等、医療機関の機能等に応じて1日ごと、または1入院ごとに算定する点数。

※2022年10月1日以降は、地域でコロナ医療など一定の役割を担う医療機関に勤務する看護職員を対象に、収入を3%程度（月額平均12,000円相当）引き上げるための処遇改善の仕組みとして、看護職員処遇改善評価料が新設された。

特定入院料	集中治療、回復期リハビリテーション、亜急性期入院医療等の特定の機能を有する病棟または病床に入院した場合に算定する点数。入院基本料の範囲に加え、検査、投薬、注射、処置等の費用が含まれる。
短期滞在手術等基本料	短期滞在手術等基本料は、短期滞在手術等（日帰り手術、1泊2日入院による手術および4泊5日入院による手術および検査）を行うための環境および当該手術を行うために必要な術前・術後の管理や定型的な検査、画像診断等を包括的に評価したもの。

図表2－9 特掲診療料

医学管理等	特殊な疾患に対する診療、医療機関が連携して行う治療管理、特定の医学管理等が行われた場合に算定する点数。
在宅医療	在宅医療に係る診療報酬。患者の居宅を訪問して医療が行われた場合に算定する点数と、在宅における療養のための医学機器の貸与等が行われた場合に算定する点数とからなる。
検査	検体検査、病理学的検査、生体検査等の施行時に算定する点数。
画像診断	エックス線診断、核医学診断、コンピューター断層撮影診断等の画像撮影、診断時に算定する点数。
投薬	投薬時に算定する点数。
注射	注射時に算定する点数。
リハビリテーション	リハビリテーション時に算定する点数。
精神科専門療法	精神科専門療法時に算定する点数。
処置	喀痰吸引、人工呼吸、介達牽引等の処置時に算定する点数。
手術	手術時に算定する点数。
麻酔	麻酔時に算定する点数。
放射線治療	放射線治療時に算定する点数。
病理診断	病理診断時に算定する点数。

出典：厚生労働省「診療報酬制度について」の表をもとに筆者作成

る。

　次に特掲診療料は、基本診療料として一括して支払うことが妥当でない特別の診療行為に対して個々に点数を設定し、評価をするものである。

第3章

介護保険制度

1 介護保険制度を学ぶ意義

　政府は、できるだけ「人」の最期を在宅で迎えられるような医療・介護施策を推進している。たしかに、介護施設も増やしてはいるが、今後、多くの団塊世代（戦後第1次ベビーブーム期の1947〜1949年に生まれた世代）が要介護状態となり看取りまで考えると、受け皿が十分準備できないため、在宅介護を基軸にして考えざるをえない。

　しかし、2000年4月からスタートした介護保険制度は、多くの団塊世代が全員85歳となる2035年、そしてそれ以降も大きな課題を背負い続けるだろう。たとえば、深刻化する介護職員不足によって、社会保険である「介護保険制度」であってもサービスを享受できるのかといった疑問を抱かずにはいられない。

　また、今後、公的年金給付額は増える見込みもなく、増え続ける医療や介護保険料が天引き（自動引き落とし）されるため、定期的に高齢者の可処分所得は目減りすることから老後の生活は決して安心とはいえない。

　その意味では、介護保険制度の概要を理解しながら、今後の超高齢化社会の課題を探求することで社会保障制度の問題点を理解することにつながる。

2 介護保険制度の背景

　高齢化率は、1970年に7％を、1994年には14％を超え高齢社会に突入した。そして、2021年の日本の総人口は1億2,550万人となっており、

このうち65歳以上人口は3,621万人、総人口に占める割合（高齢化率）は28.9％となっている（2021年10月１日時点）。

　そもそも日本の高齢者介護施策は、1989年「高齢者保健福祉推進十か年戦略（ゴールドプラン）」が策定されたことが大きい。そして、1990年代に入って老人保健福祉計画策定や新ゴールドプランへの改定、そして介護保険制度の成立・施行へと展開されていった。

　急速に高齢社会が進んでいるため、介護を必要とする人が増加している。また、少子化や核家族化も進んで、家族で支えることができない状況が生じている。これらに対応してくために、2000年４月１日に介護保険制度がスタートした。それまでは老人福祉制度に基づき、市区町村が介護サービスの種類や提供機関を決めていた「措置」といわれる制度で、介護サービスは提供されていた。

　しかし、「措置」制度では、利用者が自由にサービスを選択することができなかった。また、病院では治療の必要がないにもかかわらず、在宅で支えるための制度が整っていなかったため、退院できず「社会的入院」が発生していた。

　いわば老人福祉制度に基づく「措置」制度では、利用者を支えることに限界があると評されたため、高齢者の「自立」した生活や自分でサービスを選ぶことができる制度が必要となったということが介護保険制度の成立の背景にある。

3　介護保険制度の理念

　介護保険法には理念の条文はないが、本文に次のような重要な事項がある。

（目的）第１条
　この法律は、加齢に伴って生ずる心身の変化に起因する疾病等により要介護状態となり、入浴、排せつ、食事等の介護、機能訓練並びに

看護及び療養上の管理その他の医療を要する者等について、これらの者がその有する能力に応じ自立した日常生活を営むことができるよう、必要な保健医療サービス及び福祉サービスに係る給付を行うため、国民の共同連帯の理念に基づき介護保険制度を設け、その行う保険給付等に関して必要な事項を定め、もって国民の保健医療の向上及び福祉の増進を図ることを目的とする。

（介護保険）第２条
１、介護保険は、被保険者の要介護状態又は要介護状態となるおそれがある状態に関し、必要な保険給付を行うものとする。
２、前項の保険給付は、要介護状態の軽減若しくは悪化の防止又は要介護状態となることの予防に資するよう行われるとともに、医療との連携に十分配慮して行われなければならない。
３、第一項の保険給付は、被保険者の心身の状況、その置かれている状況等に応じて、被保険者の選択に基づき、適切な保健医療サービス及び福祉サービスが、多様な事業者又は施設から、総合的かつ効率的に提供されるよう配慮して行われなければならない。
４、第一項の保険給付の内容及び水準は、被保険者が要介護状態となった場合においても、可能な限り、その居宅において、その有する能力に応じ自立した日常生活を営むことができるように配慮されなければならない。

　介護保険を利用したからといって、その人らしい生活を失ってしまうわけではない。介護が必要な人のその有する能力に応じた日常生活を送ることができるよう目指す。

4 介護保険制度の仕組み

⑴ 保険者と被保険者

　繰り返すが、介護が必要となった高齢者を社会全体で支えていくための仕組みとして、介護保険制度がある。市区町村が保険者として運営し、40歳以上が全員加入して介護保険料を納め、要介護認定を受けた場合に利用者が１割（一定以上の所得がある65歳以上は２割もしくは３割）の利用料金を支払うことで、「現物給付」による介護サービスを受けることができる（図表３－１）。

　なお、第１号被保険者は、65歳以上、第２号被保険者は、40歳以上65歳未満となっている。つまり、被保険者は、各市区町村の40歳以上の住民基本台帳上の住所を有する者となっており、住民登録がある外国籍の

図表３－１　介護保険制度の仕組み

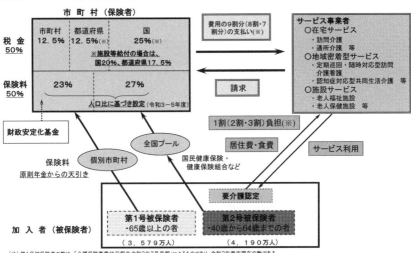

（注）第１号被保険者の数は、「介護保険事業状況報告令和３年３月月報」によるものであり、令和２年度末現在の数である。
　　　第２号被保険者の数は、社会保険診療報酬支払基金が介護給付費納付金額を確定するための医療保険者からの報告によるものであり、令和２年度内の月平均値である。
（※）一定以上所得者については、費用の２割負担（平成27年８月施行）又は３割負担（平成30年８月施行）。

出典：厚生労働省介護保険部会（第92回）「資料１：介護保険制度をめぐる最近の動向について」（2022年３月24日）２ページから抜粋

者も対象である。

(2)　介護保険料

　保険者である市区町村は 3 年を 1 期とする介護保険事業計画を策定しなければならない。その中の 1 つとして保険料の算定が重要となる。3 年ごとに事業計画で定めるサービス費用見込額等を基に、財政均衡を考慮しながらの保険料を決めていく。そのため、保険者（市区町村）によって保険料額は異なる。

　2021年度からの第 8 期介護保険事業計画(2021 〜 2023年度)において、第 1 号被保険者である65歳以上が負担する毎月の全国介護保険料（基準額）は6,014円となっている。第 1 期（2000 〜 2002年度）が2,911円と比べると、約20年を経て 2 倍以上の保険料となっている。

　もっとも、低所得者は基準額に乗じて減額される仕組みとなっており、逆に高所得者は増額される。なお、高齢化の進展により、2040年には第 1 号被保険者の介護保険料は約9,200円までに上昇することが見込まれている。

　また、2000年度介護保険総費用は約3.6兆円であったが、2022年度は約12.3兆にまで上昇した。社会保障給付費約130兆円（2021年度予算ベース）であることから、約 1 割近くが介護保険を占めている。

(3)　保険料の支払いと介護サービスを受ける要件

　既述の介護保険料は第 1 号被保険者（65歳以上）の場合、市区町村が徴収する。しかし、第 2 号被保険者（40歳 〜 64歳）の場合、会社員や公務員は医療保険者から医療保険の保険料を併せて徴収され、自営業は国民健康保険料に介護保険料を上乗せして徴収される。

　介護保険制度では、要支援・要介護状態となった第 1 号被保険者と、加齢による心身の変化に起因する下記の疾病（特定疾病*）により要支援、要介護状態となった第 2 号被保険者が、介護サービスを利用することができる（図表 3 − 2 ）。

図表3-2　特定疾病一覧

＊特定疾病（16疾病）
①ガン末期、②関節リウマチ、③筋萎縮性側索硬化症、④後縦靭帯骨化症、⑤骨折を伴う骨粗鬆症、⑥初老期における認知症、⑦パーキンソン病関連疾患、⑧脊髄小脳変性症、⑨脊柱管狭窄症、⑩早老症、⑪多系統萎縮症、⑫糖尿病性神経障害、⑬脳血管疾患、⑭閉塞性動脈硬化症、⑮慢性閉塞性肺疾患、⑯両側の膝関節又は股関節に著しい変形を伴う変形性関節

出典：厚生労働省ホームページをもとに筆者作成

5　要介護（要支援）認定　介護サービスを受けるまでの手続や流れ

⑴　サービス利用の手続や流れ

　介護サービスを利用するためには要介護認定の申請を行い、介護の必要度を判定・認定する必要がある。この要介護認定は、介護の必要度の度合いに応じて「要支援1、2」「要介護1〜5」の7段階の要介護度に分けられ、要介護度によって受けられるサービスの内容が決まる。認定された区分に応じて、利用できるサービスや範囲などが異なる（図表3-3）。

図表3-3　介護保険制度利用の流れ

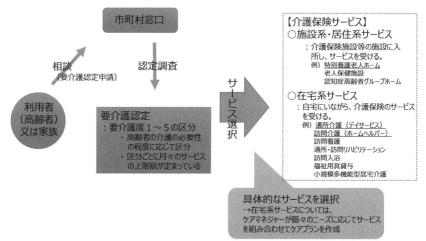

出典：厚生労働省老健局「介護保険制度の概要」2021年5月8ページから抜粋

⑵　市区町村窓口へ申請

　本人または家族が市区町村の介護保険窓口へ申請書を提出する（第２号被保険者は医療保険被保険者証を添える）。なお、居宅介護支援事業所や地域包括支援センターなどによる代行申請も可能である。

　申請書には主治医（かかりつけ医）を記載する欄がある。そのため、あらかじめ主治医の氏名や病院名を確認しておく必要がある。また、介護保険証（65歳以上）など申請に必要なものをあらかじめ確認する。マイナンバーの記載も必要であるため、マイナンバーカードまたは通知カードも忘れずに用意する必要がある。

⑶　要介護認定の調査・判定

　要介護度は、申請者の心身の状態を調査したうえで判定する。要介護度の判定を行うために認定調査を行う。認定調査は、認定調査員が申請者の自宅を訪問して全国共通の「認定調査票（74の調査項目）」に基づき、聞き取り調査を行う。調査では、ありのままを伝えて普段の様子を見てもらうことが大切となる。意識しすぎて、普段と違うふるまいをしてしまうと、適切な調査ができない場合もあるので、落ち着いて正確に現状を伝える（図表３－４）。

　そして、申請書の情報をもとに、市区町村が主治医に意見書を依頼する。主治医がいない場合は、市区町村指定医の診断を受けて作成される。

⑷　認定・通知

　自立（非該当）の場合、介護保険のサービスは利用できないが、市区町村が実施する介護予防・日常生活支援総合事業において利用できるサービスがある。また、要支援１、２の場合、介護保険の介護予防サービス（予防給付）が利用できる。なお、介護予防・日常生活支援総合事業のサービスと組み合わせて利用することが可能である。

　要介護１～５の場合、介護保険の介護サービス（介護給付：在宅サー

図表3-4　介護保険制度における要介護認定制度

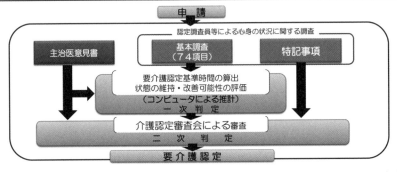

趣旨
- 介護保険制度では、寝たきりや認知症等で常時介護を必要とする状態(要介護状態)になった場合や、家事や身支度等の日常生活に支援が必要であり、特に介護予防サービスが効果的な状態(要支援状態)になった場合に、介護の必要合いに応じた介護サービスを受けることができる。
- この要介護状態や要支援状態にあるかどうかの程度判定を行うのが要介護認定(要支援認定を含む。以下同じ。)であり、介護の必要量を全国一律の基準に基づき、客観的に判定する仕組み。

要介護認定の流れ
- 要介護認定は、まず、市町村の認定調査員による心身の状況調査(認定調査)及び主治医意見書に基づくコンピュータ判定を行う。(一次判定)
- 次に保健・医療・福祉の学識経験者により構成される介護認定審査会により、一次判定結果、主治医意見書等に基づき審査判定を行う。(二次判定)
- この結果に基づき、市町村が申請者についての要介護認定を行う。

出典：厚生労働省老健局「介護保険制度の概要」2021年5月9ページから抜粋

ビス、地域密着型サービス、施設サービス)が利用できる。

　認定結果は、申請から原則30日以内に通知される。認定結果に納得できない場合は、都道府県に設置されている介護保険審査会に審査請求を行う。その手続は、認定結果の通知を受けた日の翌日から起算して60日以内に行わなければならない。

　介護認定調査会においては、一次判定はコンピューターで行われる。二次判定では保健、医療、福祉の方面からの学識経験者が状況調査票や主治医などの意見書の内容に基づいて、介護の必要性などについて話し合われることとなる。

　7段階の認定区分の目安は、直接生活介助(入浴、排せつ、食事等の介護)、間接生活介助(洗濯、掃除等の家事援助等)、問題行動関連行為(徘徊に対する探索、不潔な行為に対する後始末等)、機能訓練関連行為(歩行訓練、日常生活訓練の機能訓練)、医療関連行為(輸液の管理、じょ

図表3-5　要介護度認定等基準時間と要介護状態区分

要介護状態区分	要介護認定等基準時間
非該当	25分未満
要支援1	25分以上32分未満
要支援2/要介護1	32分以上50分未満
要介護2	50分以上70分未満
要介護3	70分以上90分未満
要介護4	90分以上110分未満
要介護5	110分以上

出典：厚生労働省ホームページをもとに筆者作成

くそうの処置等の診療の補助）の項目に対する、要介護の必要時間によって分けられる（図表3-5）。

⑸　ケアプラン作成

　介護保険サービスは、利用計画（ケアプラン）に基づいて提供される。要介護度が決定したら、本人や家族の要望、生活の状況、利用できるサービスの上限額などをもとに、ケアプランを作成する。要支援者は、地域包括支援センターに介護予防ケアプランの作成をお願いすることとなる。一方、要介護者は、在宅生活を希望する場合と、施設への入所を希望する場合で異なる。

① 在宅生活を希望している場合
　居宅介護支援事業所などに所属する介護支援専門員（ケアマネジャー）と相談して、本人の希望や状態に応じたケアプランを作成してもらう。ケアマネジャーは、要介護認定者の心身の状態や生活環境等を総合的に分析（アセスメント）して、課題を明確にする。課題解決に向けて、必要なサービスを組み合わせて、サービス利用計画（ケアプラン）を作成する。計画案を要介護認定者に提案して、同意を得て、サービスを利用できるように市区町村や介護サービス事業者との連絡・調整を行う。在

宅のケアプランは自己作成も可能である。ケアプランについて、利用者の負担はない。

② 施設への入所を希望している場合

　直接施設に申し込むか、居宅サービスを利用していればケアマネジャーに相談することができる。ケアマネジャーは利用者の状態に応じて、サービスの内容や量（回数や時間数など）などを示すケアプランを作成する。ケアプランの主役は利用者本人なので、どのように暮らしていきたいか、何ができるか、何ができるようになりたいかなど、自分の意見を積極的に伝えて、ケアマネジャーと相談しながら自分にとって必要なサービスを利用できるようにする。

6 介護サービスの種類や内容

⑴ サービス種類

　介護保険制度で受けられる介護サービスには「在宅サービス」「地域密着型サービス」「施設サービス」がある（図表3－6）。このうち、在宅サービスと地域密着型サービスは、組み合わせて利用することができる。また、要介護度によって受けられるサービスが異なる。

　もっとも、特別養護老人ホーム（特養）を希望する者も多い。重度の要介護の者を優先するために、入所できるのは原則として要介護3以上の者に限られる（もしくは、特例入所と判断された要介護1と2の者）。2019年度における全国の特養入所申込者は約29.2万人で、うち在宅が11.6万人、在宅でない者は17.6万人となっている。

　一方、有料老人ホームは、介護等のサービスがついた高齢者のための住まいである。入居時の要件等は各ホームによって異なる。また、介護保険制度のサービスを利用できる場合もあるが、介護保険制度にとらわれない手厚いサービスや設備を提供する場合もあるため、費用は各ホー

図表3－6　介護サービスの種類

都道府県・政令市・中核市が指定・監督を行うサービス		市町村が指定・監督を行うサービス
介護給付を行うサービス	◎居宅介護サービス 【訪問サービス】 ○訪問介護（ホームヘルプサービス） ○訪問入浴介護 ○訪問看護 ○訪問リハビリテーション ○居宅療養管理指導 ○特定施設入居者生活介護 ○福祉用具貸与 ○特定福祉用具販売 【通所サービス】 ○通所介護（デイサービス） ○通所リハビリテーション 【短期入所サービス】 ○短期入所生活介護（ショートステイ） ○短期入所療養介護 ◎施設サービス ○介護老人福祉施設 ○介護老人保健施設 ○介護療養型医療施設 ○介護医療院	◎地域密着型介護サービス ○定期巡回・随時対応型訪問介護看護 ○夜間対応型訪問介護 ○地域密着型通所介護 ○認知症対応型通所介護 ○小規模多機能型居宅介護 ○認知症対応型共同生活介護（グループホーム） ○地域密着型特定施設入居者生活介護 ○地域密着型介護老人福祉施設入所者生活介護 ○複合型サービス（看護小規模多機能型居宅介護） ◎居宅介護支援
予防給付を行うサービス	◎介護予防サービス 【訪問サービス】 ○介護予防訪問入浴介護 ○介護予防訪問看護 ○介護予防訪問リハビリテーション ○介護予防居宅療養管理指導 ○介護予防特定施設入居者生活介護 ○介護予防福祉用具貸与 ○特定介護予防福祉用具販売 【通所サービス】 ○介護予防通所リハビリテーション 【短期入所サービス】 ○介護予防短期入所生活介護（ショートステイ） ○介護予防短期入所療養介護	◎地域密着型介護予防サービス ○介護予防認知症対応型通所介護 ○介護予防小規模多機能型居宅介護 ○介護予防認知症対応型共同生活介護（グループホーム） ◎介護予防支援

この他、居宅介護（介護予防）住宅改修、介護予防・日常生活支援総合事業がある。

出典：厚生労働省老健局「介護保険制度の概要」2021年5月13ページから抜粋

ムによって様々である。特養とは異なり、前払金が必要となる。

⑵　苦情の申し立て

　サービスに不満や疑問があれば、事業所に直接苦情を申し立てることができる。介護保険サービスの事業者には苦情解決のための体制が義務付けられている。また居宅サービスの場合は、担当のケアマネジャーに申し出ることができる。

　他にも保険者である市町村の窓口や、都道府県の国民健康保険連合会、地域によって設置されている第三者の苦情申し立て窓口に申し立てることができる。

7 区分支給限度額と自己負担割合

⑴ 区分支給限度基準額

　介護サービスは、サービスごとに利用料金が決められている。サービスを利用したときの負担は、原則、介護サービス費用の1割（一定以上所得のある者の場合は2割もしくは3割）となる。そのほか、自己負担になるが必要な費用としては、施設サービスを利用した場合は食費と居住費、短期入所サービスを利用した場合は食費と居住費、通所サービスを利用した場合は食費が必要となる。

　要介護度ごとに決められている1か月に利用できるサービスの上限額（支給限度額）を超えた分の利用料金は、全額自己負担となる（図表3－7）。

　また、介護保険サービスは、ケアプランに基づき、様々なサービスを組み合わせて利用することができる。同じように在宅サービスと地域密着型サービスには、1か月あたりの介護保険サービスの利用限度額が設けられている。利用限度額を超えてサービスを利用する場合は、超えた分が全額自己負担となる。

図表3－7　介護保険サービスの1か月あたりの利用限度額

要介護度	利用限度額（月額）
要支援1	50,320円
要支援2	105,310円
要介護1	167,650円
要介護2	197,050円
要介護3	270,480円
要介護4	309,380円
要介護5	362,170円

出典：厚生労働省介護事業所・生活関連情報検索「介護サービス情報公表システム」をもとに作成

(2)　自己負担割合

　介護サービスを利用する際、自身の年収等（年金収入など）に応じてサービス費用のうち1割〜3割のいずれかが利用者負担割合となっている。

　具体的には、3割負担の対象者は、1人世帯の場合340万円以上、2人以上世帯の場合は合わせて463万円以上となっている。2割負担の対象者は、1人世帯の場合280万円以上、2人以上世帯の場合は合わせて346万円以上となっている。ただし、40〜64歳の第2号被保険者は一律1割負担となっている。

　なお、介護保険施設（特別養護老人ホーム、老人保健施設、介護医療院）を利用する場合は、費用の1割（一定以上所得のある者の場合は2割もしくは3割）負担のほかに居住費、食費、日常生活費の負担も必要となる。ただし、所得の低い者や、1か月の利用料が高額になった者は、別に負担軽減措置が設けられている。在宅サービスを利用する場合は、利用できるサービスの量や既述の区分支給限度額が要介護度別に定められている。

　利用者負担の軽減制度は、施設サービスを利用した場合の食費と居住費、短期入所サービスを利用した場合の食費と居住費について、所得の状況に応じて負担の軽減措置があり、社会福祉法人の提供する介護サービスを利用する場合は所得状況により社会福祉法人による利用者負担の減免制度がある。

(3)　高額介護サービス費

　高額介護サービス費とは、1か月のあいだに支払った介護保険サービスの利用者負担額が上限を超えた場合に、超過した分が払い戻される制度である。なお、同世帯で複数が介護保険サービスを利用している場合は、世帯で合計した額が対象となる。ただし、福祉用具購入費、住宅改修費、介護保険施設入所中の食費・居住費及びその他の日常生活費など

は対象とはならない。

　具体的な利用者負担の上限額（世帯合計）は、「世帯全員が住民税非課税で、課税年金収入額とその他の合計所得金額の合計が80万円以下は15,000円（ただし個人単位）」、「世帯全員が住民税非課税は24,600円」、「世帯内に住民税課税者がいて、課税所得約380万円（年収約770万円）未満は44,400円」、「世帯内に住民税課税者がいて、課税所得約380万円（年収約770万円）から約690万円（年収約1,160万円）未満は93,000円」、「世帯内に住民税課税者がいて、課税所得約690万円（年収約1,160万円）以上は140,100円」となっている。

⑷　補足給付

　補足給付とは、介護保険施設やショートステイを利用する際の自費扱いとなっている食費・居住費について、低所得者を対象とした助成制度（補足給付）である。

　これらの対象は世帯全員（別世帯の配偶者を含む）が市町村民税非課税となっている。なお、補足給付には、各段階に応じて預貯金要件が設けられており、規定の額を有している者は利用できないこととなっている。

ア　第1段階

　生活保護者等世帯全員が市町村民税非課税で、老齢福祉年金受給者。預貯金等が単身で1,000万円（夫婦で2,000万円）以下。

イ　第2段階

　世帯全員が市町村民税非課税で、本人の公的年金収入額＋合計所得金額が80万円以下で、預貯金等が単身で650万円（夫婦で1,650万円）以下。

ウ　第3段階①

　世帯全員が市町村民税非課税で、かつ本人年金収入など80万円超120

万以下で、預貯金等が単身で550万円（夫婦で1,550万円）以下。

エ　第3段階②

　世帯全員が市町村民税非課税かつ本人年金収入など120万円超で、預貯金等が単身で500万円（夫婦で1,500万円）以下。

オ　市区町村民税課税世帯

　第1段階〜第3段階以外の者。

(5)　介 護 報 酬

　介護報酬とは、介護事業者が利用者（要介護者または要支援者）に介護保険サービスを提供した際、その事業者に対して支払われる報酬である。介護サービスの種類ごと、もしくは要介護度によって異なる。また、事業所・施設の所在地等に応じても差が設けられている。

　介護報酬の基準額は、厚労大臣が社会保障審議会である「介護給付費分科会」の意見を聴いて定めることとなっている。

8　地域包括支援センターと地域支援事業

(1)　地 域 包 括 支 援 セ ン タ ー

　地域包括支援センターは、地域住民の心身の健康の保持および生活安定のために必要な援助を行うことによって、地域住民の保健医療の向上および福祉の増進を包括的に支援し、地域包括ケアの実現に向けて、包括的支援事業等を地域で一体的に実施する役割を担う中核的機関として市町村が設置している。市町村によって、おおむね人口2〜3万人の圏域に設けられており、日常生活圏域ごとに設置される。

　地域包括支援センターの主な業務は、以下の4つであり、地域の高齢者の自立支援のための総合的なケアマネジメント機能を担う。

①要支援者等の介護予防ケアプランの作成とサービス調整（介護予防ケアマネジメント業務）

②地域に住む方の生活の問題や地域の課題を受けとめる（総合相談支援業務）

③高齢者虐待防止、成年後見制度の利用支援等の高齢者の権利擁護(権利擁護業務)

④地域のケアマネジャーの支援や指導、高齢者支援のネットワークづくり（包括的・継続的ケアマネジメント支援業務）

　各々の業務を実施するための専門職として、保健師、社会福祉士、主任介護支援専門員が配置されている。専門職が１つのチームとなって対応することが求められている（図表３－８）。

図表３－８　地域包括支援センターの役割

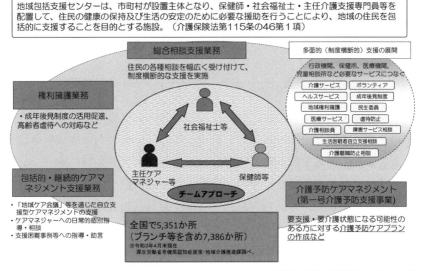

出典：厚生労働省ホームページ

(2) 介護予防・日常生活支援総合事業

　総合事業（介護予防・日常生活支援総合事業）とは、2015年4月に施行された新しいサービスである（図表3-9）。2015年4月施行とされている総合事業の実施について、厚生労働省は、「総合事業とは、市町村が中心となり、地域の実情に応じて住民等の多様な主体が参画し、多様なサービスを充実させることで地域で支え合う体制づくりを推進し、要支援者等に対する効果的かつ効率的な支援等を可能とすることを目指すもの」としている。

　地域支援事業の中に創設された総合事業は、介護予防・生活支援サービス事業と一般介護予防事業とで構成されている（図表3-10）。

　介護予防・生活支援サービス事業は、「基本チェックリスト」（図表3-11）による判定で、要介護・要支援となるリスクが高いと判定された高齢者（事業対象者）を対象としている。それに対し、一般介護予防事業では、「すべての第1号保険者（65歳以上の高齢者）およびその支援のための活動に関わる者」を対象としている。

(3) 総合事業のサービス

　総合事業では、すでにある介護予防の訪問介護事業所や通所介護事業者がみなし指定事業所として利用が可能かどうかや住民主体のサービスなど多様なサービスを選択することができるようになる。

　第1号被保険者が介護予防・生活支援サービス事業のサービスのみを利用しようとする場合は、要介護（要支援）認定手続を受けなくても、基本チェックリストで地域包括支援センターが適性を判断することができる。

　基本チェックリストは、相談窓口において必ずしも認定を受けなくても、必要なサービスを利用できるように本人の状況を確認するツールとして用いることができる。介護予防ケアマネジメントでは、利用者本人や家族との面接にて基本チェックリストの内容をアセスメントにも反映

図表３－９　総合事業の概要

○ 訪問介護・通所介護以外のサービス（訪問看護、福祉用具等）は、引き続き介護予防給付によるサービス提供を継続。
○ 地域包括支援センターによる介護予防ケアマネジメントに基づき、総合事業（介護予防・生活支援サービス事業及び一般介護予防事業）のサービスと介護予防給付のサービス（要支援者のみ）を組み合わせる。
○ 介護予防・生活支援サービス事業によるサービスのみ利用する場合は、要介護認定等を省略して「介護予防・生活支援サービス事業対象者」とし、迅速なサービス利用を可能に（基本チェックリストで判断）。
※ 第２号被保険者は、基本チェックリストではなく、要介護認定等申請を行う。

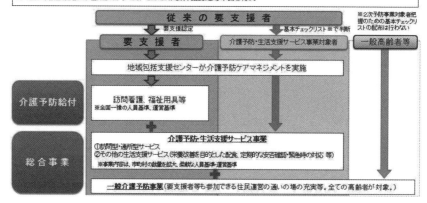

出典：厚生労働省老健局振興課「介護予防・日常生活支援総合事業ガイドライン（概要）」
　　　６ページから抜粋

図表３－10　介護予防・日常生活支援総合事業（新しい総合事業）の構成

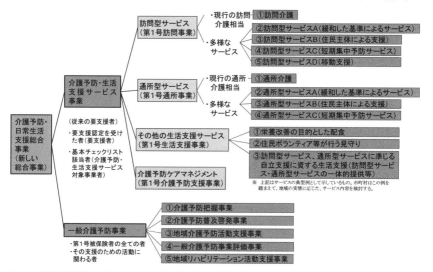

出典：厚生労働省老健局振興課「介護予防・日常生活支援総合事業ガイドライン（概要）」
　　　32ページから抜粋

図表3－11　基本チェックリスト

表4　基本チェックリスト

No.	質問項目	回答 （いずれかに〇を お付け下さい）		
1	バスや電車で1人で外出していますか	0.はい	1.いいえ	
2	日用品の買い物をしていますか	0.はい	1.いいえ	
3	預貯金の出し入れをしていますか	0.はい	1.いいえ	
4	友人の家を訪ねていますか	0.はい	1.いいえ	
5	家族や友人の相談にのっていますか	0.はい	1.いいえ	
6	階段を手すりや壁をつたわらずに昇っていますか	0.はい	1.いいえ	運動
7	椅子に座った状態から何もつかまらずにたちあがっていますか	0.はい	1.いいえ	
8	15分くらい続けて歩いていますか	0.はい	1.いいえ	
9	この1年間に転んだことがありますか	1.はい	0.いいえ	
10	転倒に対する不安は大きいですか	1.はい	0.いいえ	
11	6ヵ月間で2～3kg以上の体重減少がありましたか	1.はい	0.いいえ	栄養
12	身長　　　cm　　体重　　　kg(BMI＝　　　　　)(注)			
13	半年前に比べて固いものが食べにくくなりましたか	1.はい	0.いいえ	口腔
14	お茶や汁物等でむせることがありますか	1.はい	0.いいえ	
15	口の渇きが気になりますか	1.はい	0.いいえ	
16	週に1回以上は外出していますか	0.はい	1.いいえ	閉じこもり
17	昨年と比べて外出の回数が減っていますか	1.はい	0.いいえ	
18	周りの人から「いつも同じことを聞く」などの物忘れがあるといわれますか	1.はい	0.いいえ	認　知
19	自分で電話番号を調べて、電話をかけることをしていますか	0.はい	1.いいえ	
20	今日が何月何日かわからない時がありますか	1 はい	0.いいえ	
21	（ここ2週間）毎日の生活に充実感がない	1.はい	0.いいえ	うつ
22	（ここ2週間）これまで楽しんでやれていたことが楽しめなくなった	1.はい	0.いいえ	
23	（ここ2週間）以前は楽にできていたことが今ではおっくうに感じられる	1.はい	0.いいえ	
24	（ここ2週間）自分が役に立つ人間だと思えない	1.はい	0.いいえ	
25	（ここ2週間）わけもなく疲れたような感じがする	1.はい	0.いいえ	

(注)BMI(＝体重(kg) ÷ 身長(m) ÷ 身長(m))が18.5未満の場合に該当とする。

出典：厚生労働省ホームページ

して、利用者の状況や希望等も踏まえて、自立支援に向けたケアプランを作成してサービス利用につなげる。

　厚生労働省では、2025年を目途に、高齢者の尊厳の保持と自立生活の支援の目的のもとで、可能な限り、住み慣れた地域で自分らしく最後まで過ごすことができるように、地域の包括的な支援・サービス提供大切

として、地域包括ケアシステムの構築を推進している。

　地域包括ケアシステムは、保険者である市町村や都道府県が地域の自主性や主体性に基づいて地域の特性に応じて作り上げていくことが必要となる。

⑷　地域ケア会議

　地域包括ケアシステムの構築の実現のための重要なツールとして、「地域ケア会議」が挙げられる。地域ケア会議は、地域包括支援センターが中心となって、地域内のケアマネジャー、介護・医療に関する専門職、民生委員等が個別ケースの検討会議（地域ケア個別会議）を市町村レベルで開催する。

　地域ケア会議で明らかになった地域課題への解決策の検討や、介護保険事業計画への反映などは、地域ケア推進会議で協議される。地域ケア会議を通して、ケアマネジメントの支援だけではなく、そこから浮き彫りとなった地域課題を把握して、課題解決に向けてどのような地域資源が必要なのかが検討されることを期待される。

　各自治体で不足している高齢者に向けたサービスを新たに発掘、開発することや生活支援の担い手となる者の育成、ネットワークの構築など地域包括ケアシステムを推進していくためには、行政、様々な機関、地域住民などと関係を構築していくことが不可欠となる。

⑸　生活支援コーディネーター

　各自治体が地域包括ケアシステムの構築を進めるうえで重要な役割を担うのが、「生活支援コーディネーター」である。生活支援コーディネーターが配置された理由は、高齢者の生活支援サービスを行政主体から住民主体へと移行させるためである。

　生活支援コーディネーターの業務は、地域内の支えあい活動や介護予防活動などの活動状況を調査する。地縁組織等の団体、グループ、地域住民に対して、地域の抱えるニーズを明確にして、住民主体の活動の展

開に向けた働きかけを行うことや、一緒に住民同士の支えあい活動を作る。また、地域包括支援センター、行政、サービスを提供する団体等の連携の体制づくりなど、関係者間のネットワークづくりなどで高齢者を支える。加えて、支えあい活動の担い手となるボランティアの育成も行う。

9　在宅医療と介護の連携

　在宅医療・介護の連携推進業務は、医療と介護を必要とする高齢者が住み慣れた地域で自分らしい生活を最期まで送れるよう在宅医療と介護サービスを一体的に提供するために、医療機関と介護サービス事業者などの関係者が連携を推進することを目的としたものである。

　医療と介護の連携は、多職種連携会議や研修等を通じて、連携のルールづくりや、24時間対応のサービス提供体制、医療・介護資源の情報共有や資源の把握、在宅医療・介護連携の課題の抽出と対応策の検討、地域住民への普及啓発などを展開するものである。

　地域包括ケアシステムの確立のためには、医療と介護の連携を推進することが必要不可欠である。今後も地域で高齢者を支える仕組みづくりが重要な時代となるだろう。

10　介護保険制度の課題を考える

(1)　措置から契約へ

　介護保険制度が創設されてから23年になる。「措置」から「契約」へと大きく制度が変わり、社会保険の基で超高齢社会に備える大転換施策だったのが介護保険制度である。

　2000年社会福祉基礎構造改革により、一部を除いて「措置制度」が解体され、介護保険、障害者福祉、児童福祉といった利用者主体の「契約」

を基本とした福祉システムの大転換がなされ、20年以上が過ぎた（「虐待」など限定されたケースは措置制度が存続している）。

　しかし、この「措置」から「契約」へといった改革は、2025年以降の人口減少社会による福祉人材不足、認知症高齢者増といった社会構造を見据えていたのだろうか。

　介護現場において、利用者（クライエント）は自らで適切な判断を下せず、家族や地域、そして自身にとっても負のスパイラルを繰り返す結果となっていることも珍しくない。たとえば、「他人を家に入れたくないと介護保険サービスを拒む家族等」である。利用者や家族の意思を尊重することで、介護現場で事態が手遅れとなるケースは山ほどある。

(2)　競争原理の弊害

　介護保険制度は、保険料や税金が主財源であり、「競争原理」によってサービスが向上し、利用者の選択幅が拡がるメリットが目指された。しかし、都市部を中心にデイサービスが供給過剰となり、利用者の奪い合いとなっている。過度に介護事業者が増えれば、介護職員不足を加速化させ、当該地域の人材不足を深刻化させてしまう。

　また、貧困層を対象としたビジネスモデルが誕生し、一部のサービス付き高齢者住宅においては家賃を値下げして利用者を獲得し、系列介護事業者である訪問介護部門などで過度な利益を得るなど保険外サービスと保険内サービスの組み合わせもある。

　福祉用具に関しても、公定価格があいまいなゆえに供給側の「言い値」で価格が決まることもあり、競争原理が浸透すればするほど無駄な給付費が生じかねない。競争原理は、法令に反しない限り、介護事業者に利潤追求を許容させてしまい、無駄な給付費を招く要因となることも考えられる。

　加えて、認知症高齢者と老老夫婦世帯が急増している今、供給側の勧めを要介護者が「鵜呑み」してしまうケースが増えるおそれがある。認知症でなくとも、現役世代と、要介護者となる年齢層の高齢者を比べれ

ば、後者のほうが供給側ペースとなりがちだ。

　負担増や給付抑制は、短期的な財源効果は実現できるものの、抜本的な問題解決には至らない。まずは「競争原理」神話を見直して、一定の公的機関の関与を強め、需給者間の優位性を公平にする必要がある。

　このままでは課題が山積してしまい、介護保険制度自体は存続するが、「制度あってサービスなし」といった事態を招くのではないかと考える。

参考資料

厚生省「社会福祉事業法等一部改正法案大綱」1999年４月。
厚生省「社会福祉の増進のための社会福祉事業法等の一部を改正する等の法律の概要」2000年６月。
厚労省『介護給付費実態調査結果の概況各年版』。
厚労省『全国介護保険担当課長会議資料』。
総務省統計局『労働力調査（詳細集計）2020年（令和２年）平均』2021年２月。
地域包括ケア研究会『地域包括ケア研究会報告書〜今後の検討のための論点整理〜』三菱UFJリサーチ＆コンサルティング株式会社2009年５月22日。
内閣府「令和２年版高齢社会白書（全体版）」2020年。
財務省「令和４年度国債発行計画概要」2021年12月24日。

第4章
雇用保険制度

1 雇用保険って保険なの？

　「保険」というと、「生命保険」「火災保険」「自動車保険」「介護保険」といったものを皆さんは思い浮かべるだろう。「保険」とは、『広辞苑』（岩波書店）によると、「死亡・火災などの偶発的事故の発生の蓋然性が統計的方法その他によってある程度まで予知できる場合、あらかじめ一定の掛金を互いに拠出しておいて、積立金を用いてその事故に遇った人に一定金額を与え、損害を補償する制度」であるとされている。つまり、何か特別なことが起こって、生命や財産が脅かされることを防ぐために、掛け金をかけて備えるものである。

　私たちは、働くことの対価として賃金を得ているわけだが、何らかの事情により働くことができなくなり、収入がなくなる可能性もあり得る。その意味で、「雇用保険」は、仕事を失うことにより収入源がなくなり損害を被った場合に日常生活を営むことができなくなることを防ぐため、生活できるだけの収入を補償する制度であり、「保険」という性格を有しているものである。加えて、労働者の能力開発、向上や、労働者の福祉の増進を図る事業も行われているのが特徴である。

　また、「生命保険」や「火災保険」と性格が異なるのは、1974年に制定された「雇用保険法」に基づき、国が保険者となっている公的制度であるという点である。国、雇用主、労働者の3者が協力して実施しているのが雇用保険制度である。

2　雇用保険制度のあらまし

(1)　実 施 機 関

　雇用保険に関する申請・給付事務は、厚生労働省が管轄する全国約550か所のハローワークで行われている。ハローワークの所在地情報は、厚生労働省のホームページなどで確認することができる。

(2)　保 険 の 対 象 と な る 者

　会社の大小や業種を問わず、雇用されている者であれば雇用保険の対象となる。ただし、雇用保険法第6条に規定されているとおり、以下の場合は雇用保険の対象とならない。なお、雇用保険法改正により、平成29年1月1日から65歳以上も雇用保険の対象となっていることに注意が必要である。

①1週間の所定労働時間が20時間未満である者
②同一の事業主に継続して31日以上雇用されることが見込まれない者
③季節的に雇用されるものであって、4か月以内の期間を定めて雇用される者または1週間の所定労働時間が20時間以上30時間未満である者
④学生または生徒
⑤船員保険法第17条の規定による船員保険の被保険者
⑥国、都道府県、市町村その他これらに準ずるものの事業に雇用される者のうち、離職した場合に、他の法令、条例、規則等に基づいて支給を受けるべき諸給与の内容が、求職者給付及び就職促進給付の内容を超えると認められる者であって、厚生労働省令で定める者

　また、生命保険の外交員、事業主と同居している親族は、勤務時間や賃金の支払い方法など、代表者との雇用関係が明確に証明されれば、雇

用保険の対象となる場合もある。

なお、求職者の立場に立てば、仕事を探すうえで、希望する職種が雇用保険の対象となっているかどうかは、求人票で確認することができる。求職活動を行う際には、トラブルを回避するためにも、健康保険や厚生年金の有無と併せて確認するようにしたい。また、就職の際には、会社の就業規則等で忘れずに確認するようにしよう。

図表4－1　求人票（パートタイム）の例

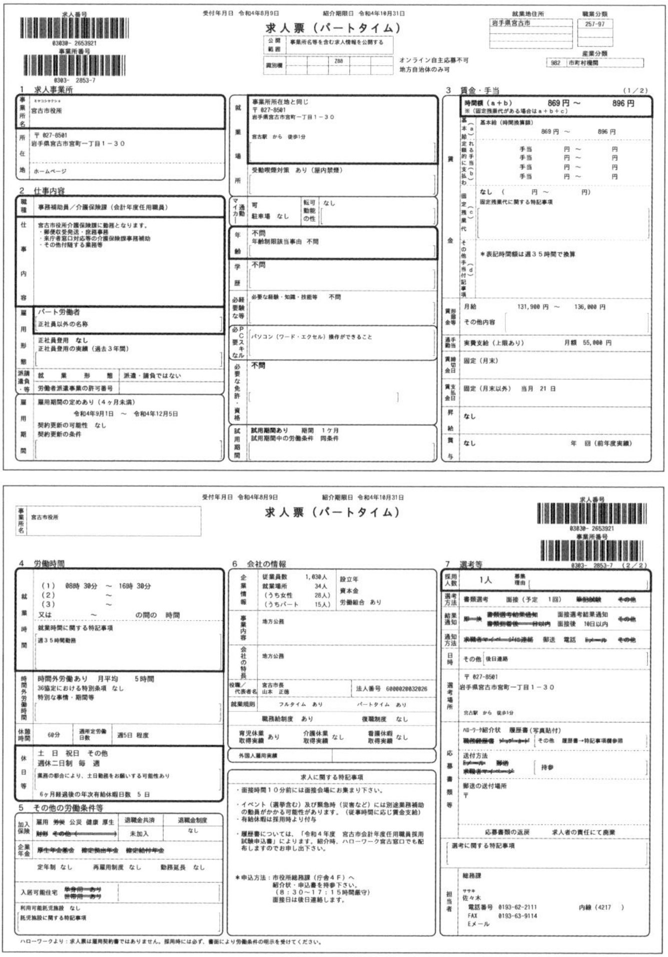

求人番号 03030- 2653921
事業所番号 0303- 2853-7
受付年月日 令和4年8月9日　紹介期限日 令和4年10月31日
求人票（パートタイム）
公開範囲　事業所名等を含む求人情報を公開する
識別欄　Z88
オンライン自主応募不可
地方自治体のみ可
就業地住所　岩手県宮古市
職業分類　257-97
産業分類　982　市町村機関

1　求人事業所
事業所名　ミヤコシヤクシヨ　宮古市役所
所在地　〒 027-8501　岩手県宮古市宮町一丁目１－３０
ホームページ

就業場所　事業所所在地と同じ　〒 027-8501　岩手県宮古市宮町一丁目１－３０
宮古駅　から　徒歩1分
受動喫煙対策　あり（屋内禁煙）
マイカー通勤　可　駐車場　なし
転勤の可能性　なし

2　仕事内容
職種　事務補助員／介護保険課（会計年度任用職員）
仕事内容　宮古市役所介護保険課に勤務となります。
・郵便収受発送・庶務事務
・来庁者窓口対応等の介護保険課事務補助
・その他付随する業務等
雇用形態　パート労働者
正社員以外の名称
正社員登用　なし
正社員登用の実績（過去３年間）
派遣・請負等　就業形態　派遣・請負ではない
労働者派遣事業の許可番号
雇用期間　雇用期間の定めあり（４ヶ月未満）
令和4年9月1日　～　令和4年12月5日
契約更新の可能性　なし
契約更新の条件

年齢　不問
年齢制限該当事由　不問
学歴　不問
必要な経験等　必要な経験・知識・技能等　不問
必要なPCスキル　パソコン（ワード・エクセル）操作ができること
必要な免許・資格　不問
試用期間　試用期間あり　期間　１ヶ月
試用期間中の労働条件　同条件

3　賃金・手当　（1／2）
時間額（a＋b）　869 円 ～　896 円
※（固定残業代がある場合はａ＋ｂ＋ｃ）
基本給（a）　基本給（時間換算額）　869 円 ～　896 円
定額的に支払われる手当（b）
手当　円 ～　円
手当　円 ～　円
手当　円 ～　円
手当　円 ～　円
固定残業代（c）　なし（　円 ～　円）
固定残業代に関する特記事項
その他手当付記事項（d）　＊表記時間額は週３５時間で換算
賃金形態等　月給　131,900 円 ～　136,000 円
その他内容
通勤手当　実費支給（上限あり）　月額　55,000 円
賃金締切日　固定（月末）
賃金支払日　固定（月末以外）　当月　21 日
昇給　なし
賞与　なし　年　回（前年度実績）

受付年月日 令和4年8月9日　紹介期限日 令和4年10月31日
求人票（パートタイム）
事業所名　宮古市役所
求人番号 03030- 2653921
事業所番号 0303- 2853-7　（2／2）

4　労働時間
就業時間
（1）　08時 30分　～　16時 30分
（2）　～
（3）　～
又は　～　の間の　時間
就業時間に関する特記事項
週３５時間勤務
時間外労働時間　時間外労働あり　月平均　5時間
36協定における特別条項　なし
特別な事情・期間等
休憩時間　60分　週所定労働日数　週5日　程度
休日等　土　日　祝日　その他
週休二日制　毎　週
業務の都合により、土日勤務をお願いする可能性あり
6ヶ月経過後の年次有給休暇日数　5 日

5　その他の労働条件等
加入保険　雇用　~~労災~~　公災　健康　厚生　~~財形~~　~~その他（　）~~
退職金共済　未加入
退職金制度　なし
企業年金　~~厚生年金基金~~　~~確定拠出年金~~　~~確定給付年金~~
定年制　なし　再雇用制度　なし　勤務延長　なし
入居可能住宅　~~単身用　あり~~　~~世帯用　あり~~
利用可能託児施設　なし
託児施設に関する特記事項

6　会社の情報
企業情報　従業員数　1,030人　就業場所　34人（うち女性　28人）（うちパート　15人）
設立年
資本金
労働組合　あり
事業内容　地方公務
会社の特長　地方公務
役職／代表者名　宮古市長　山本　正徳
法人番号　6000020032026
就業規則　フルタイム　あり　パートタイム　あり
職務給制度　あり　復職制度　なし
育児休業取得実績　あり　介護休業取得実績　なし　看護休暇取得実績　なし
外国人雇用実績

求人に関する特記事項
・面接時間１０分前には面接会場にお集まり下さい。
・イベント（選挙含む）及び緊急時（災害など）には別途業務補助の動員がかかる可能性があります。（従事時間に応じ賃金支給）
・有給休暇は採用時より付与
・履歴書については、「令和４年度　宮古市会計年度任用職員採用試験申込書」によります。紹介時、ハローワーク宮古窓口でも配布しますのでお申し出下さい。
＊申込方法：市役所総務課（庁舎４Ｆ）へ
紹介状・申込書を持参下さい。
（８：３０～１７：１５時間厳守）
面接日は後日連絡します。

7　選考等
採用人数　1人　募集理由
選考方法　書類選考　面接（予定　1回）　~~筆記試験~~　~~その他~~
結果通知　~~即　決~~　~~書類選考結果通知~~　~~書類到着後　日以内~~　面接選考結果通知　面接後　10日以内　~~その他~~
通知方法　~~求職者マイページに連絡~~　郵送　電話　~~Eメール~~　~~その他~~
日時　その他　後日連絡
選考場所　〒 027-8501　岩手県宮古市宮町一丁目１－３０
宮古駅　から　徒歩1分
応募書類等　ハローワーク紹介状　履歴書（写真貼付）
~~職務経歴書~~　~~ジョブ・カード~~　その他　履歴書→特記事項欄参照
送付方法　~~Eメール~~　~~郵送~~　~~求職者マイページ~~　持参
郵送の送付場所　〒
応募書類の返戻　求人者の責任にて廃棄
選考に関する特記事項
担当者　総務課
ササキ　佐々木
電話番号　0193-62-2111　内線（4217　）
FAX　0193-63-9114
Eメール

ハローワークより：求人票は雇用契約書ではありません。採用時には必ず、書面により労働条件の明示を受けてください。

(3)　雇用保険料

　雇用保険の事務にかかる費用については、国費からも負担されるが、保険料は労使折半となる。「雇用保険法」「労働保険の保険料の徴収等に関する法律」により、保険料は労災保険料と併せて、1年分をまとめて使用者が国に支払うこととなっており、労働者負担分は月々の給料から社会保険料として控除される。保険率は下表のとおりであり、職種によっ

図表4－2　雇用保険料率

（令和3年度まで）

事業の種類	保険率	事業主負担率	被保険者負担率	雇用事業負担率（事業主負担）
一般の事業	9/1000	3/1000	3/1000	3/1000
農林水産、清酒製造事業	11/1000	4/1000	4/1000	3/1000
建設事業	12/1000	4/1000	4/1000	4/1000

（令和4年4月1日～令和4年9月30日）

事業の種類	保険率	事業主負担率	被保険者負担率	雇用事業負担率（事業主負担）
一般の事業	9.5/1000	3/1000	3/1000	3.5/1000
農林水産、清酒製造事業	11.5/1000	4/1000	4/1000	3.5/1000
建設事業	12.5/1000	4/1000	4/1000	4.5/1000

（令和4年10月1日～令和5年3月31日）

事業の種類	保険率	事業主負担率	被保険者負担率	雇用事業負担率（事業主負担）
一般の事業	13.5/1000	5/1000	5/1000	3.5/1000
農林水産、清酒製造事業	15.5/1000	6/1000	6/1000	3.5/1000
建設事業	16.5/1000	6/1000	6/1000	4.5/1000

※今後も社会情勢により保険料率は改正される可能性があることから、厚生労働省や各都道府県労働局ホームページ等で確認されたい。

て若干異なる。

　なお、2017年度に雇用保険法が一部改正となって料率が引き下げられていたが、新型コロナウイルス感染症の影響を受け、雇用を維持した企業に支払われる雇用調整助成金の給付額が増加した結果、財源の不足が見込まれることから、2022年３月に「雇用保険法等の一部を改正する法律案」が国会で可決され、料率が変更となっている。

3　給付の受け方

　雇用保険の事業にはいくつか種類があるが、イメージしやすいのは失業した際などに受け取る失業等給付だろう。失業等給付には、求職者給付・就職促進給付・教育訓練給付・雇用継続給付の４種類がある。ここ

図表４−３　雇用保険の概要

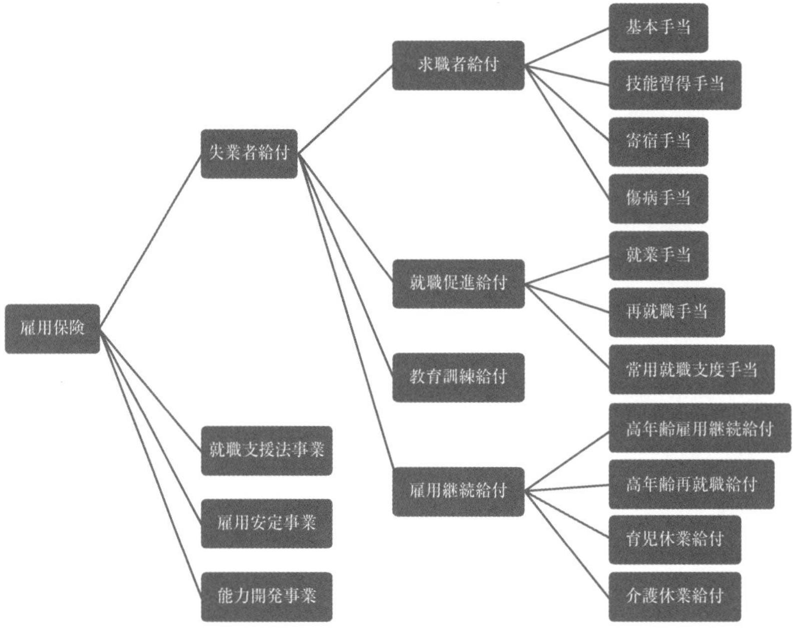

出典：筆者作成

では、それぞれの給付について述べていきたい。

(1)　求職者給付

　求職者給付には、基本手当、技能習得手当、寄宿手当、 傷 病 手当の
４種類がある。順次、給付の概要や要件について述べていく。

ア　基本手当

　失業したときに給付される手当である。失業手当、失業保険と記載さ
れることもある。これが一般的な手当であるが、失業の理由、失業した
ときの状況によって、受給要件・給付日数が異なってくるので、注意し
ていただきたい。

①給付要件

　ア）自己都合退職の場合（全年齢一律）

　・給付要件…雇用保険に加入していた期間が、会社を退職する以前２
　　　　　　　年間のうちに12か月以上あること。

　・給付内容

保険加入期間	10年未満	10年以上20年未満	20年以上
給付日数	90日	120日	150日

　イ）特定受給資格者（会社都合による退職）の場合（年齢により給付
　　日数が異なる）

　・給付要件…雇用保険に加入していた期間が、会社を退職する以前１
　　　　　　　年間のうちに６か月以上あること。

・給付内容

年齢＼加入年数	1年未満	1年以上5年未満	5年以上10年未満	10年以上20年未満	20年以上
30歳未満	90日	90日	120日	180日	—
30歳以上35歳未満		120日	180日	210日	240日
35歳以上45歳未満		150日		240日	270日
45歳以上60歳未満		180日	240日	270日	330日
60歳以上65歳未満		150日	180日	210日	240日

ウ）障害者等の就職困難者

	1年未満	1年以上
45歳未満	150日	300日
45歳以上65歳未満		360日

★退職の仕方によって違うの？

　そう、退職の仕方によって、様々な給付が異なってくる。退職の仕方は、大きく２つに分かれる。自己都合と会社都合である。

　自己都合とは、転職、病気など自らの意志で退職した場合が該当する。

　会社都合とは、倒産、解雇（リストラ）、定年、会社の諸事情（経営方針の変更）による退職であり、自分の意志ではなく、雇用主から退職を余儀なくされた場合が該当する。

　退職の仕方で特に大きく変わるのは、退職金の取り扱いである。企業業績が悪化して、リストラ策の一環として人員整理を進めたい会社が、いわゆる「追い出し部屋」なるものを作って仕事を与えなかったり、単純労働しかやらせなかったりすることにより、労働意欲を失わせ、自己都合退職に追い込んでいく事例がたびたび見られる。これは、会社都合による退職と自己都合による退職では、退職金の金額に差があることが多いため、退職金の支払いを抑えたい会社が取る手法である。退職金については、会社の就業規則等で定められている。

　基本手当についても、自己都合退職と会社都合退職では、給付日数や給付制限など様々な条件が異なる。

　なお、自己都合退職か会社都合退職かを判定するのは、給付認定を行うハローワークである。退職に至った経緯の記録（日記や手帳など）により、ケース・バイ・ケースで会社都合退職とみなされることもある。

②給付額

　基本手当の日額は、下記の計算式により算定される。

　基本手当日額＝（被保険者期間の最終6か月に支払われた賃金の総額）÷180×45〜80％

　　※ボーナスや退職金は総額から除外

③給付開始決定

　失業したからといって、すぐに基本手当が給付されるわけではない。退職が決定すると、企業では雇用保険の資格喪失の手続きが行われる。その後、自宅に届けられる「離職票」を持参してハローワークで手続きを行い、初めて給付開始決定となる。ただし、手続き開始後7日間は「待機期間」となり、基本手当の支給算定外となることは注意しなければならない。

　また、ただ待っているだけでは給付とならない。4週間ごとに指定される「失業認定日」にハローワークに行き、認定を受けて初めて給付となる。

　「失業認定日」には、失業認定申告書を提出し、ハローワークで聞き取りを受ける。「失業状態に変わりがないか」、「この4週間、どのような求職活動をしていたか」、「今後、働く気があるか」など、次の就職に向けてどの程度準備していたか、申告書を提出する。認定されれば、指定した自分の金融機関口座に基本手当が振り込まれる。これは、冒頭で述べたとおり、雇用保険が「保険」であり、次の収入を得る糧を確保するまでの給付だからである。

　これを受給期間満了まで4週間ごとに繰り返していく。裏を返すと、失業してから次の仕事に就く意思がない場合は、基本手当の給付を受け

られない。また、指定された認定日にハローワークに行かない場合も給
付を受けられない。

④給付制限

　以下の事由にあたる場合は、給付制限がかかり、受給できない期間が
発生するので注意が必要である。

　　ア）自己都合退職の場合

　　　　７日間の待機満了から１〜３か月のあいだ（原則は３か月）は、
　　　基本手当が給付されない。

　　イ）病気やケガ等により求職活動ができない場合

　　ウ）紹介拒否をした場合

　　　　正当な理由がなく、ハローワークの紹介する職業に就くことや公
　　　共職業訓練を拒んだ場合。

　　エ）職業指導を拒んだ場合

　　　　正当な理由がなく、ハローワークの行う再就職を促進するために
　　　必要な職業指導を拒んだ場合。

イ　技能習得手当

　受給資格者が職業訓練を受けるため、基本手当に加えて支給されるも
のである。

　　ア）受講手当：日額500円（40日まで）

　　イ）通所手当：月額42,500円を限度（片道２km以上）

ウ　寄宿手当

　受給資格者がハローワーク等の指示する職業訓練を受けるため、同居
の親族と一時的に別居して寄宿する場合に支給されるのが、寄宿手当で
ある。手当の額は10,700円と定額である。

エ　傷病手当

　前述の基本手当で触れたが、病気やケガ等により求職活動ができない

場合は基本手当が受給できない。そのような場合に給付されるのが、傷病手当である。

　具体的には、求職の申し込み後、15日以上引き続いて疾病または負傷のために職業に就くことができない場合に、生活の安定を図るために支給されるものである。傷病手当の日額は基本手当と同額であり、給付日数は所定の日数から基本手当を受給した分を差し引いた日数となる。

(2)　就職促進給付

　「長期にわたって基本手当が給付されるのであれば、就職はギリギリまで待てばいい」。この答えは否である。就職促進給付は失業者が早期に再就職するのを援助・促進することを目的としているため、早期に再就職した場合は国から給付金が支給される。雇用形態によって支給される手当が若干異なるため、以下で紹介する。

ア　就業手当

　受給資格者が常用就職以外の形態で就業した際、以下の要件に該当する場合は給付される。
　　ア）離職前の事業主に再び雇用されたものではないこと
　　イ）待機期間終了後に就職したこと
　就業手当の給付額は、給付対象期間中の就業日数において、基本手当の30％が支給される。

イ　再就職手当

　常用雇用の形態で就職した場合に支給されるのがこの再就職手当であり、下記の要件を満たした場合に支給される。
　　ア）1年以上引き続き雇用されることが確実と認められる職業に就くこと
　　イ）離職前の事業主に再び雇用されたものではないこと
　　ウ）待機期間終了後に就職したこと

エ）再就職した日以前の３年以内の就職について、再就職手当または常用就職支度手当の支給を受けたことがないこと

オ）その他再就職手当を支給することが受給資格者の職業安定に資すると認められること

なお、再就職手当の支給額は、以下のとおり、基本手当の受給資格の残日数によって、給付率が異なる。早期の再就職を促進する観点から、基本手当の受給可能残日数が多いほど、支給率が高くなっている。

| 支給残日数が1/3以上の場合 | 支給残日数×60％×基本手当日額 |
| 支給残日数が2/3以上の場合 | 支給残日数×70％×基本手当日額 |

ウ　常用就職支度手当

求職者給付の受給資格者であって、他の者より就職することが困難な者が安定した職に就職した場合、給付される。

| 支給対象
となる者 | ①身体・知的・精神障害者
②就職日時点で45歳以上であり、雇用対策法等に基づく再就職援助計画の対象となる者
③日雇労働被保険者として就労することが常態化していた者であって、就職日時点で45歳以上である者
④その他、社会的事情により就職が著しく阻害されている者 |
| 給付額 | 90（基本手当支給残日数が90日以下である場合はその実数、最小値は45）×40％×基本手当日額 |

(3)　教育訓練給付

新たな職を探す際、できれば前の仕事と同じような業務内容をと誰しもが考えたくなるものである。しかし、その時期の経済状況などから同じような仕事がなかなか見つからない場合もある。また、介護・福祉職場のように、慢性的に労働者が足りない職種もある。そのような職の流動化、転職を効果的に進めるために、教育訓練給付が行われている。

支給要件	・雇用保険の被保険者であり、支給要件期間が3年以上である（一部特例あり）。 ・基準日は被保険者の資格を喪失しているが、資格喪失から1年以内にあり、かつ支給要件期間が3年以上である。
給付となる講座	保育士や大型特殊自動車免許といった身近な資格から、きものコンサルタントや実用英語技能検定といった資格も給付の対象となる。給付の対象となる厚生労働大臣指定講座は、中央職業能力開発協会のホームページにある教育訓練給付講座検索システムで検索することができる。
給付金額	教育訓練費の20%相当額。ただし、10万円を超える場合は上限を10万円とし、4,000円未満の場合は支給されない（入学料や受講料は含まれるが、検定試験受験料や補助教材費、交通費は含まれない）。
申請方法	給付を受けるには、受講終了日の翌日から1か月以内に「教育訓練給付金申請書」に教育訓練終了証明書等を添付して、近くのハローワークに提出する。

※この他、資格取得を促進するためのものとして、基本手当が受給できない人のためにハローワークが職業訓練協会などに委託して行う求職者支援訓練制度もある。この求職者支援訓練は、自己負担はテキスト代のみで、受講料無料で参加でき、資格取得につなげることができるものが多くある。また、一定要件を満たせば、訓練期間中月10万円の「職業訓練受講給付金」が支給されることもあるので、ハローワークで問い合わせていただきたい。また、このような各種講座については、随時ハローワークの窓口やホームページで公開・周知されているので、確認されたい。

(4)　雇用継続給付

　1994年の雇用保険法の改正により、1995年4月から導入された制度である。もともとの雇用保険制度は、失業したときの生活安定を目的として失業給付をメインに行ってきたものであった。この改正により、高齢や育児、介護により雇用の継続が困難となった場合に、雇用の継続を援助、促進することを目的として作られた制度である。給付の種類として、高年齢雇用継続給付、高年齢再就職給付、育児休業給付、介護休業給付などがある。

⑸　高年齢雇用継続給付

給付要件、給付額は以下のとおりである。

給付要件	・60歳以上65歳未満の被保険者であって、各月に支払われる賃金額が、60歳時点の賃金額の75％未満に低下する場合に支給される。 ・被保険者であった期間が5年以上である。	
給付額	支給対象月の賃金が60歳時点の賃金月額の61％未満であるとき	支給対象月の賃金の15％を支給
	支給対象月の賃金が60歳時点の賃金月額の61％以上75％未満であるとき	各月賃金の15％相当数未満
支給対象期間	被保険者が60歳に達した日の属する月から、被保険者が65歳に達する日の属する日まで	

⑹　高年齢再就職給付

給付要件、給付額、支給対象期間は、以下のとおりである。

給付要件	・60歳以上で基本手当の給付を受けている被保険者が再就職した際に支給される。 ・被保険者であった期間が5年以上である。	
給付額	⑸の高年齢雇用継続給付と同様の計算式を用いる。	
支給対象期間	再就職日の前日における基本手当の支給残日数が200日以上ある場合	2年間
	再就職日の前日における基本手当の支給残日数が100日以上ある場合	1年間

※支給対象期間内に65歳に達した場合は、達したその月まで。

⑺　育児休業給付

　子育て支援策の充実を求める声や、女性の社会参画への推進、ワーク・ライフ・バランスへの意識の高まりを受け、2010年6月に育児・介護休業法が施行されている。育児休業期間の生活保障や育児休業後の社会参加を促進するために、制度化されたのが育児休業給付である。

給付要件	１歳未満の子（配偶者もともに育児休業する場合は１歳２か月、特に必要と認められる場合は１歳６か月）を養育するために育児休業をした被保険者であって、育児休業開始前２年間に、被保険者であった期間が12か月以上ある者
支給額	賃金日額に支給日数を乗じて得た額の67％（６か月経過後は50％）相当額が支給単位期間ごとに支給される。 ※ただし、事業主から支払われた賃金額が休業開始時の80％以上であるときは給付されないので、注意されたい。
給付対象期間	子が１歳（配偶者もともに育児休業する場合は１歳２か月、特に必要と認められる場合は１歳６か月）に達するまでの育児休業中の各支給単位期間

(8)　介護休業給付

　医療技術の進歩により長寿化が進む一方で、ライフスタイルの変化、結婚・子育てに対する考え方の変化、経済的な問題により、晩婚化・少子化には歯止めがかからず、少子高齢化が進捗しているのが現状である。

　介護保険事業による給付やサービスも日々充実してきているが、介護事業に従事する労働者の不足、利用希望に対するサービス提供量の不足により、依然として家族の負担は大きく、介護を理由に離職するケースも少なくない。そのような理由で労働人口の減少を防ぐために制度化されたのが、介護休業給付である。給付要件、支給額、給付対象期間は以下のとおりである。

給付要件	対象家族の介護をするために介護休業取得した被保険者が、当該休業を開始した日以前に２年間に、賃金支払基礎日数が11日以上ある日が通算して12か月以上あること。 ※給付対象家族：配偶者、父母、子、配偶者の父母、上記に準ずる者（同居してかつ扶養している祖父母、兄弟姉妹、孫）
支給額	賃金日額に支給日数を乗じて得た額の67％が支給単位期間ごとに支給される。 ※ただし、事業主から支払われた賃金額が休業開始時賃金の80％以上であるときは給付されないので、注意されたい。
給付対象期間	対象家族１人につき３か月を限度

4 その他の事業

　雇用保険では保険給付事業だけではなく、失業の予防、雇用機会の拡大や雇用の安定を図るために雇用安定事業、能力開発事業が行われている。これらの事業の原資には、事業主負担分の雇用保険料が充てられている。ここに紹介する給付・助成制度は概略であるため、各制度の給付内容や詳細については、ハローワークの窓口などで確認されたい。

(1)　雇用安定事業

ア　労働移動支援助成金

　再就職援助計画または求職活動支援計画書に基づき、民間の職業紹介事業者に計画対象被保険者または支援書等対象被保険者の再就職にかかる支援を委託し、委託にかかる計画対象労働者または支援書等対象労働者の再就職を実現した中小企業事業主に対し、支給する。

イ　中小企業人材確保推進事業助成金

　都道府県知事から認定を受けた事業協同組合等が、改善計画に基づき、新成長戦略において重点強化の対象となっている健康、環境分野等に該当する事業の人材確保の推進事業を行った中小企業事業主に対し、助成する。助成額は認定組合の規模によって異なるが、1年間あたり最大1,000万円（必要経費の3分の2）が助成される。

ウ　年齢別の雇用改善の奨励金

　65歳以上の定年の普及・促進を図ることを目的としている。定年年齢を65歳以上へ引き上げた、または定年の定めの廃止を実施した中小企業事業主や、雇用する55歳以上65歳未満の高年齢者を対象に定年延長等に伴う意識改革、起業や社会参加等に係る研修等を実施した中小企業事業主に対して奨励金を助成する。

エ　地域雇用開発助成金

　雇用機会が特に不足している雇用開発促進地域や、若年層・壮年層の流出が著しい過疎等雇用改善地域、特に若年者の失業者が慢性的に滞留している沖縄県といった雇用失業情勢の改善の動きが弱い地域における雇用構造の改善を図るため、その地域に居住する求職者を雇い入れることに伴い、事業所を設置・整備あるいは創業する事業主に対して助成する。

オ　通年雇用助成金

　北海道や東北地方など、気象条件の厳しい寒冷地で季節的業務に就く者を通年雇用した事業主に対して助成するもので、季節的な失業の発生を防止するとともに、これらの者の常用雇用化を促進する。

(2)　能力開発事業

ア　認定訓練助成事業費補助金

　中小企業の行う認定職業訓練について、都道府県を通じて助成を行う。

イ　キャリア形成促進助成金

　雇用する労働者のキャリア形成を効果的に促進するため、雇用する労働者に対して、職業訓練等の実施、自発的な職業能力開発を支援する事業主に対して助成する。訓練種類やコースによって、補助率や支給限度額が異なる。

ウ　雇用保険受給資格者等に対する公共職業訓練の充実

　職業能力開発校や職業能力開発大学校の整備強化を行うとともに、高度職業訓練を行う職業能力開発短期大学校や短期間の訓練を行う職業能力開発促進センターの設置等、所要の職業訓練を行う。

エ　被保険者の再就職促進のための訓練を実施

　求職者の再就職を容易にするため、職業講習や職場適応訓練を行う。

5　困ったときの相談先など

・雇用主が雇用保険をかけてくれない。
・自主退職するよう強要された。
・自分に落ち度がないのに、突如解雇を言い渡された。

　雇い止めや賃金の不払い、事業主によるパワーハラスメントなど、雇用主と労働者のあいだに上のようなトラブルが発生したら、立場の弱い労働者はどうしても泣き寝入りしがちである。このようなときは以下の相談機関に相談をする。

⑴　労働基準監督署・労働局

　近くのハローワークに行き、企業を指導してもらうとよい。また、各地域には、労働行政に関する国の機関として労働基準監督署がある。労働基準監督署は、労働基準の遵守について事業者等を指導監督しており、雇用主が法令に違反した行為を行っている際に指導し、是正監督する機関である。

　労働環境の改善に関する交渉を申し入れても雇用主がなかなか応じてくれない場合には、近くの労働基準監督署に行き、相談することができる。また、都道府県には、労働基準監督署等を統括する国の機関として労働局がある。労使協議で決着がつかないときには、最終的な解決方法として裁判闘争ということになるが、裁判の場合は多くの時間と費用がかかるのが難点である。労働局では、労使トラブルがあった際に和解に向けて助言指導を行ったり、紛争調停委員によるあっせん制度を利用したりすることができる。また、労働局では、基本手当など雇用保険に関する給付決定に対する疑義が生じたときに、審査請求を行うこともできる。

⑵　その他の相談機関

　筆者は地方公務員であると同時に、労働組合の役員でもあるので、労働組合の取り組みについても少し紹介したい。

　全国的な労働組合の組織である連合（日本総労働組合連合会）や各都道府県の弁護士会でも、労使トラブルに関する相談を随時受け付け、助言を行ったり一緒に取り組みを進めたりしている（職場に労働組合がない、または労働組合があっても加入していない場合でも連合は相談を受け付けているので遠慮なく相談されたい）。なお、各都道府県の労働局や連合では、窓口での対面相談のほか、電話による無料労働相談も随時行っているので各機関のホームページ等を参照されたい。

⑶　労働相談をする際に注意すべきこと

　労働相談では、これまでの経過や雇用主とのやりとりが重要になってくる。また、給与明細や採用通知、労働条件通知書や解雇通知といった書類に加え、日々の生活を記した日記や手帳なども、審査に関する証拠書類として必要になることもある。

　※なお、本稿では2022年4月1日現在の制度を記載しているが、経済状況等により制度や給付内容等が変更になる場合があるので、公的機関の情報、ホームページ等で最新の情報を確認されたい。

第5章
労働者災害補償保険制度

1 セーフティネットとしての「労災保険」

　労災保険は「健康でケガや病気などしたことがないので関係ない」と思われがちである。しかし、元気に出勤して、通勤途中や仕事中に、ケガや病気になり、働けなくなってしまったら、または亡くなってしまったらどうなるのか。労災保険は労働者の「生存権のセーフティネット」なのである。

　労働災害で1年間に死亡する労働者は2021年に867人、4日以上働けなくなる「死傷病者」は14万9918人。死亡者数、死傷病者数ともに前年より増加している。さらに、新型コロナウイルス感染症り患による労働災害による死亡者数は89人、死傷者数は19,332人と前年と比べ大きく増加した。「2021年（令和3年）の労働災害発生状況」（厚生労働省）によれば「死傷者数については、陸上貨物運送事業、小売業、社会福祉施設及び飲食店を中心に増加」している。

　経済のグローバル化、テクノロジーの急激な進化、少子高齢化を背景に、日本の産業構造も大きく変化し、日本の雇用は「流動化」してきた。労働災害発生の今日的特徴も雇用の流動化（非正規雇用の増大と多様な働き方）と結びついている。

　労働災害発生件数が多い職場に共通するのは、委託、請負、派遣、複数事業での労働などの雇用流動化の職場であること、低賃金、非正規労働の拡大、人材不足と人材確保が困難であることである。

　高齢者雇用の増大とともに高齢者の労働災害もまた増加している。そこでは労働環境整備、職場での安全衛生の取り組みが後回しにされ、さらに労災での「泣き寝入り」「労災隠し」が横行してしまう悪循環にある。

外国人労働者数の増加と劣悪な労働環境の下に外国人労働者（外国人技能実習生など）の死傷者数も年々増加してきている。「雇用によらない働き方」も拡大してきているため、労災の「特別加入」枠も拡大してきている。労災保険が労働者の人権、生存権のセーフティネットとして、どのような役割を果たすことができるのか問われている。

2　労働者災害補償保険（労災保険）の概要

労働者災害補償保険（労災保険）は、労働者が通勤途中や仕事でけがや病気をした時に受けることができる保険である。労災保険は労働者災害補償法（労災法）により政府（厚生労働省）が保険者になって管掌する保険である。国家公務員と地方公務員には、国と地方自治体が独自に労働災害を補償する「公務災害基金」を設けている。労災保険と公務員に適用される公務災害補償の仕組みと保障内容は基本的に同じである。

⑴　労働基準法と労災保険法

「労働基準法」（以下、「労基法」という）は第8章の「災害補償」の項で、労働災害が発生した場合、けがや病気等の原因となった業務を行わせた使用者に労働者の損失を補償するように義務づけている。

労働災害の補償は使用者の責任である。しかし、使用者の補償能力が低く十分な補償ができない場合や倒産などによって補償ができない場合には労基法で定める災害補償の最低基準は守られないことになってしまう。それでは労働者の災害補償を受ける権利は失われてしまう。これを防ぐために、保険のシステムを活用した労災保険法が同じ年の1947年に制定されたのである。

使用者が行うべき災害補償を保険から給付する制度なので保険料は使用者だけが負担することになっている。使用者は労働者を1人でも、日数を1日でも雇えば、労災保険の適用事業所として届けなければならない、いわば「強制加入保険」である。

業務や通勤上のけがや病気が起こった場合には、政府が使用者に代わり、被災労働者に対して直接保険給付を行う。このことによって、被災労働者は使用者の補償能力にかかわらず保険給付を受けることができる。使用者側からみれば重大災害発生時などで被災労働者に対する補償のリスクが回避できるのである。

⑵　使用者責任

　労災保険から補償がされれば、その補償の限度内での民法上の「損害賠償責任」は免れる。しかし、不法行為による「使用者責任」は免れない（民法709条）。使用者には民法上の「使用者又は第三者による損害賠償責任」が問われる。

　この「第三者による損害賠償責任」とは、使用者に代わって事業を監督する者（第三者）などによる不注意や安全配慮義務の違反が生じた場合をいう。労災認定を受け労災補償がされた場合は、その範囲内の使用者の損害賠償責任は免除されるが、それを超えた不法行為による損害賠償は「使用者の責任」になるのである。

　だからこそ、職場からの安全配慮義務を果たす、日常の労働災害を発生させない安全衛生の取り組みが重要なのである。

⑶　労災保険料

　労災保険は保険システム（保険料と保険給付との比率）を活用しているため、使用者が政府に支払う保険料率は業種によって違う。一般事務職に比べて、建設業、鉱業などは労働災害のリスクが高いため保険料率が高く設定されている。ただし、通勤災害におけるリスクは業種間に違いがないので一律となっている。

　また、保険料は、同じ業種であっても労災事故を起こさない努力をしている会社と努力していない会社とで同じあれば不公平である。そのため、「保険料のメリット制」という仕組みにより、労災発生率が高いところは保険料を高く、発生率が低いところでは安く設定されている。

　メリット制が適用されると、保険料の率は40％の範囲内で増減する。メリット制は会社に労災事故防止の努力をしてもらう狙いもあるが、保険料率を安くするために労災事故を届出しない「労災隠し」につながりかねない問題も発生する。また、大企業は労災事故発生率の高い業務を中小零細企業に委託、下請けに発注しているため、中小零細などの下請企業はメリット制によって負担率が高くなってしまう問題もある。

⑷　業務上は「遂行性」と「起因性」

　労災保険事業には保険給付と社会復帰等促進事業がある。保険給付は、①業務災害、②通勤災害、③二次健康診断等給付である。業務災害とは「労働者の業務上の負傷、疾病、障害又は死亡に関する給付」である。公務員の場合は「公務災害」という。

　「業務上」とは、「業務遂行性」と「業務起因性」の２つである。「業務遂行性」とは労働者が労働契約に基づいた雇用関係、事業主の支配下にあること。「業務起因性」とは業務と傷病等との一定の因果関係があることである。労災保険給付にあたっては一定の因果関係、業務起因性の立証が求められている。これについては、具体例について後述する。

⑸　労災保険の対象は原則「労働者」

　労災保険の対象は「労働者」であり、雇用形態や雇用条件を問わない。正規社員だけでなく、パート、アルバイト、嘱託職員、臨時職員、派遣労働者も労災保険の対象になる。また、国籍も問わず、外国人技能実習生、留学生などのアルバイトや「不法就労」の外国人労働者であっても労災保険は適用される。

　この労災保険の「労働者」定義は、労基法の「労働者」、「職業の種類を問わず、事業又は事務所に使用される者で、賃金を支払われる者」（労基法第９条）である。経済のサービス産業化とともに進行してきた「雇用の多様化」のなかで、雇用関係によらない働き方、「委託・請負契約」が増加している。しかし「委託契約」は名ばかりで、労働実態は委託元

（使用者）の指揮命令下にある「偽装請負」となる場合がある。フリーランス（個人で仕事を請け負う働き方）は個人事業主であり、労働者でないため「労災保険」の適用は受けられない。そのため「特別加入」制度を設けている。

(6) 労災保険の「特別加入」対象の拡大

労災保険は労働者のための保険給付だが、「特別加入制度」によって一定人数以下の労働者を使用する中小事業主、個人タクシーや大工などの一人親方、また国外に行われる事業への海外派遣者の「特別加入」を認めている。2021年4月から、さらに労災保険の「特別加入」の対象が広がった。

①芸能関係作業従事者（俳優、音楽家、演芸家、映画出演者など）、②アニメーション制作作業従事者（キャラクターデザイン、作画、監督、編集など）、③柔道整復師（一人親方が行う事業に従事する者）、④高齢者の創業支援等措置に基づき事業を行う方（高年齢者が新たに開始する事業、社会貢献事業に係る委託契約その他の契約に基づいて高年齢者が行う事業など）である。

2021年9月には、「自転車を使用して貨物運送事業を行う者」と「ITフリーランス」が労災保険に任意で「特別加入」できることになった。この「特別加入」の労災保険料は、「個人事業主」の負担である。

(7) 業務遂行中であること

労働者の場合、労災保険の保険料は会社が全額負担して国に納付するため、労働者が保険料を負担することはない。労災保険は強制加入保険であり、会社が国に労災保険料を支払っていない場合でも労災保険は適用される。会社がアルバイトの労災保険加入手続を怠り労災事故が発生した場合、遡って保険料支払いと労災保険給付額の費用徴収が会社に行われる。

業務遂行性と業務起因性が明らかな「けがでの休業」の場合、療養補

償給付と休業補償給付が対象となる。

　療養補償給付内容は「診察、薬剤又は治療材料の支給、処置、手術その他の治療、居宅における療養上の管理及びその療養に伴う世話その他の看護、移送」で「政府が必要と認めるもの」である。たとえば、治療の一環として認められない場合のはり・きゅう、マッサージなどが対象外となることがある。

　療養補償給付は療養費の支給ではなく、労災病院や労災保険指定病院での現物給付（治療）である。しかし、近くに労災保険指定病院がない場合、「療養の給付をすることが困難な場合その他厚生労働省令で定める場合には、療養の給付に代えて療養の費用を支給することができる」。

　もう１つの補償は休業補償給付である。「休業補償給付は、労働者が業務上の負傷又は疾病による療養のため労働することができないために賃金を受けない第４日目から支給するものとし、その額は、１日につき給付基礎日額の100分の60に相当する額とする」。

　労災保険の休業補償給付の適用は４日目からとなる、初日から３日目までは「待機期間」となるが、労基法の定めにより会社が平均賃金の60％を補償しなければならない。労基法では「労働者の療養中平均賃金の100分の60の休業補償をおこなわなければならない」（第76条）と定めている。４日目からの17日分は労災保険の休業補償給付の対象になる。

　休業補償給付の計算は労災事故発生日以前３カ月間に支払われた平均賃金に20日を掛けた金額になる。

⑻　業務上の疾病かどうか

　けがなど外部による突発的な業務災害は認定が容易だが、疾病の場合はその災害との間に一定の因果関係があることを立証しなければならない。腰痛を例にみると、腰痛が業務上の疾病であるためには業務起因性、業務との因果関係を立証しなければならない。

　労災保険は「業務上腰痛の認定基準等について」（1976年10月）で災害性の腰痛と非災害性の腰痛に区別して認定基準を定めている。災害性

の腰痛は負傷や突発的な出来事で急激な力が腰部に加わって発症する腰痛とされ、比較的容易に労災認定される。しかし、長期間にわたって腰を痛める非災害性の慢性腰痛の場合は業務との因果関係の立証が困難な事例が多い。

　認定基準とは業務上外の認定にあたっての統一基準であり、どのような条件が重なれば発症にいたるのかを定型化したものだ。したがって、その要件を満たした場合には原則として業務上疾病として取り扱われる。

　非災害性腰痛は3か月から数年以内の比較的短期間に腰部に過度の負担をかける短期腰痛と10年以上にわたって腰部に負担をかける慢性腰痛に分けられる。非災害性腰痛の原因は多種多様であるので、腰痛の原因が仕事によるものか個人の持病によるものかで業務災害として認定されるかどうかが分かれる。

　仕事中に腰に負担がかかる動作や不自然な姿勢をとったことをきっかけとした腰椎間板ヘルニアによる痛みや痺れは労災認定される。引越し、清掃の収集、介護や保育の仕事などは腰痛のリスクが高い業務だ。長い間の疲労腰痛、慢性腰痛の悪化など非災害性腰痛の労災認定のハードルは高いが、業務との関連が明らかになれば業務災害として認められる。慢性疾患の業務災害認定申請にあたっては労働環境、作業量と人員、健康状態など詳細なエビデンスの準備が求められる。

3 通勤災害

(1)　通勤災害の条件

　労働基準法には通勤災害の規定はないが労災保険は通勤災害を認めている。「仕事のための通勤であれば業務災害に準じた保護をすべきだ」との議論から、「労災保険法の一部を改正する法律」が1973年に成立し、同年12月から労災保険の給付対象に加わった。それまでは業務外となり、

健康保険等での対応だった。ただし「一定の条件を満たす」ことが必要だ。この一定の条件を労災保険法第7条では「労働者が就業に関し、住居と就業場所との間を、合理的な経路及び方法により往復すること」と定めている。

　ここで焦点となるのは、「合理的な経路かどうか」である。交通機関のトラブルによる迂回経路、出勤途中の保育園への送り迎えのルートなどは合理的理由といえる。

⑵　通勤ルートの「中断」の条件

　自宅から仕事先に通常のルートで通勤する場合、また、通勤途中に病院で治療を受ける、日用品の買い物など通勤の「中断」があるなども対象となる。しかし、飲み会や映画を観て帰るなどの理由による「逸脱」「中断」があった場合は対象とならない。

⑶　通勤災害の対象

　キーワードは「日常生活上の必要な合理的な行為」であるかどうかだ。この日常生活上の必要な行為には、父母など家族の介護による施設等への立ち寄り、保育園はもとより親戚に子どもを預けるための経路も通勤災害の対象となる。通勤災害の対象になるかどうかは、個々の事情により判断が分かれる。職場の懇親会であっても2時間以上になると就業との関係が認められない。

⑷　複数の職場で働いているとき

　複数の職場で働いている場合、2006年より、その職場間に移動中の災害も通勤災害として認められ、単身赴任者が赴任先の住居と帰省先の住居の間を移動する場合も対象となった。

⑸　事務所に寄らない外勤作業に従事しているとき

　訪問介護労働者（ホームヘルパー）や訪問看護師など事業所に寄らな

111

い外勤作業に従事する場合、自宅から利用者宅に着くまでと、最後の訪問先から自宅に帰るまでは交通事故は通勤災害に適用されるルートとなる。また、最初の利用者宅から次の利用者宅への移動時間、待機時間の事故は業務災害となる。

(6)　支払われる保険金の種類

通勤途上の交通事故は「第三者行為災害」と呼ばれ、「自動車損害賠償責任保険」（自賠責保険）から治療費、休業補償、後遺障害等の損害額が保険金として支払われる。この場合に労災保険と重複した補償はない。なぜなら、自賠責保険には労災保険にはない慰謝料があり、労災保険では休業補償等は80％だが自賠責保険は100％補償など、自賠責のほうが厚い補償になっているからだ。労働基準監督署も自賠責への求償（補償請求）を先行するように指導している。

4　会社が「労働災害を認めない」場合

労災保険の給付申請は、被災労働者または遺族が行う。給付申請書には事業主の証明欄があるため、事業主は、被災労働者から証明を求められた場合はすみやかに証明を出さなければならない。

事業主には労災申請に積極的に協力する義務が課せられている。「保険給付を受けるべき者が、事故のためみずから保険給付の請求を行うことが困難である場合には、事業主はその手続きを行うことができるように助力しなければならない」、「事業主は、保険給付を受けるべき者から保険給付を受けるために必要な証明を求められたときは、すみやかに証明しなければならない」のである（労災保険法施行規則第23条）。

それでも事業主が証明を拒む場合、被災労働者は管轄する地域の労働基準監督署に「証明をもらえない」旨を報告し、労災請求用紙（と添付書類）を提出することで請求できる。労災になるかどうかの判断は労働基準監督署が行うものであり、事業主が行うものではない。

5　「過労死」の労災認定

　「過労死等」とは、過労死等防止対策推進法で「業務における過重な負荷による脳血管疾患若しくは心臓疾患を原因とする死亡若しくは業務における強い心理的負荷による精神障害を原因とする自殺による死亡又はこれらの脳血管疾患若しくは心臓疾患若しくは精神障害をいう。」と定義されている。

　厚生労働省「令和3年度（2021年度）過労死等の労災補償状況」（2022年6月）によれば、脳・心臓疾患に関する労災補償は請求件数753件、支給決定件数（業務上認定）は172件であった。職種別請求件数では、①運輸業、郵便業、②サービス業、③医療福祉となっている。

　「過労死等防止対策推進法」（過労死防止法）が2014年6月に成立した。過労死防止法は「我が国において過労死等が多発し大きな社会問題になっていること及び過労死等が、本人はもとより、その遺族又は家族のみならず社会にとっても大きな損失であることに鑑み、過労死等の防止に関し、基本理念を定め、及び国、地方公共団体等の責務を明らかにする」ことを目的としている（第1条）。

　過労死の認定基準は幾度か改正されてきたが、現在は2010年5月に出されている「脳血管疾患・虚血性心疾患等（負傷に起因するものを除く）の認定基準について」（厚生労働省労働基準局長）が判断基準になっている。脳血管疾患とは脳内出血、くも膜下出血、脳梗塞などであり、虚血性心疾患等とは心筋梗塞、狭心症などである。認定基準は発症の有力な原因が仕事によるものであり、「過重負荷」であることである。

　認定要件は3つあり、①「過重負荷」は、発症直前から前日までにおいて、精神的、身体的負荷および作業環境の著しい変化である。②発症前1週間において過重な負荷を生じさせたかどうかである。③発症前のおおむね6カ月間に著しい疲労の蓄積をもたらす過重な業務に就労していたかである。

　疲労の蓄積をもたらす重要な要因は労働時間である。発症前1か月間

におおむね100時間または発症前2か月間ないし6か月間にわたって、1か月あたりおおむね80時間を超える時間外労働が認められる場合は、業務と発症との関連性が強いとされる。さらに、過労死の認定にあたっては、不規則な勤務、拘束時間の長い勤務、出張の多い業務、交替制勤務・深夜勤務、作業環境、精神的緊張が考慮される。

6 精神障害と労災保険

　精神障害に関する事案の労災補償請求件数は2,346件、支給決定（業務上認定）は629件であった。そのうち、「自殺」の請求件数は171件で、支給決定件数（業務上認定）は79件であった。職種別では、①医療福祉（社会福祉・介護事業）、②医療福祉（医療業）、③運輸業、郵便業（道路貨物運送業）となっている。

　心理的負荷による精神障害の労災認定基準は、「心理的負荷による精神障害の認定基準について」（2011年12月／厚生労働省労働基準局長）によると、①認定基準の対象となる精神障害を発病していること、②発病前おおむね6か月のあいだに、業務による強い心理的負荷が認められること、③業務以外の心理的負荷や個体的要因により発病したとは認められないことが示された。

　さらに、業務による強い心理的負荷が認められるかどうかは、「業務による心理的負荷評価表」による判断が示された。心理的負荷評価表では、「特別な出来事の類型」として、①心理的負荷が極度のもの（生死にかかわる極度の苦痛を伴う病気やけが。業務に関連し他人を死亡させ、または生死にかかわる重大なけがを負わせた。強姦や本人の意思を抑圧して行われたわいせつ行為などのセクシュアルハラスメント）、②極度の長時間労働（発病直前の1か月におおむね160時間を超えるような、または同程度の時間外労働をおこなった場合）をあげている。

　「業務による心理的負荷評価表」は、「特別な出来事」と「具体的な出来事」によって構成され、「具体的な出来事」は36項目に分類され、心

図表5−1　業務による心理的負荷評価表

特別な出来事	
特別な出来事の類型	心理的負荷の総合評価を「強」とするもの
心理的負荷が極度のもの	・生死にかかわる、極度の苦痛を伴う、又は永久労働不能となる後遺障害を残す業務上の病気やケガをした（業務上の傷病により6か月を超えて療養中に症状が急変し極度の苦痛を伴った場合を含む）　…項目1関連 ・業務に関連し、他人を死亡させ、又は生死にかかわる重大なケガを負わせた（故意によるものを除く）　…項目3関連 ・強姦や、本人の意思を抑圧して行われたわいせつ行為などのセクシュアルハラスメントを受けた　…項目36関連 ・その他、上記に準ずる程度の心理的負荷が極度と認められるもの
極度の長時間労働	・発病直前の1か月におおむね160時間を超えるような、又はこれに満たない期間にこれと同程度の（例えば3週間におおむね120時間以上の）時間外労働を行った（休憩時間は少ないが手待時間が多い場合等、労働密度が特に低い場合を除く）　…項目16関連

※「特別な出来事」に該当しない場合には、それぞれの関連項目により評価する。

出典：厚生労働省「心理的負荷による精神障害の認定基準について」（2011年12月26日基発1226第1号）別表1から抜粋

理的負荷の強度を「弱」「中」「強」と判断する具体例を示している。

　精神障害の労災認定にあたっては、主治医による判断が重要となってくる。

7 「自殺」と労災保険

　自殺は一般的には労働災害と認められない。労災保険法では「労働者が、故意に負傷、疾病、障害若しくは死亡又はその直接の原因となつた事故を生じさせたときは、政府は、保険給付を行わない」（労災保険法第12条の2の2）と定めている。しかし、すべての自殺が労働災害にならないわけではない。

　「心理的負荷による精神障害の認定基準について」（2011年12月、厚生労働省労働基準局長）では、「業務による心理的負荷によって精神障害を発病した人が自殺を図った場合は、精神障害によって、正常な認識や行為選択能力、自殺行為を思いとどまる精神的な抑制力が著しく阻害されている状態に陥ったもの（故意の欠如）と推定され、原則としてはその死亡は労災認定される」としている。

　過労など仕事上のストレスが原因でうつ病などの精神障害になった労災請求は2,346件で、労災認定は1,953件となっている。そのうち、自殺の労災請求は171件で労災認定は167件となっている（「令和3年度過労

死等の労災補償状況」)。

8 ハラスメントと労災認定

⑴　パワーハラスメント

　総合労働相談は、厚生労働省「平成28年度個別労働紛争解決制度の施行状況」（2017年6月）によると、9年連続で100万件を超え、そのうち「いじめ、嫌がらせ」が5年連続トップになっている。そこで、ハラスメントと労災認定の関係が問われている。

　厚生労働省作成のパンフレット「精神障害の労災認定」（2012年3月）では、上司から連日のように叱責を繰り返し受けたり、「辞めてしまえ」「死ね」といった発言を浴びせられたり、書類を投げつけられたりするなどの行為を繰り返し受けたことで、精神科を受診し、「うつ病」と診断された例が紹介されている。この例では、「業務による心理的負荷評価表の人格や人間性を否定する言動が含まれ、かつ、これが執拗に行われた」に合致し、総合評価は「強」と判断され、労災認定された。

　2012年1月、厚生労働省は、パワハラ（パワーハラスメント）を「同じ職場内の優位性を背景に業務の適正な範囲を超えて、精神的、身体的苦痛を与える又は職場環境を悪化させる行為をいう」と定義した。また、現在においても、総合労働相談件数約129万件のうち「いじめ・嫌がらせ」は7万9,190件と引き続き最多となっている（厚生労働省「令和2年（2020年）度個別労働紛争解決制度の施行状況」）。

　このような背景を受け、「パワハラ防止法」（改正労働施策総合推進法）は、大企業では2020年6月から、中小企業では2022年4月から施行された。ここでは、①優越的な関係を背景とした言動、②業務上必要かつ相当な範囲を超えたもの、③労働者の就業環境が害されるものが「パワハラ」と規定されている。

　業務の範囲を逸脱したいじめ、嫌がらせによる精神障害は、業務上の

災害になる可能性がある。「心理的負荷による精神障害の認定基準について」（2021年、厚労省労働基準局）では、①認定基準の対象となる精神障害を発病していること、②認定基準の対象となる精神障害の発病おおむね6か月のあいだに業務による強い心理的負荷が認められること、③業務以外の心理的負荷や個体側要因により発病したと認められないことなどが挙げられている。

　心理的負荷の強度の判断は、上と同じく「心理的負担による精神障害の認定基準について」内「業務による心理的負荷評価表」において、「強」「中」「弱」の3段階で区分されており、「強」には、「部下に対する上司の言動が、業務指導の範囲を逸脱しており、その中に人格や人間性を否定するような言動が含まれ、かつ、これが執拗に行われた」ことなどが指摘されている。いずれの場合も、労災認定とともに使用者は「安全配慮義務違反」（民法415条、労働契約法5条）が問われることがある。

(2)　セクシャルハラスメント

　セクシャルハラスメントが原因で精神障害を発病した場合の労災認定要件は、「心理的負荷による精神障害の認定基準について」（労働基準局長／2011年12月）による。

　セクシャルハラスメントによる精神障害等の労災申請では、「被害者」は「行為者」からのセクシュアルハラスメントの被害をできるだけ軽くしたいとの心理などから、やむを得ず行為者に迎合するようなメール等を送ることや行為者の誘いを受け入れることがあるが、これらの事実がセクシュアルハラスメントを受けたことを単純に否定する理由にはならない。行為者が上司・被害者が部下である場合、行為者が正規職員・被害者が非正規労働者である場合等、雇用関係上、行為者が被害者に対して優越的な立場にある事実は心理的負荷を強める要素となり得ることなどが明記されている。

9 「複数事業労働者」への労災保険給付

　これまでは、複数の会社で働いている労働者には働いているすべての会社の賃金額を基に保険給付が行われず、すべての会社の業務上の負荷（労働時間やストレス等）を合わせて評価されてしまい、労災認定されないことが課題だった。

　このため、多様な働き方やパート労働者等で複数就業している者が増えているなど副業・兼業を取り巻く状況の変化を踏まえ、複数事業労働者が安心して働くことができるような環境を整備する観点から、労災保険が改正され、2020年9月から施行された。

　複数事業労働者やその遺族等への労災保険給付は、「全ての就業先の賃金額を合算した額」を基礎として、保険給付額を決定される。労災保険給付の対象者は、事業主が同一でない複数の事業場で就業している被災労働者だが、「特別加入」している者（労働者として働きつつ特別加入している者、複数で特別加入している者）、けがや病気の原因の発生時に事業主が同一でない複数の事業場で就業していた者も対象となる。

　また、1つの事業場で労災認定できない場合であっても、「事業主が同一でない複数の事業場の業務上の負荷（労働時間やストレス等）を総合的に評価」して労災認定できる場合は保険給付が受けられることになった。

10 新型コロナウイルス感染症罹患と労災認定

　労働者が新型コロナウイルス感染症などに罹患した場合、業務に起因して感染したものであると認められる場合には、労災保険給付の対象となる。新型コロナウイルス感染症による症状が持続し、療養や休業が必要と認められる場合にも、労災保険給付の対象となる。

　対象となるのは、①感染経路が業務によることが明らかな場合、②感染経路は不明だが感染リスクが高い業務に従事し、それにより感染した

蓋然性が強い場合である。複数の感染者が確認された労働環境下での業
務、顧客等との近接や接触の機会が多い労働環境下の業務である。

　医師や看護師、介護労働者の場合、「業務外での感染が明らかな場合
を除き、原則として対象」とされている。

　「新型コロナウイルス感染症に関する労災請求件数等」（2022年6月、
厚労省）では、54,601件の請求件数のうち、労災認定決定件数は38,640
件（死亡156件）で、その内医療業の請求は37,556件で認定決定26,020件
（死亡9件）、社会福祉・介護事業では23,347件の請求のうち認定決定は
16,193件（死亡16件）となっている。

11　労災認定外に対して不服がある場合

　労災認定は様々な事例が積み上げられている。同じような内容でも労
災として認定される場合と認定されない場合がある。労災認定するかの
判断を行う労働基準監督署長の決定に対して不服のときのために、労災
保険は「労災不服審査制度」を設けている。労災保険の不服審査請求制
度は二審制をとっている。

　まず、都道府県労働局の労働者災害補償審査官に対して、審査結果通
知を受けた日の翌日から60日以内に審査請求することができる。この労
働者災害補償審査官の決定にも不服の場合、労働保険審査会に再審請求
を60日以内に行う。不服審査請求の二審での判断に対しても納得できな
い場合は裁判所に訴えることになる。

　なお、現在、審査会の裁決には1〜2年以上もかかっているのが現状
だ。これでは被災労働者の救済にはならない。

12　労災保険の給付

　労災保険には、保険給付のほか、社会復帰促進等事業に基づく特別支
給金、社会復帰促進事業、未払賃金立替事業や石綿救済事業がある。

図表5-2　労災給付等一覧

保険給付の種類		こういうときは	保険給付の内容	特別支給金の内容
療養(補償)等給付		業務災害、複数業務要因災害または通勤災害による傷病により療養するとき(労災病院や労災保険指定医療機関等で療養を受けるとき)	必要な療養の給付※	
		業務災害、複数業務要因災害または通勤災害による傷病により療養するとき(労災病院や労災保険指定医療機関等以外で療養を受けるとき)	必要な療養の費用の支給※	
休業(補償)等給付		業務災害、複数業務要因災害または通勤災害による傷病の療養のため労働することができず、賃金を受けられないとき	休業4日目から、休業1日につき給付基礎日額の60%相当額	(休業特別支給金) 休業4日目から、休業1日につき給付基礎日額の20%相当額
障害(補償)等給付	障害(補償)等年金	業務災害、複数業務要因災害または通勤災害による傷病が治ゆ(症状固定)した後に障害等級第1級から第7級までに該当する障害が残ったとき	障害の程度に応じ、給付基礎日額の313日分から131日分の年金 第1級　313日分　第6級　156日分 第2級　277日分　第7級　131日分 第3級　245日分 第4級　213日分 第5級　184日分	(障害特別支給金) 障害の程度に応じ、342万円から159万円までの一時金 (障害特別年金) 障害の程度に応じ、算定基礎日額の313日分から131日分の年金
	障害(補償)等一時金	業務災害、複数業務要因災害または通勤災害による傷病が治ゆ(症状固定)した後に障害等級第8級から第14級までに該当する障害が残ったとき	障害の程度に応じ、給付基礎日額の503日分から56日分の一時金 第8級　503日分　第13級　101日分 第9級　391日分　第14級　56日分 第10級　302日分 第11級　223日分 第12級　156日分	(障害特別支給金) 障害の程度に応じ、65万円から8万円までの一時金 (障害特別一時金) 障害の程度に応じ、算定基礎日額の503日分から56日分の一時金
遺族(補償)等給付	遺族(補償)等年金	業務災害、複数業務要因災害または通勤災害により死亡したとき	遺族の数等に応じ、給付基礎日額の245日分から153日分の年金 1人　　　153日分 2人　　　201日分 3人　　　223日分 4人以上　245日分	(遺族特別支給金) 遺族の数にかかわらず、一律300万円 (遺族特別年金) 遺族の数等に応じ、算定基礎日額の245日分から153日分の年金
	遺族(補償)等一時金	(1)　遺族(補償)等年金を受け得る遺族がないとき (2)　遺族(補償)等年金を受けている人が失権し、かつ、他に遺族(補償)等年金を受け得る人がない場合であって、すでに支給された年金の合計額が給付基礎日額の1000日分に満たないとき	給付基礎日額の1000日分の一時金((2)の場合は、すでに支給した年金の合計額を差し引いた額)	(遺族特別支給金) 遺族の数にかかわらず、一律300万円((1)の場合のみ) (遺族特別一時金) 算定基礎日額の1000日分の一時金((2)の場合は、すでに支給した特別年金の合計額を差し引いた額)
葬祭料等(葬祭給付)		業務災害、複数業務要因災害または通勤災害により死亡した人の葬祭を行うとき	315,000円に給付基礎日額の30日分を加えた額(その額が給付基礎日額の60日分に満たない場合は、給付基礎日額の60日分)	

※療養のため通院したときは、通院費が支給される場合があります。

保険給付の種類	こういうときは	保険給付の内容	特別支給金の内容
傷病（補償）等年金	業務災害、複数業務要因災害または通勤災害による傷病が療養開始後1年6か月を経過した日または同日後において次の各号のいずれにも該当するとき (1) 傷病が治ゆ（症状固定）していないこと (2) 傷病による障害の程度が傷病等級に該当すること	障害の程度に応じ、給付基礎日額の313日分から245日分の年金 第1級　313日分 第2級　277日分 第3級　245日分	（傷病特別支給金） 障害の程度により114万円から100万円までの一時金 （傷病特別年金） 障害の程度により算定基礎日額の313日分から245日分の年金
介護（補償）等給付	障害（補償）等年金または傷病（補償）等年金受給者のうち第1級の者または第2級の精神・神経の障害および胸腹部臓器の障害の者であって、現に介護を受けているとき	常時介護の場合は、介護の費用として支出した額（ただし、171,650円を上限とする） 親族等により介護を受けており介護費用を支出していない場合、または支出した額が73,090円を下回る場合は73,090円 随時介護の場合は、介護の費用として支出した額（ただし、85,780円を上限とする） 親族等により介護を受けており介護費用を支出していない場合または支出した額が36,500円を下回る場合は36,500円	
二次健康診断等給付 ※船員法の適用を受ける船員については対象外	事業主が行った直近の定期健康診断等（一次健康診断）において、次の(1)(2)のいずれにも該当するとき (1) 血圧検査、血中脂質検査、血糖検査、腹囲またはBMI（肥満度）の測定のすべての検査において異常の所見があると診断されていること (2) 脳血管疾患または心臓疾患の症状を有していないと認められること	二次健康診断および特定保健指導の給付 (1) 二次健康診断 　　脳血管および心臓の状態を把握するために必要な、以下の検査 　① 空腹時血中脂質検査 　② 空腹時血糖値検査 　③ ヘモグロビンA1c検査 　　（一次健康診断で行った場合には行わない） 　④ 負荷心電図検査または心エコー検査 　⑤ 頸部エコー検査 　⑥ 微量アルブミン尿検査 　　（一次健康診断において尿蛋白検査の所見が疑陽性（±）または弱陽性（+）である者に限り行う） (2) 特定保健指導 　　脳・心臓疾患の発生の予防を図るため、医師等により行われる栄養指導、運動指導、生活指導	

（注）　表中の金額等は、令和4年3月1日現在のものです。
　　　このほか、社会復帰促進等事業として、アフターケア、義肢等補装具の費用の支給、外科後処置、労災就学等援護費、休業補償特別援護金等の支援制度があります。詳しくは、労働基準監督署にお問い合わせください。

出典：厚生労働省「労災保険給付の概要」9・10ページから抜粋

労災事故には業務災害と通勤災害があるが、業務災害には休業補償給付というように「補償」という用語が付く一方、通勤災害には「補償」という用語は付かず「休業給付」とされている。このような用語の違いの経緯は、業務災害が労基法に規定された事業主の「補償」であるのに対して、交通災害は労災保険独自の救済給付として出発したことからだ。用語は違うが、給付内容は同じである。本書では統一した呼び方として補償をつける。

(1)　療養補償等給付

　療養補償等給付は、療養の給付と、療養の費用の給付に分かれる。けがや病気で病院にかかる場合、労災病院や労災指定病院であれば治療費がかからない。治療費などの現物給付という療養の給付が行われる。労災病院や労災指定病院以外で治療を受けた場合でも、いったん治療費を負担し、労働基準監督署に「療養の費用請求書」を提出することで、負担費用の全額が支給される療養の費用の給付がされる。

　交通災害では、療養給付を受けるときに一部負担金として200円が徴収されるが、業務災害には一部負担金はない。

(2)　休業補償給付

　けがや病気のために働けなくなり、給与がもらえない場合、休業4日目から給付基礎日額の60％が支給される。さらに、社会復帰促進事業により、給付基礎日額の20％相当が特別支給金として上乗せされる。つまり、給付基礎日額の80％が支給される。休業から3日間（待機期間）の補償は、労基法により事業主が60％以上補償しなければならない。通勤災害にはこの事業主の3日間の補償義務はない。

　休業補償給付を受給しているあいだ、およびその後の30日間は、解雇が禁止されている。ただし、療養を始めて3年が経過し、傷病補償年金を受けるようになったり、その時点で使用者が平均賃金の1,200日分に相当する打切補償を支払ったりする場合には、解雇制限の適用はなくな

る。通勤災害には解雇制限は適用されない。

⑶　傷病補償等年金給付

　休業補償給付受給者のうち、療養開始後1年6か月が経過しても治らず、かつ傷病等級が1級〜3級に該当する比較的症状が重い場合、休業補償給付に代わって、障害の程度に応じ、給付日額の313日（第1級）から245日分（第3級）までの年金が支給される。これを傷病補償等年金という。

　さらに、社会復帰促進等事業から特別支給金として傷病特別支給金（一時金）が支給される。また、基礎日額にはボーナス分が含まれていないことから、このボーナス分を上乗せする傷病特別年金も支給される。この年金への移行は、所轄の労働基準監督所長の職権によって決定するため、被災者が申請することはない。なお、年金としての保険給付の額の算定基礎となる給付日額については、賃金水準の変動率に応じて増減額する「スライド制」が導入されている。

　ただし、1年6か月経過後、傷病等級（第1級〜第3級）に該当しない場合は、引き続き休業補償給付が支給される。

⑷　障害補償等給付

　けがや病気が治っても一定の障害が残った場合は障害補償等給付が支給される。障害補償給付の対象となる障害は第1級〜第14級に分けられ、障害補償給付の呼称は年金と一時金とで区別される。第1級〜第7級には給付日額の313日分〜131日分の年金が、第8級〜第14級には給付日額の503日分〜56日分の一時金が支給される。さらに、障害等級に応じて特別支給金として障害特別支給金（一時金）、ボーナス分に上乗せする障害特別年金または障害特別一時金が支給される。

⑸　介護補償給付

　障害補償年金や傷病補償年金を受けている者のうち、重度の障害があ

るために現実に介護を受けている場合には、介護補償給付としてその費用が支給される。障害者支援施設、特別養護老人ホーム、病院・診療所に入所している場合は対象にならない。対象になるのは、障害補償年金または傷病補償年金の第1級に該当するすべての者と、第2級に該当する者で精神神経・腹部臓器に障害がある人だ。常時介護の場合は月に10万4,960円、随時介護の場合は月に5万2,480円を上限とし、実際に支出した額が支給される。また、親族介護を受け、常時介護の費用を支出していないか、あるいは、利用金額が5万6,930円を下回る場合は5万6,930円、同様に随時介護の場合は2万8,470円である。

⑹　遺族補償等給付

　遺族補償等給付は年金と一時金に分かれる。業務上または通勤により労働者が死亡した場合、残された遺族の生活を支えるために遺族補償給付が支給される。遺族補償年金を受け取ることができるのは、労働者が死亡した時に生計維持関係にあった配偶者、子、父母、孫、祖父母、兄弟姉妹である。妻以外の遺族については18歳未満の子、60歳以上の父母など一定の年齢、または障害状態にあることが必要だ。

　遺族補償年金の額は、被災労働者の収入により生計を維持していた受給者の人数に応じて、給付基礎日額の153〜245日分が支給される。加えて、特別給付金として、一時金として一律300万円、さらにボーナス特別支給金が年金額に上乗せされる。

　年金受給資格者がいない場合、遺族補償給付は全額一時金として支給される。一時金の受給者は配偶者、生計維持されていた子・父母・孫・祖父母、生計を維持されていなかった子・父母・祖父母、兄弟姉妹の順となる。給付金額は給付基礎日額の1,000日分であり、これに加えて特別支給金が一律300万円、ボーナス特別支給金として算定基礎日額の1,000日分が支給される。

　このほか、被災労働者の葬儀を行った者への葬祭料（葬祭給付）として31万5,000円、給付基礎日額の30日分を加えた額、給付基礎日額の60

日分のうち、どちらか高額なほうが支給される。

⑺　二次健康診断等給付

　労働安全衛生法では事業主に対して健康診断の実施を義務づけ、労働者に対しては受診を義務づけている。この健康診断（一次健康診断）の結果に基づいて行われる二次健康診断で血圧、血中脂質、血糖、腹囲または肥満度など過労死を引き起こしそうな症状が発見された場合、二次健康診断と特定保健指導をうけることができるのが二次健康診断等給付だ。二次健康診断等給付は過労死を事前に防ぐために作られた予防給付だ。

⑻　社会復帰促進事業

　労災保険では、被災労働者の社会復帰の促進、遺族に対する援護、労働者の安全および衛生の確保を目的として、社会復帰促進事業を行っている。社会復帰事業で特に重要なのは、上乗せの補償としての特別支給金である。⑵で説明したとおり、休業補償給付金は給付基礎日額の60％が支給されるが、さらに、社会復帰促進事業から給付基礎日額の20％相当が特別支給金として上乗せされる。特別支給金は一般の特別支給金＋ボーナス特別支給金だ。

　特別給付金のほか、労災病院やリハビリセンターの設置・運営、健康診断施設の設置・運営、アフターケア、遺族への学費援助、未払賃金の立替払事業、労災防止対策の推進など幅広い活動が行われている。

13 療養３年経過と「打切補償」

　業務災害により傷病にかかった労働者が療養開始後３年を経過しても傷病が治らない場合、使用者は平均賃金の1,200日分を支払えば、その後の補償は行わなくてもよい。これが「打切補償」である。

　労基法は「労働者が業務上負傷し、または疾病にかかり療養のため休

業する期間およびその後30日間の解雇を制限している」（第19条）とし
ている。しかし、この「打切補償」を支払えば、解雇制限が解かれるこ
とになる。

　労災保険との関係においても、療養開始後から３年経過した時点で傷
病補償年金を受けている場合は、別途「打切補償」を支払う必要はない。
また、この場合は療養開始後３年が経過するまでは解雇制限は解かれな
い。傷病補償年金は、療養開始後１年６か月後に、傷病等級３級以上に
達したときの支給を受けることができる。

14 労災と労働安全衛生法

　不幸にして労災事故が起こってしまった場合には労災保険で補償しな
ければならないが、より重要なことは労働災害がおきない職場、安全と
健康を確保し快適な職場環境を積極的につくっていくことだ。それが労
働安全衛生法である。

　労働安全衛生法は「職場における労働者の安全と健康を確保するとと
もに、快適な職場環境の形成を促進すること」（第１条）を目的とし、
労働災害防止計画、安全衛生管理体制、機械等及び危険物・有害物につ
いての規制、労働者の健康管理等について定めている。事業者に対して
は「労働災害防止のための最低基準を守るだけでなく快適な職場環境の
実現と労働条件の改善を通じて職場における労働者の安全と健康を確保
するようにしなければならない」（第３条）と積極的な努力を責務とし
て規定している。

　労働安全衛生法は、事業者が労働者を雇い入れたときに、その業務に
関する安全または衛生の教育を義務づけている（第59条）。「雇入れ時の
安全衛生教育」を十分に行うことは労災防止にとって何より重要だ。

　労災保険との関係で注意したいのが、第100条「必要な事項の報告」
に関する「労働者死傷病報告」義務である。「事業者は、労働者が労働
災害その他就業中又は事業場内若しくはその付属建設物内における負

傷、窒息又は急性中毒により死亡し、又は休業したときは、遅滞なく、報告書を所轄労働基準監督署長に提出しなければならない」（労働安全衛生規則97条）とされ、これは労災事故が発生しても発生したことを隠してしまう「労災隠し」を防止し摘発する条項になっている。

15　労災保険をめぐる課題

最後に労災保険の課題に触れておきたい。

(1)　労　災　隠　し

労災隠しは労働者死傷病報告義務違反、労働安全衛生法違反に問われる。悪質な場合は書類送検されることもあり得る。また、労災であることを隠し、健康保険を利用した場合は健康保険法違反になる。それにもかかわらず、どうして「労災隠し」が行われてしまうのか、大きく2つ考えられる。

第1に、労災保険が治療負担無料、休業補償、休業特別支給金、傷病補償給付など労働者にとって健康保険よりもはるかに補償が厚い一方、事業者側にとって労災申請手続きは煩雑であり、手軽な健康保険の利用ですませてしまう現実がある。

第2に、委託・下請けの中小企業は、労災事故が発生することで、元受会社に迷惑をかけては委託・下請けの仕事がなくなるとの懸念から、労災を隠してしまう現実がある。労災事故を起こした企業が公共事業から外される心配もある。

また、労災事故が発生すると、労災保険メリット制によって事業主の保険料が高くなってしまうため、それを避ける意識も働いてしまう。

厚生労働省は、こうした労災隠しを防止するために、「労災隠しの事案が発見された場合には処分を含め厳正な措置を行う」といった通達を発出している。労災隠しをなくすためには労使双方の労災保険、労働安全衛生法の認識を高めると同時に、労災認定の手続きの簡素化、スピー

ディーな認定が問われている。

(2) 不十分な労災保険の給付水準

　労災保険は、厚い補償を行い、労働者のセーフティネットとならなくてはならないものである。しかし、労災保険給付の給付水準は十分なものではない。

　そのため、多くの企業や自治体では、労災補償とは別に、企業独自の福利厚生制度として休業補償給付の100％補償をはじめ、遺族補償付加給付（2,500万～3,000万円）、葬祭料付加給付、障害補償付加給付などの上積み補償＝企業内補償制度を設けている。だが、労働災害発生件数が高い運送業、小売業、社会福祉施設、飲食店などでは上積み補償の対象となっていないところが多い。また、非正規労働者がこの上積み補償の対象になっていない現状がある。

(3) 被災労働者・遺族による立証

　労災事故は、業務上で発生したことを、被災労働者または遺族が立証しなければならない。非災害性の腰痛やアスベストによる健康被害、過労死をめぐる脳・心臓疾患、メンタルヘルス、過労自殺などといった労災申請は、業務上であるかどうかが立証しづらく、困難が伴う。労災認定にあたっての「立証責任」は事業主にも課すという仕組みへの転換が必要である。

(4) 現代社会の課題への対応

　最後は、現代社会が抱える課題をめぐっての労働災害への対応である。脳・心臓疾患等による過労死、メンタルヘルス・過労自殺認定の課題、非正規労働や請負労働、有償ボランティアなど多様な働き方への対応、そして高齢者雇用に伴い、高齢者の労災事故増加への対応、高齢者に対応した職場改善などが課題となっている。特に、過重労働による健康障害防止やメンタルヘルス対策は重要なテーマとなっている。

　また、セクシャルハラスメント、パワーハラスメントについても、「心理的負荷による精神障害の認定基準」（2011年12月、厚労省）で労災認定への道筋が明らかにされてきている。これら従来の業務上災害の枠を超えた現代社会が抱える労働現場の課題を視野に入れ、労災保険法と労働安全衛生法を車の両輪として、新たなセーフティネットを創造していくことが問われている。労働者の安全と健康、権利を守る職場づくりは、利用者の安全、安心、権利の拡充につながっていくのである。

第6章
扶養と控除

「扶養」という言葉はよく使われるが、社会保険上の「扶養」と所得税法上の「扶養」では意味が異なる。さて、この章では混乱しがちな「扶養」について明確にしていこう。

1 社会保険における扶養

(1) 社会保険

社会保険には、第1章～第5章で述べてきたように、次の5つの種類がある。

①厚生年金保険、②健康保険、③介護保険、④雇用保険、⑤労災保険

この5つの社会保険のうち「扶養」の制度があるのは、①厚生年金保険と②健康保険のみである。③～⑤には「扶養」という概念は存在しない。それでは①と②の「扶養」について見ていこう。

(2) 厚生年金における扶養

会社に勤務している者は、原則、厚生年金に加入し、その者を「第2号被保険者」という。第2号被保険者の配偶者で20歳以上60歳未満など扶養の要件を満たしている者を、「第3号被保険者」という。この「第3号被保険者」が一般的にいわれる厚生年金の「扶養」で、本来負担すべき国民年金保険料の支払いが無料となるシステムである。

(3)で説明する健康保険における「扶養」とは異なり、配偶者のみが扶養の対象となる。年金制度では、被保険者を第1号被保険者から第3号

図表6－1　加入する年金制度

	第1号 被保険者	第2号 被保険者	第3号 被保険者
加入する年金	国民年金	国民年金と厚生年金	国民年金
対象者	個人事業主・自営業者・学生、無職の人など	会社員や公務員など	第2号被保険者の配偶者（要件あり）

　被保険者に分類している。それでは、第1号被保険者とはどのような者を指すのだろうか。

　第1号被保険者は、日本国内に居住する20歳以上60歳未満の個人事業主、自営業者、学生、無職の人などで国民年金に加入している人をいう（図表6－1）。

　さて、それでは、厚生年金に加入している人の「扶養」になることができる要件を確認していこう。

ア　扶養の範囲

　厚生年金加入者の配偶者であることが必要である。配偶者には内縁関係の配偶者も認められている。では、内縁関係はどのように証明できるのだろうか。

　一般的に住民票の続柄欄に「妻（未届）」「夫（未届）」と記載があれば、扶養になることができる。ただし、「同居人」と記載されている場合は認められない。続柄の箇所は、図表6－2のとおり、記載されている。

イ　年齢基準

　配偶者の年齢が20歳以上60歳未満であることが必要である。配偶者が60歳になると自動的に第3号被保険者でなくなる。年金を多く受給したければ、60歳から国民年金に加入して保険料を支払うことができる。

図表6-2　住民票の続柄（見本）

住民票							
東京都〇〇区							
住所	東京都〇〇区						
世帯主							

	氏□□名						
	生年月日		性別	女	続柄	妻（未届）	住民票コード	省略
							個人番号	省略

ウ　収入基準

　配偶者の年間収入が130万円未満（障害者は180万円未満）であることが必要である。

　年間収入が130万円以上（障害者は180万円以上）の場合には自分で国民年金に加入して保険料を支払うことになる。また、配偶者がパートなど短時間労働をしている場合には、会社では給料月額88,000円以上など一定の要件を満たした場合には厚生年金に加入しなければならない。これを一般的に106万円の壁と呼ぶことがある。

(3)　健康保険における扶養

　健康保険では、要件を満たす者が保険料を負担することなく保険加入者の保険に加入できるシステムになっている。たとえば、子が学生で収入がない場合には、仕事をしている父や母の保険に加入し、保険制度を利用することができる。

　健康保険で「扶養」になるには、以下の要件を満たしていなければならない。保険料を負担することなく保険制度を利用できるため、その要件は厳格なものになっている。要件を確認する前に、法律上で使われる言葉の意味を確認しておこう。

　それでは、健康保険に加入している被保険者の「扶養」になれる要件を確認していこう。

ア　扶養の範囲

　被保険者の３親等内の親族であることが必要である。それでは図表６－３を見ていこう。

　３親等内の親族とは、被保険者の直系尊属、配偶者（内縁関係を含む）、子、孫、兄弟姉妹のことをいう。厚生年金同様、内縁関係の配偶者も扶養になることができる。

図表６－３　被扶養者３親等内の親族

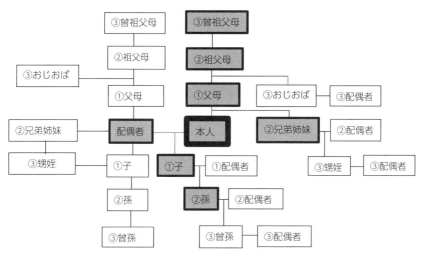

☐　内の数字は親等を表す。
■　以外の者は同居していることが要件。

イ　同居基準

　図表6－3のとおり、3親等内の親族には、同居していなくても扶養として認められる者と、同居していなければ扶養として認められない者がいる。

①同居していなくても認められる者（図6－3内、グレー太枠内）

　　・配偶者（内縁関係を含む）

　　・子、孫

　　・兄弟姉妹

　　・父母等の直系尊属

②同居していることが必要な者（①以外の者）

　　・①以外の3親等内の親族

　　・配偶者（内縁関係を含む）の父母、連れ子

　　・配偶者（内縁関係を含む）死後の父母、連れ子

ウ　生計維持関係にあるかどうかの判定

　アの3親等内の親族で「扶養」になれる者は、被保険者に生計を維持されている必要がある。では、生計を維持されているとはどのような者を指すのか（図表6－4）。

①同居している場合

　以下2つの要件を満たしている必要がある。

　　・被扶養者の年間収入が130万円（60歳以上または障害者は180万円未満）

　　・被扶養者の年間収入が被保険者の収入の1／2未満である

②同居していない場合

　以下2つの要件を満たしている必要がある。

　　・被扶養者の年間収入が130万円（60歳以上または障害者は180万円未満）

　　・被扶養者の年間収入が被保険者の援助による仕送り額より少ないこと。

図表6－4　生計維持関係の判定

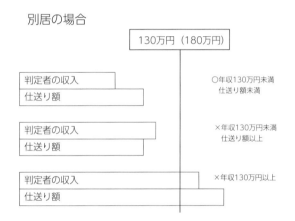

エ　収入基準①60歳未満

　ウでも説明したように被扶養者には収入の基準がある。60歳未満の被扶養者の要件として年間収入が130万円未満であることが必要である。これは月換算すると108,333円となる。また、年間収入は「直近の3か月分」が収入のベースとなる。たとえば、4月から扶養になりたい場合、1～3月の収入の平均額を12倍した金額が130万円以上になると扶養になることはできない。また、収入には交通費、雇用保険の失業給付や健

康保険の傷病手当金、出産手当金も含まれるので注意が必要である。

（例）　1月収入：100,000円、　2月収入：105,000円、　3月収入：130,000円の
　　　　場合
3か月の平均は：（100,000円＋105,000円＋130,000円）÷3か月＝111,666円
1年換算　　　：111,666円×12か月＝1,339,992円
この場合年収が130万円を超えるので扶養になることはできない。

オ　収入基準②60歳以上または障害者

　被扶養者が60歳以上または障害者は、年間収入180万円未満まで認められる。

カ　年齢基準

　75歳以上の高齢者はすべて後期高齢者医療制度に加入する。そのため、収入など被扶養者の基準を満たしていても、被扶養者になることはできない。

2　所得税における扶養

　所得税の扶養は、扶養親族の数に応じて、一定の金額を所得から控除することで税額が少なくなる制度である（(4)で詳述）。所得税の扶養に関する控除には、配偶者が対象になる「配偶者控除」と「配偶者特別控除」、配偶者以外の親族が対象になる「扶養控除」がある。まず「扶養控除」についてみていこう。

(1)　扶養の範囲

　所得税における「扶養親族」とは、配偶者以外の親族で6親等内の血族および3親等内の姻族をいう。

ア　6親等内の血族

　6親等内の血族は図表6−5のとおりである。範囲がとても広いので
ざっと目を通しておこう。

イ　3親等内の姻族

　3親等内の姻族は図表6−6のとおりである。姻族とは配偶者と血縁
関係のある親族をいう。

図表6−5　6親等内の血族

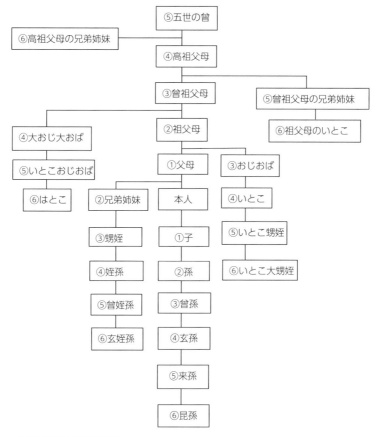

□内の数字は親等を表す。

図表6-6　3親等内の姻族

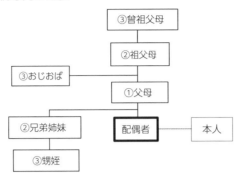

□内の数字は親等を表す。

ウ　年齢基準

　対象年の12月31日時点で扶養親族の年齢が16歳以上である必要がある。

エ　生計を一にしていること

　日常の生活を共にしていることが必要である。「生計を一^{いっ}にする」とは、必ずしも同居を要件とするものではない。

　たとえば、勤務、就学、療養等の都合上別居している場合であっても、生活費、学資金、療養費等の送金が行われていれば、「生計を一にする」ものとして取り扱われる。

オ　収入基準

　収入基準は、扶養親族の年間所得が48万円以下であること（給与所得のみの場合、給与収入103万円以下）が必要である。では、年間所得とは何だろうか。所得税法では年間所得を合計所得金額という。合計所得金額はどのように計算するのか。収入が給料のみの場合の合計所得金額を見ていこう。

①収入が給料のみの場合

　本題に入る前に、収入と所得はどのように違うのか確認をしておこう。所得とは、収入金額から経費として認められる金額を控除した金額をいう。給与所得者の場合、給与所得控除額を経費の代わりとして控除することができる。給与所得控除額は図表6－7にあてはめて計算をする。

　　（例）　給与収入　年間3,000,000円

　　　　　　給与所得控除額→3,000,000円×30％＋80,000円＝980,000円

　　　　　　給与所得→給与収入3,000,000円－給与所得控除額980,000

　　　　　　　＝ 2,020,000円

　　　　　　　　　↑

　　　　　この金額が合計所得金額

図表6－7　給与所得控除額

給与等の収入金額	給与所得控除
1,625,000円まで	550,000円
1,625,001円から1,800,000円まで	収入金額×40％－100,000円
1,800,001円から3,600,000円まで	**収入金額×30％＋80,000円**
3,600,001円から6,600,000円まで	収入金額×20％＋440,000円
6,600,001円から8,500,000円まで	収入金額×10％＋1,100,000円
8,500,001円以上	1,950,000円（上限）

②収入が給料以外にもあり確定申告をしている場合

　図表6－8は確定申告書だが、どこの数字を見ればよいのか。下の3つに当てはまる場合以外は、図表6－8の太枠で囲った「合計⑨」の数字が合計所得金額に該当する。特殊なケースなので、まずは⑨を確認して判定をする。

　　・㊸に数字が入っている場合

　　・第三表（分離課税用）を作成している場合

　　・第四表（繰越損失用）を作成している場合

図表6-8　確定申告書（一部）

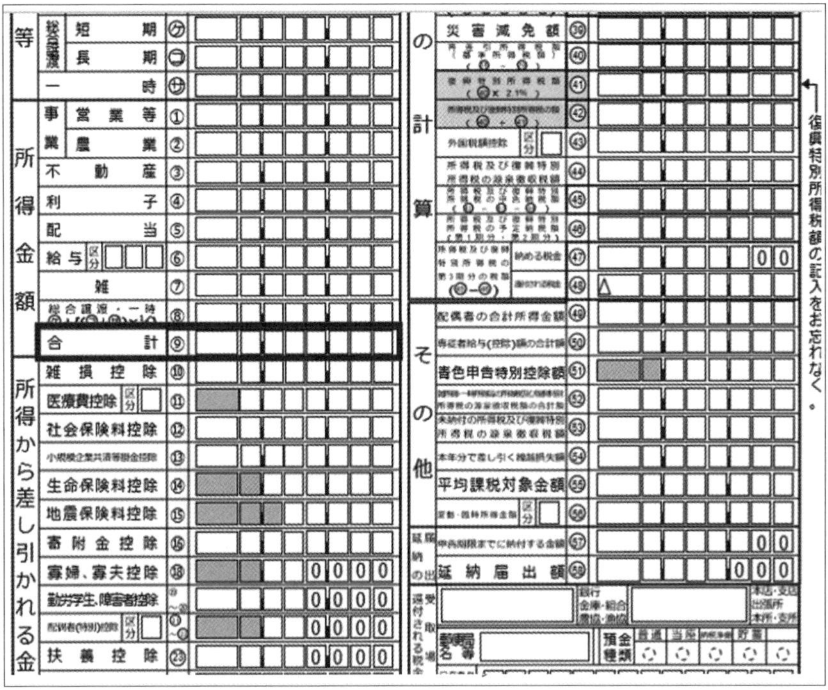

カ　控除額

　扶養親族は19歳以上23歳未満の「特定扶養親族」、70歳以上の「老人扶養親族」、その他の区分によって所得控除額が異なる。所得控除額とは本人の年間の所得税額を計算する際に収入額から控除することができる金額をいう。

(2)　配偶者控除

ア　配偶者の範囲

　民法の規定により効力が生じた婚姻に基づく配偶者をいう。そのため、内縁の妻など事実婚の相手方は民法の規定による配偶者にはならないため、配偶者控除の対象とはならない。

図表6-9　控除の区分

区分		控除額
一般の控除対象扶養親族		38万円
特定扶養親族		63万円
老人扶養親族	同居老親等以外	48万円
	同居老親等	58万円

※同居老親等とは老人扶養親族のうち、本人や配偶者の直系尊属（父母、祖父母など）で、同居を
　している人をいう。

イ　年齢基準

　年齢による制限はないが、民法の規定により効力が生じた婚姻が要件であるため、婚姻ができる年齢18歳以上（2022年4月より改正）ということになる。カで説明するように年齢により控除額の違いがある。

ウ　生計を一にしていること

　日常の生活を共にすることをいう。

エ　収入金額

　収入基準は、配偶者の合計所得金額が48万円以下であること（給与所得のみの場合、給与収入103万円以下）が必要である。年間所得の詳細は(3)エ（142ページ）を参照されたい。

オ　本人の収入金額

　控除を受ける納税者本人（配偶者が妻の場合は納税者は夫になる）の合計所得金額が1,000万円以下である必要がある。1,000万円を超える場合は、配偶者控除を受けることはできない。

カ　控除額

　控除額は図表6-10のとおりである。配偶者控除は、扶養控除と異なり、控除を受ける本人の所得に応じて控除額が決定される。ここは注意

図表6-10　配偶者控除の控除額

控除をうける納税者本人の合計所得金額	控除額	
	一般の控除対象配偶者	老人控除対象配偶者（注）
900万円以下	38万円	48万円
900万円超950万円以下	26万円	32万円
950万円超1,000万円以下	13万円	16万円

（注）　老人控除対象配偶者とは、控除対象配偶者のうち、その年12月31日現在の年齢が70歳以上の人をいう。

が必要である。

(3)　配 偶 者 特 別 控 除

　配偶者の合計所得金額が48万円を超えるため、配偶者控除の適用が受けられないときでも、配偶者の合計所得金額に応じて、一定の金額の控除が受けられる場合がある。これを配偶者特別控除という。

　ア、イ、ウ、オは配偶者控除と要件は同様である。ここでは配偶者控除と異なる部分を見ていこう。

　　ア　配偶者の範囲：配偶者控除と同様

　　イ　年齢基準：配偶者控除と同様

　　ウ　生計を一にしていること：配偶者控除と同様

　　エ　収入金額

　　　　配偶者の合計所得金額が48万円超133万円以下

　　オ　本人の収入金額：配偶者控除と同様

　　カ　控除額：図表6-11のとおり

(4)　上 記 所 得 控 除 の 使 い 方

　扶養控除、配偶者控除、配偶者特別控除について見てきたが、これらを法律用語で所得控除という。所得控除は、(1)～(3)のほかに12種類あり、合計15種類がある。社会保険料を支払っている場合には「社会保険料控除」という所得控除を適用できる。図表6-12の源泉徴収票の一部を参

図表6－11　配偶者特別控除の控除額

配偶者の合計所得金額	控除を受ける納税者本人の合計所得金額		
	900万円以下	900万円超950万円以下	950万円超1,000万円以下
48万円超95万円以下	38万円	26万円	13万円
95万円超100万円以下	36万円	24万円	12万円
100万円超105万円以下	31万円	21万円	11万円
105万円超110万円以下	26万円	18万円	9万円
110万円超115万円以下	21万円	14万円	7万円
115万円超120万円以下	16万円	11万円	6万円
120万円超125万円以下	11万円	8万円	4万円
125万円超130万円以下	6万円	4万円	2万円
130万円超133万円以下	3万円	2万円	1万円

照しながら、どのように税額が計算されているか見ていこう。

①給与の年間収入：支払金額2,000,000円

②給与所得控除額：支払金額2,000,000円×30％＋80,000円＝680,000円

③給与所得控除後の金額：①－②＝1,320,000円

④所得控除額の合計額

基礎控除額　　　　480,000円

配偶者控除額　　　380,000円

社会保険料控除額　295,000円

合計　　　　　　1,155,000円

⑤課税所得金額　③－④＝165,000円

⑥源泉徴収税額　⑤×5.105％（※）＝8,423円　百円未満切り捨て→8,400円

※は税額表により決まっている。

源泉徴収票と上記の計算とを照らし合わせて確認をしてみよう。

図表6−12　源泉徴収票

令和　4年分　　給与所得の源泉徴収票

支払を受ける者	住所又は居所			（受給者番号）0002-　　－　　－0001		
				（役職名）		
				氏名　（フリガナ）サトウ　イチロウ　　佐藤　一郎		

種　　別	支　払　金　額	給与所得控除後の金額（調整控除後）	所得控除の額の合計額	源泉徴収税額
給料・賞与	内　　2,000,000 円	円　1,320,000	円　1,155,000	円　8,400

（源泉）控除対象配偶者の有無等		配偶者（特別）控除の額	控除対象扶養親族の数（配偶者を除く。）								16歳未満扶養親族の数	障害者の数（本人を除く。）			非居住者である親族の数
有	従有	老人	特定		老人		その他						特別	その他	
○		380,000 円	人	従人	内 人	人	従人	人	従人	人	人	内 人	人	人	人

社会保険料等の金額	生命保険料の控除額	地震保険料の控除額	住宅借入金等特別控除の額
内　　295,000 円	円	円	円

（摘要）

生命保険料の金額の内訳	新生命保険料の金額	円	旧生命保険料の金額	円	介護医療保険料の金額	円	新個人年金保険料の金額	円	旧個人年金保険料の金額	円
住宅借入金等特別控除の額の内訳	住宅借入金等特別控除適用数		居住開始年月日（1回目）	年 月 日	住宅借入金等特別控除区分（1回目）		住宅借入金等年末残高（1回目）	円		
	住宅借入金等特別控除可能額	円	居住開始年月日（2回目）	年 月 日	住宅借入金等特別控除区分（2回目）		住宅借入金等年末残高（2回目）	円		

（源泉・特別）控除対象配偶者	（フリガナ）サトウハナコ　氏名　佐藤花子	区分	配偶者の合計所得	国民年金保険料等の金額	円	旧長期損害保険料の金額	円
			0	基礎控除の額	円	所得金額調整控除額	円

控除対象扶養親族	1	（フリガナ）氏名	区分	16歳未満の扶養親族	1	（フリガナ）氏名	区分
	2	（フリガナ）氏名	区分		2	（フリガナ）氏名	区分
	3	（フリガナ）氏名	区分		3	（フリガナ）氏名	区分
	4	（フリガナ）氏名	区分		4	（フリガナ）氏名	区分

未成年者	外国人	死亡退職	災害者欄	本人が障害者		寡婦	ひとり親	勤労学生	中途就・退職				受給者生年月日			
				特別	その他				就職	退職	年	月 日	元 号	年	月	日

支払者	住所（居所）又は所在地	
	氏名又は名称　鈴木工務店	（電話）

（受給者交付用）

3　社会保険と所得税における扶養要件の違い

　ここまで社会保険と所得税における「扶養」の違いを見てきた。社会保険と所得税では法律が異なるため、用語の意味自体も異なる。そのため、単純に比較をすることはできない。図表6−13で類似する要件について比較してみよう。

図表6-13　社会保険と所得税の要件比較

	社会保険		所得税	
	厚生年金	健康保険	扶養控除	配偶者控除・配偶者特別控除
範囲	配偶者	３親等内の親族	６親等内の血族と３親等内の姻族	配偶者
被扶養者の収入基準	年間収入130万円（180万円未満※１）	年間収入130万円未満（180万円未満※２）	年間所得48万円未満（給与収入のみの場合は103万円）	【配偶者控除】合計所得金額48万円未満（給与収入のみの場合は103万円）【配偶者特別控除】合計所得金額48万円超133万円以下
被保険者または本人の収入基準	規定なし	規定なし	規定なし	合計所得金額が1,000万円未満
年齢基準	20歳以上60歳未満	75歳未満	その年の12月31日時点で16歳以上	18歳以上（2022年４月以降の婚姻）
内縁の配偶者	可	可	不可	不可

※１　障害者の場合
※２　60歳以上または障害者の場合

　このように「扶養」という制度は社会保障において重要なものである。ただし、社会保険と所得税における「扶養」の違いを認識することは、制度を理解するためには不可避である。これらの概念を理解して社会保障の学びを深めていく必要がある。

第7章
生活保護制度と社会手当

1 日本における公的扶助の歴史

(1) 公的救済制度の歴史

　日本の公的扶助の歴史は、701年に制定された「大宝律令」が始まり
といわれている。高齢者や障害者、父親のいない子どもなどは、近親者
に引き取らせて扶養させ、近親者がいない場合には、その町や村で保護
すべきとしていた。

　日本の公的扶助は、その後も天皇による「施薬院」（病人や孤児に施
しや治療を行う施設）や「悲田院」（貧しい人や孤児を救う施設）など
での救済が行われた。しかし、天皇の勢力が相対的に衰えるとこうした
公的扶助は行われなくなり、寺院等による社会事業が細々と行われるに
過ぎなくなった。

　徳川時代になると、公的な窮民救済策が見られるようになった。「七
分積金」という制度であるが、これは、地主が負担すべき町の経費のう
ち7割を備蓄用の食糧や町内の貧困者への手当に充てるものであった。

(2) 「恤救規則」、「救護法」の制定

　明治政府による公的扶助は、1874年に公布された「恤救規則」であっ
た。貧困救済は、「人びとの間のお互いの同情心によっておこなうのが
建前であるが、誰にも頼れない困窮者だけは救済の対象とする」として、
一定の食糧代を支給するというものであった。

　その後、大正期における米騒動や、昭和期に入っての社会構造的な不
況などから、政府も貧困の原因を個人的な問題とする考え方を改めざる

146

を得なくなった。そして、恤救規則の抜本的改正が強く求められ1929（昭和４）年「救護法」が制定された。救済の対象とされたのは、①65歳以上の老衰者、②13歳以下の幼者、③妊産婦、④不具廃疾、疾病、傷病その他精神または身体の障害により労務を行うに故障のある者とされた。

(3)　旧 生 活 保 護 法

1945年、日本は敗戦によって戦災者や引揚者に対する公的な需要が急激に増えた。これに対し政府は、「生活困窮者緊急生活援護要綱」を定めた。

さらに、1946年、占領軍総司令部（GHQ）から公的扶助の構築にあたり、①国家責任の原則、②無差別平等の原則、③最低生活保障の原則の３つの原則を指示されたことにより、政府は同年の第90回帝国議会に生活保護法案を提出した。

この（旧）生活保護法は、それまでの制限扶助主義から抜け出し、無差別平等の原則を持つ近代的公的扶助制度として成立した。そして、国家責任を明確にし、貧困を個人の責任に帰すことをせず、社会的責任であることを認める制度となった。

(4)　新 生 活 保 護 法

GHQは、1947年、日本の適正な社会保障計画を確立するため、学識経験者を調査団として招聘した。翌年、調査団は「社会保障制度への勧告」を提出した。

これを受けた政府は、1948年12月、「社会保障制度審議会」を設置し、翌年、審議会は政府に対して「生活保護制度の改善強化に関する勧告」を行った。

主な内容としては、以下のとおりである。

①国が定める保護水準は、健康で文化的な最低限度の生活を維持できるものでなければならない

②保護請求権及び不服申立ての権利を保障する

③保護の実施は専門資格を持つ職員が遂行する

　政府は、この勧告を受け1950年、（新）生活保護法を策定し、法案は同年5月に公布された。

2 　生活保護受給世帯

(1)　世帯数等

　厚生労働省の「生活保護の被保護者調査」によれば、2022年3月の「被保護実人員」は2,036,045人、「被保護世帯数」は1,642,821世帯となっている。

　被保護実人員については、2014年度（月平均）の2,165,895人のピーク時に比べると減少しているが、過去最少であった1995年度（月平均）の882,229人と比較すると115万人以上増加している。

　被保護世帯数では、1992年度（月平均）の最小値585,972世帯と比較すると105万世帯以上増加している（図表7−1）。

　2021年8月の被保護世帯の世帯類型を見ると、「高齢者世帯」が90万9千世帯で最も多く（図表7−2）、割合では56％と半数を超えている（図表7−3）。

　このように、生活保護受給世帯の大半は65歳以上の高齢者世帯である。これは、加齢に伴い収入が減少し生活に困窮したことで保護申請に至ったと考えられる。ちなみに現在の老齢基礎年金は、40年間納付した場合、満額で月額64,816円（2022年度）であり、生活のすべてをカバーすることは難しい。

　また、もう1つの特徴として、2009年以降、稼働年齢層が含まれる「その他世帯」の絶対数及び割合が増加傾向にある。これは、世界金融危機（リーマンショック）があり失業者が増加したことが原因と考えられる（図表7−3）。

図表7-1　被保護世帯数、被保護人員、保護率の年次推移

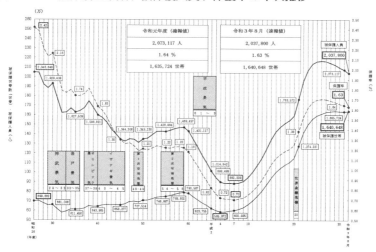

出典：厚生労働省「生活保護制度の現状について」（生活保護制度に関する国と地方の実務
者会議）から抜粋

図表7-2　世帯類型別の生活保護受給世帯数の推移

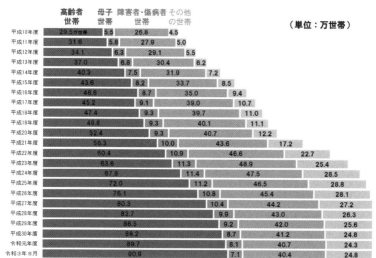

出典：厚生労働省「生活保護制度の現状について」（生活保護制度に関する国と地方の実務
者会議）をもとに一部加工して筆者作成

149

図表7－3　世帯類型別の構成割合の推移

	高齢者世帯	母子世帯	障害者・傷病者世帯	その他の世帯
平成10年度	45%	8%	40%	7%
平成11年度	45%	8%	40%	7%
平成12年度	45%	8%	39%	7%
平成13年度	46%	9%	38%	8%
平成14年度	46%	9%	37%	8%
平成15年度	46%	9%	36%	9%
平成16年度	47%	9%	35%	9%
平成17年度	43%	9%	37%	10%
平成18年度	44%	9%	37%	10%
平成19年度	45%	8%	36%	10%
平成20年度	46%	8%	36%	11%
平成21年度	44%	8%	34%	14%
平成22年度	43%	8%	33%	16%
平成23年度	43%	8%	33%	17%
平成24年度	44%	7%	31%	18%
平成25年度	45%	7%	29%	18%
平成26年度	47%	7%	28%	17%
平成27年度	50%	6%	27%	17%
平成28年度	51%	6%	26%	16%
平成29年度	53%	6%	26%	16%
平成30年度	54%	5%	25%	15%
令和元年度	55%	5%	25%	15%
令和3年8月	56%	4%	25%	15%

出典：厚生労働省「生活保護制度の現状について」（生活保護制度に関する国と地方の実務者会議）から抜粋

(2)　保護開始の主な理由

　2020年度の保護開始の主な理由は、「貯金等の減少・喪失」が40.9％と最も多く、次いで「働きによる収入の減少・喪失」が22.3％、「傷病による」が19.2％となっている。近年の保護開始の理由として、前述のとおり保護世帯類型別で高齢者世帯が最も多いことから、少ない年金等をカバーするために預貯金を取り崩してきたが、それも底をつき最低生活を維持できなくなって保護申請に至ったと考えられる（図表7－4）。

(3)　保護廃止の主な理由

　2020年度の保護廃止の主な理由は「死亡」が45.5％、次いで「その他」を除けば、「働きによる収入の増加等」が14.2％となっている。

　保護廃止の理由としては、死亡が半数近くを占めている。これも高齢者世帯が半数を超えており、また傷病によって保護開始となった人が多いことが理由の一因と考えられる。

図表7－4　保護開始の主な理由別世帯数の構成割合

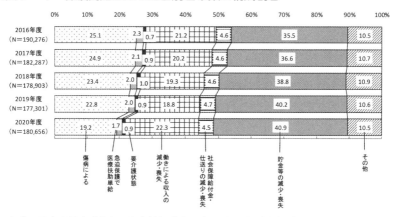

出典：厚生労働省「令和2年度被保護者調査 月次調査（確定値）結果の概要」から抜粋

図表7－5　保護廃止の主な理由別世帯数の構成割合

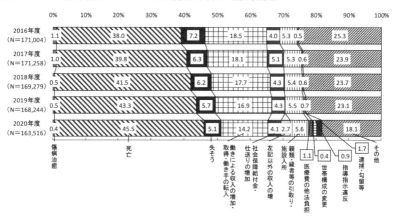

出典：厚生労働省「令和2年度被保護者調査 月次調査（確定値）結果の概要」から抜粋

　いわば、加齢に伴う収入の減少や病気等によって生活保護を受給した者は、死亡するまで生活保護の状態が継続するといえる。

　一方、「働きによる収入の増加」の理由については、2009年度以降増加した「その他世帯」のうち稼働年齢層の受給者が就労を開始したことに伴い保護廃止になったと考えられる（図表7－5）。

3 生活保護制度の概要

(1) 目的及び原理

　生活保護法（以下「法」という）は、憲法第25条の「国民は、健康で文化的な最低限度の生活を営む権利を有する」という条文の実現を目的としている。これは、法第１条に「この法律は、日本国憲法第25条に規定する理念に基づき、国が生活に困窮するすべての国民に対し、その困窮の程度に応じ、必要な保護を行い、その最低限度の生活を保障するとともに、その自立を助長することを目的とする」との規定からも明白である。

ア　国家責任による原理

　生活保護制度では、４つの基本原理が定められている。第１は、法第１条で規定する「国家責任による原理」である。これは生活困窮に陥った国民については国が保護するという原理である。また、同条に併記された「自立を助長することを目的とする」という条文については、保護を受けることによって生じるいわゆる「惰眠」を防止する意味ではなく、「『最低生活の保障』と対応し社会福祉の究極の目的とする『自立の助長』を掲げることにより、この制度が社会保障の制度であると同時に社会福祉の制度である所以を明らかにしようとした」（小山1951：84）とされている。

イ　保護請求権無差別平等の原理

　法第２条では、国民に保護請求権を認めたうえで、生活困窮状態に陥った要件を問うことなく保護受給できることが定められている。

　旧生活保護法においては、「生計の維持に努めない者」、「素行不良な者」等は保護に値しないとされていたが、新生活保護法においては、急迫した事由がある場合には、一旦保護を開始し、その後、適切な指導・指示

をしていくようになった。すなわち、貧困状態に陥った理由を問わず、年齢等の制限もなく、生活に困窮していれば保護を開始するようになった。

ウ　最低生活保障の原理

　法第3条では、「この法律により保障される最低限度の生活は、健康で文化的な生活水準を維持することができるものでなければならない」と規定されている。これは憲法第25条を実現するための条文であり、保護基準の具体性を担保したものである。その基準について、「単に辛うじて生存を続けることを得せしめるという程度のものであってはならない」（小山1951：115）とされている。

　その基準は、近年一般国民の消費水準の約70％台で推移している（図表7-6）。

図表7-6　一般世帯と被保護世帯の1人あたり消費支出格差の推移（全国・月額）

年度	一般勤労者世帯A 円	被保護勤労者世帯B 円	格差（B/A）
2000	98,652	68,396	69.3%
2001	95,571	68,691	71.9%
2002	94,740	69,187	73.0%
2003	94,028	66,007	70.2%
2004	95,095	69,976	73.6%
2005	95,359	71,421	74.9%
2006	93,687	73,661	78.6%
2007	94,332	72,132	76.5%
2008	93,683	69,204	73.9%
2009	93,232	72,533	77.8%

出典：厚生労働省「生活保護基準の体系等について」社会保障審議会生活保護基準部会から抜粋（筆者一部加工）

エ　保護の補足性の原理

　法第4条には、「保護は、生活に困窮する者が、その利用し得る資産、能力その他あらゆるものを、その最低限度の生活の維持のために活用することを要件として行われる」と規定されている。この原理は、保護を受ける者が最低限守るべき条件を定めたものである。

　また、同条第2項には「民法に定める扶養義務者の扶養及び他の法律に定める扶助は、すべてこの法律による保護に優先して行われるものとする」とある。

(2)　保護の原則

　基本原理に加え保護制度を円滑に運用するために4つの基本原則が定められている。

ア　申請保護の原則

　保護は、要保護者、その扶養義務者、同居の親族の申請に基づいて開始されるという原則である。申請がなければ保護は開始されないが、要保護者が窮迫した状況であれば、福祉事務所は速やかに、職権をもって保護を開始するという「職権による保護」も規定されている。

イ　基準及び程度の原則

　「保護基準」は厚生労働大臣が定め、要保護者が生活していくうえで必要となる需要はその基準に基づいて算定されるという原則である。そして、需要に満たない部分について不足分を補う程度で金銭給付または現物給付が行われる。

　この基準は、要保護者の必要な事情を考慮した最低限度の生活の需要を満たすうえで十分なものであって、かつ、その需要を超えないものでなければならない。

　この基準があることで、福祉事務所における恣意性を排除することができる。

ウ　必要即応の原則

　生活保護制度は、要保護者の年齢や健康状態といった実際の必要性に応じて行われるという原則である。よって、被保護者に一律に金銭を給付すればよいという機械的な運用ではなく、個々の実態に応じた保護が実施される。

エ　世帯単位の原則

　生活保護の要否（必要か否か）や程度の判定は、個人ごとではなく、世帯を単位として行われるという原則である。すなわち、世帯員のうち1人だけが生活に困窮していても、他の世帯員の収入等によってその世帯が最低生活基準を上回る場合は、保護の判定は否となる。

　しかしながら、たとえば、世帯員のうち稼働能力があるにもかかわらず、それを活用しないため、他の世帯員がやむを得ない事情によって保護を要する場合は、要件を欠く者を分離して他の世帯員のみを保護するという「世帯分離」の運用も設定されている。

4　生活保護基準における各扶助の概要

　生活保護制度においては、以下の8つの扶助が定められている。

⑴　生活扶助

　個人単位の食費や被服費、そして世帯単位の光熱水費を扶助するものである。なお、被保護世帯の特別の需要に応じた加算（妊産婦・障害者・母子など）がある。

⑵　教育扶助

　義務教育（小中学校）に伴って必要となる費用を扶助するものである。教材、学用品、通学用品や学校給食にかかる費用について定められた範囲内で支給される。

⑶　住宅扶助

　困窮のため最低限度の生活を維持することのできない者に対して、居住するアパート等の家賃について定められた範囲内で実費を支給するものである。なお、住宅扶助については、被保護者本人ではなく家主等の債権者に支払うこと（代理納付）もできる。

⑷　医療扶助

　医療機関で受ける医療サービスや調剤の給付を受けた場合、実際にかかった費用について生活保護制度から当該機関に支給される。このように、本人の自己負担なしにサービスが受けられる仕組みを「現物給付」という。

⑸　介護扶助

　困窮のため最低限度の生活を維持することのできない要介護者等について、現物給付の方式で扶助を行う。40歳以上65歳未満の要介護状態の者については、医療扶助同様、全額を生活保護制度から支出するが、65歳以上の要介護者等については、介護保険制度の被保険者となり被保護者の自己負担額分についてのみ扶助する方式を採っている。

⑹　出産扶助

　困窮のため最低限度の生活を維持することのできない者に対して、分べんの介助、分べん前及び分べん後の処置やガーゼ等の衛生材料について金銭給付の方法で扶助を行う。

⑺　生業扶助

　困窮のため最低限度の生活を維持することのできない者等が、技能を修得するための費用や高等学校に進学、就学する費用などを支給する。この扶助を受けることで、その者の収入が増加するなど自立助長に資す

る見込のある場合に行われる。

(8)　葬 祭 扶 助

　困窮のため最低限度の生活を維持することのできない者に対して、死
体の運搬や火葬または埋葬、納骨その他葬祭に必要な費用について扶助
を行うものである。

　第二次世界大戦後のイギリスにおける手厚い社会保障制度は、「ゆり
かごから墓場まで」と例えられた。日本の生活保護制度も同様に「生ま
れる前から死んだ後まで」人生のライフステージのすべてをカバーして
いることがわかる。

図表７－７　生活保護費負担金の2019年実績

出典：厚生労働省「第14回社会保障審議会生活困窮者自立支援及び生活保護部会」資料５「生
　　　活保護制度の現状について」７ページをもとに作成

5　生活保護制度実施の組織体制

(1)　「 福 祉 事 務 所 」設 置 に 関 す る 根 拠 法 令

　生活保護を運営する機関として、社会福祉法第14条では「都道府県及
び市は、条例で、福祉に関する事務所を設置しなければならない」と規
定されている。なお、町村の設置は任意であることから町村が設置しな

い地域については都道府県が福祉事務所を設置している。

⑵　配置される職員

　福祉事務所に配置される職員は、社会福祉法第15条で①指導監督を行う所員（査察指導員）、②現業を行う所員（ケースワーカー）、③事務を行う所員が定められている。

　査察指導員およびケースワーカーは、大学等で厚生労働大臣の指定する社会福祉に関する科目を修めて卒業した「社会福祉主事」でなければならない。

　ケースワーカーの配置数は、同法第16条で、市部の場合は被保護世帯80世帯につき１人、郡部（都道府県）の場合は65世帯につき１人を標準とするよう定められている。

　この配置数は、1999年の地方分権一括法に伴う社会福祉事業法の改正時に、「法定」数から「標準」数へと変更された。

6　面接相談から保護開始まで

⑴　相談及び申請の窓口

　生活保護についての相談や実際に申請をする窓口は、居住する地域を所管する福祉事務所の生活保護担当になる。ここで制度の説明を受け、場合によっては他の制度である生活福祉資金や各種社会保障施策の活用についても検討することになる。

　なお、居住地がないか、または明らかでない場合は、要保護者が今いる地域の福祉事務所が保護を実施するという「現在地保護」も規定されている。

⑵　申請による保護の開始

　保護を申請する者は、氏名、保護を受けようとする理由、資産および

収入の状況などを記載した申請書を福祉事務所に提出する。なお、申請者の状況から書面での提出が困難である場合は口頭による申請も認められている。

　福祉事務所が面接時に慎まなければならない発言として、「居住地がなければ保護申請できない」、「稼働年齢層は保護申請できない」、「自動車や不動産を処分しなければ申請できない」などが挙げられる。また、親族等による扶養が保護の要件であるかのような説明は、保護の申請権を侵害する行為となる。

⑶　開始時における調査

　生活保護の申請後、福祉事務所のケースワーカーが、申請者の生活状況等を把握するため家庭を訪問する。さらに預貯金等の資産調査、扶養照会を行い、就労の可能性なども確認する。

⑷　保護の要否判定および決定

　調査によって、保護を申請した世帯の収入が厚生労働大臣の定める基準（保護基準）に満たない場合に保護が開始される。なお、基準を超える場合は申請が却下される。

7　被保護者の権利と義務

　生活保護制度は、国民の最低生活を維持するための制度であることから、その権利は法律で守られている。一方、その財源は国民の税金によって賄われており、被保護者は守らなければならない義務もある。

⑴　権利

ア　不利益変更の禁止（第56条）
　決定された保護については、正当な理由がない限り、被保護者にとって不利益になるような変更をされることはない。

イ　公課の禁止（第57条）

　支給される保護費については、国が定めた最低限度の基準に基づく金額であることから、課税の対象となる余地はなく租税を課されることはない。

ウ　差押の禁止（第58条）

　すでに決定して支給を受けた保護費やこれを受け取る権利については、債権者から差し押さえられることはない。ちなみに、イの「公課の禁止」は公権力に対する保障であり、差押禁止は民事上の債権等に対する保障となる。

(2)　義　務

ア　譲渡の禁止（第59条）

　被保護者は、保護費を受ける権利や就労自立のための給付金について、他人に譲り渡すことはできない。この規定を設けることで、福祉事務所が決定した保護に関する項目が譲渡性のないことを示し、保護の目的が確実に達成されるようにしている。

イ　生活上の義務（第60条）

　保護の補足性（3(1)エ）のところで触れた原則については、保護を受ける時だけではなく、保護受給中にも守るべき原則となっている。被保護者は自身の能力に応じて勤労に励むとともに健康に気を配り、家計管理を適切に行い、節約を図り、その他生活の維持向上に努めることとされている。

ウ　届出の義務（第61条）

　福祉事務所は、生活保護制度を適切に運営することが求められている。そのためケースワーカーは、被保護者の生活状況を把握する必要がある。それを確実にするため被保護者の側からも収入、支出等について変動が

生じたときは、福祉事務所に対して自発的に届け出なければならない。

エ　指示等に従う義務（第62条）

　福祉事務所は、被保護者に対する職責を適切に進めるため、被保護者に対し、指導または指示をすることがある。その場合、被保護者はそれに従う義務がある。

　なお、法第27条では、福祉事務所からの指導指示は、被保護者の自由を尊重し必要最小限度に止めたものでなければならないと定められている。

オ　保護費の返還義務（第63条）

　資力があるにもかかわらず、急迫状態であったため保護を受給した者は、その受けた範囲内において福祉事務所に保護費を返還する義務がある。

8　保護費の徴収（第78条）

　不正な手段によって保護を受けた場合や他人に受けさせた場合、福祉事務所は保護費の全額または一部を徴収することができる。これは、法第85条の罰則規定と共に制度の悪用を防ぐために規定されたものである。

9　不服申立て（64条）（66条）（69条）

　福祉事務所長が行った保護の開始、変更、停止、廃止等にかかる決定処分について不服がある場合には、審査庁（都道府県知事）に対して審査請求をすることができる。

　さらに、都道府県知事が行った裁決に不服がある場合は、厚生労働大臣に対して再審査請求をすることができる。なお、審査請求に対する裁

決を経た後は、当該処分について裁判所に訴訟を提起することができる。

10 新型コロナウイルス感染症に対する生活保護の対応

新型コロナウイルス感染症対応として、厚生労働省から各自治体の生活保護部門に対し様々な事務連絡が発出された。

①申請権の侵害の防止（保護の申請権が侵害されないことはもとより、侵害していると疑われるような行為も厳に慎むべきこと等）、速やかな保護決定

②スムーズな就労再開のため、資産の保有等の柔軟な取扱い

　㋐　通勤用自動車や自営業用の資産の一時的な保有。

　㋑　生活保護基準よりも高い家賃の住居にそのまま住み続けたい希望があれば、一定の場合に一時的に引越ししなくてもよい取扱い（転居指導の留保）。

③就労の場がない場合は、稼働能力の活用の判断を留保

④扶養照会の運用の弾力化

　㋐　従前は「20年間音信不通」としていたものを、「著しい関係不良」の場合と整理し、「一定期間（たとえば10年程度）」と例示。また、具体例として「親族に借金を重ねている」、「相続をめぐり対立している」、「縁が切られている」を例示。

　㋑　従前は「DV」のみを例示していたものを「虐待等の場合」を例示として追加。

こうした事務連絡は、自治体担当者に未曽有のコロナ禍に柔軟に対応するよう、複数回に及び随時、周知された。いうまでもなく生活保護制度は、ナショナルミニマムであり最後のセーフティネットを担っていることから、国民がその網から漏れないようこのような対応は適切であると考える。

11　生活困窮者自立支援制度

⑴　成立の経緯

　日本は、かつていわれていたような「一億総中流社会」ではなくなった。厚生労働省の「2019年国民生活基礎調査」によると、貧困線は127万円（等価可処分所得の中央値の半分）となっており、相対的貧困率（貧困線に満たない世帯員の割合）は、15.4％となっている。つまり約6.5人に１人が貧困線以下の生活状態であるということになる。

　国際比較が可能な2010年の数値でみても、日本の相対的貧困率はOECD（経済協力開発機構）平均を大きく上回っており格差社会は深刻な状況といえる。

　要因の１つに労働市場における非正規労働者の増加があるといわれている。非正規労働者の賃金は正規労働者より低く、健康保険や厚生年金保険といったセーフティネットから漏れている場合も多い。

　また、現代の日本社会は、一度貧困状態に陥ると脱却するのが容易ではない「貧困の固定化」という問題が生じている。

　このような生活困窮リスクの高い層の増加を踏まえ、生活保護制度の見直しを図るとともに生活保護に至る前の部分で新たなセーフティネットを構築するため、2013年に「生活困窮者自立支援法」が成立し、2015年４月１日から施行された（図表７－８）。

　さらに、「政府は、この法律の施行後３年を目途として、この法律の施行の状況を勘案し、生活困窮者に対する自立の支援に関する措置の在り方について総合的に検討を加え、必要があると認めるときは、その結果に基づいて所要の措置を講ずるものとする」附則（抄）第２条により、2016年10月から2017年３月までにおいて厚生労働省内で検討を行い、2018年６月に改正法が公布された。

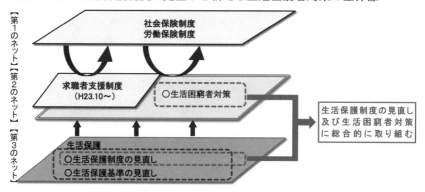

図表7−8　生活保護制度の見直しと新たな生活困窮者対策の全体像

出典：厚労省ホームページ「生活困窮者自立支援制度」から抜粋

⑵　制度の概要

　法律の目的としては、「生活困窮者自立相談支援事業の実施、生活困窮者住居確保給付金の支給その他の生活困窮者に対する自立の支援に関する措置を講ずることにより、生活困窮者の自立の促進を図ること」となっている。

　本制度で定義されている「生活困窮者」とは、「現に経済的に困窮し、最低限度の生活を維持することができなくなるおそれのある者」とされている。

ア　自立相談支援事業（必須事業）

　当該事業は、福祉事務所設置自治体が実施する。生活困窮者からの相談を受け、課題をアセスメント（分析）し、そのニーズを把握する。続いて、ニーズに応じた支援が計画的に行われるよう自立支援計画を策定する。また、自立支援計画に基づく各種支援が包括的に行われるよう、関係機関との連絡調整を行う。

　期待される効果としては、生活保護に至る前の段階から支援を行うことで、生活困窮状態からの早期自立を支援することが可能となる。さら

に、生活困窮者に対する相談支援機能の充実により、福祉事務所の負担
軽減とともに、社会資源の活性化、地域全体の負担軽減が可能になる。

イ　住居確保給付金（必須事業）

　離職等により経済的に困窮し、住居を失った者またはそのおそれがあ
る者に対し、住居確保給付金を支給することにより、安定した住居の確
保と就労自立を図る。

　期待される効果としては、住居を確保したうえで、または住居を喪失
する手前で生活保護に至ることなく、また、自立相談支援事業や就労準
備支援事業との組み合わせにより自立を目指すことが可能となる。

　なお、新型コロナウイルス感染症の影響による休業等に伴う収入の減
少により、家賃の支払いに困り住居を失う恐れのある場合においても、
本制度を利用することが可能である。

ウ　就労準備支援事業（任意事業）

　一般就労に従事する準備としての基礎能力の形成を、計画的かつ一貫
して支援する事業として創設された。福祉事務所設置自治体の事業で、
最長1年の有期の支援を実施する。

　生活習慣形成のための指導・訓練（日常生活自立）、就労の前段階と
して必要な社会的能力の習得（社会生活自立）、事業所での就労体験の
場の提供や、一般雇用への就職活動に向けた技法や知識の取得等の支援
（就労自立）の3段階を実施する。

　期待される効果としては、生活習慣の形成等、個人の状況に応じた支
援を行うことで、一般就労に就くための基礎的な能力の習得が可能とな
る。

エ　一時生活支援事業（任意事業）

　一時生活支援事業は、現在、各自治体においてホームレス対策事業と
して実施しているホームレス緊急一時宿泊事業（シェルター）およびホー
ムレス自立支援センターの運用を踏まえ、これを制度化したものである。

福祉事務所設置自治体は、住居のない生活困窮者であって所得が一定水準以下の者に対して、原則3か月間（最大で6か月間）に限り、宿泊場所の供与や衣食の供与等を実施する。自立相談支援事業と緊密に連携し、利用中に課題の評価・分析（アセスメント）を実施し就労支援など、効果的な支援を行う。

　期待される効果としては、住居を持たない生活困窮者に衣食住というサービスを提供するとともに、本事業を利用しているあいだに、仕事を探し、アパート等を借りるための資金を貯蓄し、就労による自立が可能となる。

オ　家計改善支援事業（任意事業）

　法改正前は「家計相談支援事業」とされていた。サービス利用者が、自身の家計の状況を把握し、問題となる部分について改善の意欲を高めることを支援する。そのため、家計表等を活用し、家計収支等に関する課題の評価・分析（アセスメント）を行い、状況に応じた家計再生プランを作成する。

　期待される効果としては、利用者が自ら家計収支の改善、家計管理能力の向上等を図ることで、再び困窮状態になることの予防や自立した生活の定着を実現することができる。

カ　子どもの学習・生活支援事業（任意事業）

　法改正前は「子どもの学習支援事業」とされていた。これまでの学習支援のみならず、生活習慣・育成環境の改善に関する助言も追加した。「貧困の連鎖」防止のため、生活保護受給世帯の子どもを含む生活困窮世帯の子どもに対して学習支援事業を実施する。各自治体が地域の実情に応じ、進路相談、中退防止のための学習支援、居場所の提供など創意工夫をこらした事業を行う。

(3)　費用負担

　制度に係る国と自治体の費用負担の割合は、図表7－9のとおりである。

図表7－9　事業に関する費用負担割合

事業名	国	自治体
自立相談支援事業（必須事業）	国庫負担　3/4	1/4
住居確保給付金（必須事業）		
就労準備支援事業（任意事業）	国庫補助　2/3	1/3
一時生活支援事業（任意事業）		
家計改善支援事業（任意事業）※	国庫補助　1/2	1/2
子どもの学習・生活支援事業（任意事業）		

※自立相談支援事業と併せて、就労準備支援事業と家計改善支援事業の両方を効果的かつ効率的に
　実施した場合には家計改善支援事業の補助率を2/3に引き上げる。

12 社会手当

　社会手当とは、法律で定められた所定の要件を満たした者に対し、主に公費等から金銭の支給を行う制度である。事前に保険料等を拠出しないことから、国民年金、国民健康保険といった社会保険制度とは異なる。

　公費からの支給という点で、「公的扶助」（生活保護制度）と比較すると、受給要件の厳格な資力調査（ミーンズテスト）や「必要即応の原則」といった個別性がないことからこれも異なる。以上から、社会保障上は「社会手当」として独立して区分されている。

　本項では、「社会手当」のうち児童に関する手当である「児童手当」、「児童扶養手当」、障害児（者）を対象とした「特別児童扶養手当」について概要を述べる。

(1) 児童手当

ア 目的

児童手当法に基づき、「児童を養育している者に児童手当を支給することにより、家庭等における生活の安定に寄与するとともに、次代の社会を担う児童の健やかな成長に資する」ことを目的としている（児童手当法第1条）。

イ 「児童」の定義

この法律における「児童」とは、18歳に達する日以後の最初の3月31日までのあいだにある者とされている。一般的な考え方としては高等学校を卒業するまでのあいだと解される。

ウ 支給対象

支給対象となる「児童」は、0歳から中学校修了までとなっている。中学校修了とは15歳に達する日以後の最初の3月31日までの間にある児童のことである。

エ 支給額

支給額（2022年4月現在）については、図表7-10のとおりである。

図表7-10　支給対象児童1人当たりの支給額

支給対象年齢	支給額（月額）
0歳から3歳未満	1万5,000円
3歳から小学校修了前	1万円（第1子・第2子）
	1万5,000円（第3子以降）
中学生	1万円
所得制限以上の世帯※	5,000円

※児童手当法の一部改正に伴い、2022年10月支給分から所得上限限度額以上の場合支給されない。

支給額（月額）を例示すると
【4歳、10歳、16歳、19歳の子を養育している場合】
・19歳の子は「児童」とならない。
・16歳は児童であるが、児童手当は支給対象外となる。よって支給対象は、4歳と10歳の2人となる。
・16歳を第1子、10歳を第2子、4歳を第3子と数えるので、支給額は10歳の子どもが10,000円、4歳の子どもが15,000円となる。

オ　費用負担
　児童手当の財源については、国、自治体（都道府県、市区町村）、事業主拠出金によって賄われている。

カ　支給規模
　内閣府の「2020年度児童手当事業年報」によると、受給者数は975万人、支給総額は20,340億円となっている。

(2)　児童扶養手当

ア　目的
　本制度の目的は、「父又は母と生計を同じくしていない児童が育成される家庭の生活の安定と自立の促進に寄与するため、当該児童について児童扶養手当を支給し、もつて児童の福祉の増進を図ることを目的とする」となっている（児童扶養手当法第1条）。
　厚生労働省の「平成28年度全国ひとり親世帯等調査結果」によれば、全国のひとり親世帯は、母子世帯123万2,000世帯、父子世帯18万7,000世帯と推計されている。
　母子世帯について見てみると、就業状況は81.8％となっているが、4割以上はパートやアルバイトといった就業形態であった。このため、母自身の年間就労収入は約200万円にとどまっている。厚生労働省の「平

成28年国民生活基礎調査」によると「全世帯の平均所得金額」が545万8,000円、「児童のいる世帯」が707万8,000円となっていることから、母子世帯の低水準が際立っていることがわかる。

　ちなみに、生活保護制度の母子世帯数は、同省の「被保護者調査」によれば、2016年11月で99,316世帯となっていることから、9割以上の母子世帯が生活保護を受給せず低所得での生活を余儀なくされていることがわかる。

　こうした観点から児童扶養手当は、ひとり親家庭における重要な社会手当といえる。なお、従来は、母子家庭のみが対象であったが、2010年から父子家庭も対象になった。

イ　「児童」の定義

　この法律における「児童」の定義は、18歳に達する日以後の最初3月31日までのあいだにある者または20歳未満で、政令で定める程度の障害の状態にある者とされている。

ウ　支給対象・制限

　支給対象、支給制限は以下のとおりである。

---

①支給対象

　次のいずれかに該当する18歳に達する日以降の最初の3月31日までにある児童（一定以上の障害の状態にある場合は20歳未満）を監護している母または監護しかつ生計を同じくする父、もしくは父母に代わってその児童を養育している方に支給されます。

・父母が婚姻を解消（事実婚の解消含む）した後、父または母と生計を同じくしていない児童
・父または母が死亡した児童
・父または母が政令で定める障害の状態にある児童※
　　※父障害の場合、受給資格者は母または養育者、母障害の場合、受給資格者は父または養育者

・父または母の生死が不明である児童

・父または母が母または父の申し立てにより保護命令を受けた児童

・父または母から引き続き 1 年以上遺棄されている児童

・父または母が法令により引き続き 1 年以上拘禁されている児童

・婚姻によらないで生まれた児童

・父母が不明な場合（棄児等）

②支給制限

次に該当する方は、手当を受けることができません。

・児童または請求者が日本国内に住所を有しないとき

・児童が児童福祉施設等に入所している、里親に委託されているとき

・児童が父および母と生計を同じくしているとき（父または母が障害による受給をしているときを除く）

・児童が父または母の配偶者（事実上の配偶者を含む）に養育されているとき

出典：東京都福祉保健局ホームページ「児童扶養手当」を一部加工して筆者作成

　なお、手当の受給資格者となってから 5 年経過後に、就労困難な事情がないにもかかわらず、就労意欲が見られない場合は支給手当額の 2 分の 1 の支給となる可能性がある。

エ　支給額

　支給額は以下のとおりである。なお、所得に応じて支給額に変動がある。

条件	支給額（2022年 4 月現在）
児童 1 人の場合の月額	43,070円
児童 2 人目の加算額	10,170円
児童 3 人目以降の加算額	1 人つき6,100円

オ　費用負担

　児童扶養手当の支給に要する費用は、その３分の１に相当する額を国が負担し、その３分の２に相当する額を都道府県等が負担する。

カ　支給規模

　厚生労働省「ひとり親家庭の支援について」（2022年４月）によれば、2021年３月末現在の受給者数は877,702人（母：829,949人、父：43,799人、養育者：3,954人）、国庫負担分の予算は約1,617億7,000万円（2022年度）となっている。（自治体負担分が２／３のため制度全体としては約4,853億円以上と推計される。）

(3)　特別児童扶養手当

ア　目的

　「特別児童扶養手当等の支給に関する法律」に基づき、精神又は身体に障害を有する児童について特別児童扶養手当を支給し福祉の増進を図ることを目的としている。

イ　支給対象

　20歳未満で、法令によって定められた程度の障害の状態にある障害児を養育する父母または養育者となる。

　なお、下記に該当する場合は、手当の受給ができない。

・対象児童が施設等に入所している場合
・対象児童が日本国内に住所を有しない場合
・対象児童が当該障害を支給事由とする年金を受給している場合
・受給者（申請者）が日本国内に住所を有しない場合

ウ　支給額

　障害の程度に応じて１級または２級として認定され、手当月額は１級52,400円、２級34,900円となっている（2022年４月現在）。

　なお、受給資格者もしくはその配偶者または生計を同じくする扶養義務者の前年の所得が一定の額以上であるときは、手当は支給されない。

エ　費用負担及び支給規模

　特別児童扶養手当に係る費用は全額国庫補助となっている。支給規模としては、厚生労働省「厚生統計要覧（令和３年度）」によると2020年度の受給者数は251,445人となっている。

参考・引用文献

【生活保護制度】

池谷秀登『生活保護ハンドブック』（日本加除出版、2017年）

岩田正美、岡部卓、清水浩一編『貧困問題とソーシャルワーク』（有斐閣、2003年）

宇山勝儀、船水浩行編著『福祉事務所運営論 第２版』（ミネルヴァ書房、2007年）

岡部卓『福祉事務所ソーシャルワーカー必携』（全国社会福祉協議会、2014年）

窪美昌保『大寶令新解』（南陽堂書店、1924年）

小山進次郎『生活保護法の解釈と運用』（中央社会福祉協議会、1951年）

厚生労働省「生活保護基準の体系等について」（社会保障審議会生活保護基準部会、2011年）

　https://www.mhlw.go.jp/stf/shingi/2r9852000001d2yo-att/2r9852000001d31w.pdf

厚生労働省社会・援護局保護課「生活保護関係全国係長会議資料」（2016年）

厚生労働省「令和２年度被保護者調査 月次調査（確定値）結果概要」

　https://www.e-stat.go.jp/stat-search/files?page=1&layout=datalist&toukei=00450312&tstat=000001157292&cycle=8&tclass1=000001163086&tclass2val=0

厚生労働省「生活保護制度の現状について」（生活保護制度に関する国と地方の実務者協議、2021年）

　https://www.mhlw.go.jp/content/12002000/000858337.pdf

厚生労働省「生活保護の被保護者調査（令和４年３月分概数）の結果」

　https://www.mhlw.go.jp/toukei/saikin/hw/hihogosya/m2022/dl/03-01.pdf

生活保護制度研究会『生活保護のてびき 令和元年度版』（第一法規、2019年）

社会福祉士養成講座編集委員会『社会保障 第5版』（中央法規、2016年）

元田宏樹『都市貧困層の実態と支援政策』（敬文堂、2016年）

【生活困窮者自立支援制度】

厚生労働省「2019年国民生活基礎調査の概況」
　　https://www.mhlw.go.jp/toukei/saikin/hw/k-tyosa/k-tyosa19/dl/14.pdf

厚生労働省「生活困窮者自立支援制度について」（2015年）
　　http://www.mhlw.go.jp/file/06-Seisakujouhou-12000000-Shakaiengokyoku-Shakai/2707seikatukonnkyuushajiritsusiennseidonituite.pdf

厚生労働省「生活困窮者自立支援制度等の推進について」（2018年）
　　https://www.mhlw.go.jp/content/12000000/000340727.pdf

中央法規出版編集部『改正生活保護法・生活困窮者自立支援法のポイント』（中央法規、2014年）

【社会手当制度】

黒田有志弥「社会手当の意義と課題」『社会保障研究』1巻2号（国立社会保障・人口問題研究所、2016年）

厚生労働省「生活保護の被保護者調査（平成29年7月分概数）の結果」

厚生労働省「福祉行政報告例（平成29年10月分概算）」

厚生労働省「平成28年　国民生活基礎調査」

厚生労働省「平成28年度 全国ひとり親世帯等調査結果報告」

厚生労働省子ども家庭局家庭福祉課「ひとり親家庭等の支援について」（2022年）

東京都心身障害者福祉センター ホームページ「特別児童扶養手当」
　　http://www.fukushihoken.metro.tokyo.jp/shinsho/teate/toku_ji.html

東京都福祉保健局 ホームページ「児童扶養手当」
　　http://www.fukushihoken.metro.tokyo.jp/kodomo/kosodate/teate/zidoufuyouteate.html

内閣府子ども・子育て本部「2020年度 児童手当事業年報」

西村健一郎『社会保障法』（有斐閣、2003年）

第8章
障害者福祉

1 障害とはどのようにとらえられるのか

　障害とは、四肢に麻痺や欠損があって、そうではない人たちと同じ動作ができない、目が見えないために書いてある文字が読めないなど、医学的・生物学的にみてあるべき状態にないために、何らかの動作や行為ができないことのみを指すのではなく、社会生活に困難なことがある状態をも含めてとらえられている。

　障害を説明するとき、国際生活機能分類（ICF）の考え方が用いられる。ICFでは、人が生きるということ全体のなかに障害を位置づけ、生活機能が低下した状態を「生きるうえでの困難（障害）」として理解する（図表8－1）。

　ICFの主な特徴は、以下のとおりである。

　①人が生きることを心身機能・構造、活動、参加という生活機能の3

図表8－1　ICF（国際生活機能分類）における構成要素の関係

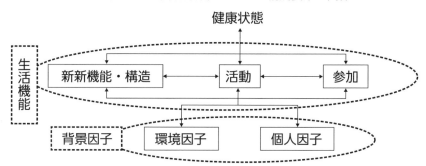

出典：障害福祉研究会編「ICF・国際生活機能分類―国際障害分類改定版」（2002年）をもとに筆者作成

つのレベルから総合的にとらえていること

②環境因子や個人因子が健康や生活機能に関わっていること（背景因子）を示していること

③②は、相互に影響を及ぼし合っているとする相互作用モデルとして示していること

④障害の原因を疾患や心身の変調にとどまらず、健康状態というより広い概念からとらえること

たとえば、「文字を読めない」という生きるうえでの困難（障害）を持つ人がいたとする。この困難をもたらしている要因は、視力が弱いためや、そもそも眼球がないためなのかもしれない。そもそも、社会文化的に文字を学ぶ機会がなかったからかもしれない。視力が弱ければ眼鏡で視力を補うことで、また、文字が読めなければ学ぶことで、読めるようになると考えられる。眼球がなかったとしても、点字を使って文字を読む人もいる。

　障害は心身の状態、文化・社会的状況など様々な要素によって形成されるものであることから、これらを相互作用的、構造的にとらえなければ、障害の発生予防や解決策につながらないのである。

　したがって、障害とは時代や文化を含めた環境のあり方と大きく関係しており、かつての生活のしづらさが今や将来も同じであるとは限らず、ここでのしづらさが他でも同じとも限らないのである。

2　障害の種類

　我が国の障害者施策や法体系上、障害は大きく身体障害、知的障害、精神障害に分けられ、障害者基本法（1970年）の第2条では、『「障害者」とは、身体障害、知的障害又は精神障害（以下「障害」と総称する。）があるため、継続的に日常生活又は社会生活に相当な制限を受ける者をいう』とされている。そして、たとえば、身体障害のほかに精神障害も抱えているなど、重複して障害を持っている人もいる。

(1)　障害者と障害児

　障害者総合支援法では、障害者とは18歳以上、障害児は18歳未満の者をいう。なお、これまで障害児入所施設を利用していた児童が18歳になっても、障害の状況により在宅や他の施設での生活が非常に困難な場合には入所の継続が認められてきた経緯があったが、児童の施設に成人が共に生活していることで生じる問題、成人としてふさわしい支援環境整備の必要性が指摘され、現在は障害児入所施設の継続利用はできなくなっている。社会としてあるべき姿ではあるが、高度な支援技術や環境が必要な場合、障害児施設からの移行が果たしてその本人のメリットになるのかどうかの議論が残されている。

(2)　身体障害

　身体障害者福祉法（1949年）第4条において、「『身体障害者』とは、別表に掲げる身体上の障害がある18歳以上の者であって、都道府県知事から身体障害者手帳の交付を受けたものをいう。」とされ、別表では①視覚障害、②聴覚または平衡機能の障害、③音声機能、言語機能またはそしゃく機能の障害、④肢体不自由、⑤内部障害の5つが規定されている。

　それぞれの例を挙げると、①視覚障害とは目が見えない、または目は見えているが見える範囲（視野）が狭いなど、②聴覚または平衡機能の障害は耳が聞こえない、骨格や筋肉の異常がないにもかかわらず立ち上がることができないなどがある。③音声機能、言語機能またはそしゃく機能の障害は声を発することができない、食事を飲み込めないなどである。④肢体不自由とは四肢の欠損や麻痺があって動作に困難があるなど、⑤内部障害は心臓や腎臓などの機能の低下により息切れしやすい、疲労感が強く日常生活に支障をきたしているなどであり、多くが外見からはわからないゆえの困難を抱えている。

178

⑶　知的障害

　文部科学省は、『知的障害とは、一般に、同年齢の子供と比べて、「認知や言語などにかかわる知的機能」の発達に遅れが認められ、「他人との意思の交換、日常生活や社会生活、安全、仕事、余暇利用などについての適応能力」も不十分であり、特別な支援や配慮が必要な状態』[1]としている。

　また、発達障害者支援法（2004年）では、『「発達障害」とは、自閉症、アスペルガー症候群その他の広汎性発達障害、学習障害、注意欠陥多動性障害その他これに類する脳機能の障害であってその症状が通常低年齢において発現するものとして政令で定めるものをいう』とされ、このために、日常生活または社会生活に制限を受けている人たちを発達障害者、発達障害児としている。なお、知的障害者福祉法（1960年）には、知的障害の定義が示されていない。

⑷　精神障害

　精神保健福祉法（1995年）第5条において、『「精神障害者」とは、統合失調症、精神作用物質による急性中毒又はその依存症、知的障害、精神病質その他の精神疾患を有する者をいう』とされている。それまで精神障害者は治療の対象としてとらえられてきたが、この法律によって、自立や社会参加を目指す福祉の対象であることが示された。

　とはいえ、四肢の欠損などその障害状況の変動の少ない身体障害者とは異なり、同じ人であっても服薬などの治療状況により精神状態が変動し、日常生活もままならない状況に陥ったりすることがあり、精神医療が継続的に必要な人にとっては医療と福祉両面からの支援が不可欠である。

1　文部科学省「トップ＞教育＞特別支援教育＞特別支援教育について＞4．障害に配慮した教育＞⑶　知的障害」（https://www.mext.go.jp/a_menu/shotou/tokubetu/mext_00803.html　参照 2022年8月15日）

3 障害者の生活の実状と支援制度

(1) 障害福祉制度の概要・意義

　我が国では、地域共生の理念のもとで、障害者が地域で支援を受けながら自らの望む生活ができることを目指して制度が設計されている。現在の障害者に対する支援・サービスは、主として障害者総合支援法（2013年施行）により規定されているが、障害児に関しては児童福祉法で規定されているものもある。障害者がこれら公的なサービスを利用するには手帳が交付されていることが要件となっており、それぞれ身体障害者手帳（身体障害児者）、療育手帳（知的障害児者）、精神障害者保健福祉手帳がある。難病患者に関しては手帳制度がないが、総合支援法において対象とする疾病に罹患していることがわかる証明書（診断書など）を付けてサービスの利用を申請し、障害支援区分の認定[2]や支給決定が行われる。

　障害福祉制度、また、そのサービスには、障害児・者の生活を保障するために税金が使われているが、憲法第25条のいわゆる「生存権」の保障がベースにあることによる。疾病や事故等で障害者となった場合、生活が不安定になった場合には、保険や公的負担により最低限度の生活を国が保障するという考えに基づくものである。

　国民が等しく受けられる制度でありながらも、制度そのものや相談窓口を知らないケースや、公的サービスを使って生活することに罪悪感をもち、利用申請をためらうケースもあるが、生活が破綻したり、生命の危機が生じたりする前に制度を使って立て直しを図ることのメリットは非常に大きいと思われる。

2　訓練系・就労系サービス等は障害支援区分の認定を受ける必要はない。

(2)　我が国の障害者の現状

　「令和4年版障害者白書」によると、身体障害者（身体障害児を含む）436万人、知的障害者（知的障害児を含む）109万4,000人、精神障害者419万3,000人であり、人口1,000人当たり身体障害者は34人、知的障害者は9人、精神障害者は33人（数は概数）とされ、国民100人のなかで8人程度が何らかの障害を持って生活している計算になる。障害者の多くは在宅で生活している。障害者数は年々増加しており、65歳以上が占める割合も増える傾向にある（図表8－2）。

　我が国の障害者施策における支出を見てみると（図表8－3）、「安全・安心な生活環境の整備」に関する施策に多くのお金が使われている。このほとんどが住宅の確保に関する事業への支出であり、公共賃貸住宅のバリアフリー化の推進、一定のバリアフリー改修工事を行った場合に、所得税額や固定資産税額を軽減する特例措置を設けることなどに使われている。障害者が在宅で生活する上で、住宅の確保及び障害があっても生活しやすい住宅の供給は欠かせないといえる。

4　障害者をめぐる社会的背景（歴史）

(1)　第二次世界大戦以前の障害者

　障害者といっても、身体障害や知的障害と、精神障害とではその背景がいくらか異なっているが、国による支援の充実がはかられていったのは第二次世界大戦後になる。それまでの障害者は、生活困窮者として「恤救規則」（1874年）や「救護法」（1929年）のなかにその対象として位置づけられており、「路上の狂癲人の取扱いに関する行政警察規則」（1875年）において精神障害者は治安・取り締まりの対象であった。家制度の下、障害者は家族が面倒をみるものであり、なかには十分な世話を受けられず、劣悪な環境に置かれる障害者も多くいた。施設に保護されて生

図表8-2　我が国の障害者数

(万人)

	総数	在宅者数	施設入所者数
身体障害者	436	428.7	7.3
18歳未満の身体障害児	7.2	6.8	0.4
知的障害者	109.4	96.2	13.2
18歳未満の知的障害者	22.5	21.4	1.1
	総数	外来患者数	入院患者数
精神障害者	419.3	389.1	30.2

出典：内閣府「令和4年度版障害者白書」参考資料215ページをもとに筆者作成（年齢不詳は身体障害者、知的障害者に算入）

図表8-3　障害者施策関係支出

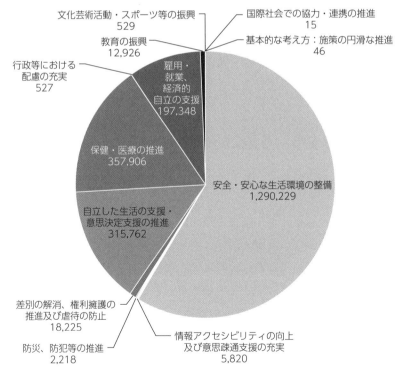

出典：内閣府「令和4年版障害者白書」220～221ページをもとに筆者作成

活する障害者もいたが、その多くは民間の篤志家、宗教家、社会事業者による支援によるものであった。精神障害者にいたっては、それまで治療のほとんどが加持祈祷に頼ったものであり、1875年に我が国初の精神病院が設置されるに至る。そして、「精神病者監護法」（1900年）は配偶者・親権者等の親族による監護を定め、精神病院の設置が進まないなか、私宅監置[3]が広く行われたのである。

(2)　第二次世界大戦後の障害者

　第二次世界大戦後、GHQにより日本国憲法に福祉が位置づけられ、その指導の下で我が国の社会福祉施策が打ち出された。その結果、生活保護法（1946年）、児童福祉法（1947年）、身体障害者福祉法（1949年）、社会福祉事業法（1951年）が制定された。これらにより、福祉サービスは行政が措置するものであり、利用にあたっては地方公共団体（市または都道府県）に申請することが求められ、その費用は収入に応じて決まる応能負担とし、福祉事業は民間の社会福祉法人に措置委託するという形式が整った。また、教育に関しては学校教育法（1947年）の制定により、障害児は特殊教育という形で教育の機会が与えられるようになった。

　我が国の障害者に対する施策の基本原則を定めた法は、1970年の心身障害者基本法であるが、障害者を巡る社会環境を大きく変える契機となったのは国際連合による1971年の「知的障害者の権利宣言」および1975年の「障害者の権利宣言」の採択である。障害者の権利宣言では、すべての障害者の諸権利が保護されること、障害者の福祉とリハビリテーションが確保されること等がうたわれた。そして、障害者の「完全参加」をテーマに、国際的な取り組みを行うべく1981年を「国際障害者年」とした。我が国ではこの年、国として初の本格的な長期計画を策定し、積極的に障害者施策に取り組むことになった。

3　自宅の一室や敷地内の小屋に精神障害者を隔離したり、軟禁状態に置いたりすること。多くが適切な精神医療を受けられずにいたとされる。

(3)　参加と平等、障害者の自己決定の実現に向かう平成の時代

　心身障害者対策基本法は、1993年に「障害者基本法」として改正された。ここで障害者の「完全参加と平等」を目指すことが示されたとともに、法律の対象となる障害は身体障害、現在の知的障害または精神障害と定められた。

　また、障害者が支援サービスを受けようとするときには、地方公共団体（行政）に利用申請し、行政がサービス提供機関や提供内容を決めるという「措置」制度によって行われてきたが、2003年の「支援費制度」の導入により、障害者の自己決定・自己選択によりサービスが利用できるようになった。しかし、障害ごとに利用できるサービスが異なっていることによる障害者間での格差や地域格差があるなどの問題が指摘され、サービス体系の一元化や、障害の状態を示す全国共通の尺度として「障害支援区分」の導入、サービスの利用者負担は負担能力に応じたもの（応能負担）とするなど、改善が図られてきた。

　現在、障害者支援サービスを受けられる対象は身体障害、知的障害、精神障害、難病であるが、難病患者が追加されたのは、2013年の障害者総合支援法においてである。この法律で、障害者の定義に「難病等」が追加された。

(4)　精神障害者

　精神障害者に関しては、戦後「精神衛生法」（1950年）が制定され、適切な医療・保護の機会の提供が定められたが、1964年にいわゆるライシャワー事件（駐日アメリカ大使が統合失調症の少年に刺傷された事件）が起きたことを契機に、翌年（1965年）には改正され、通院公費負担制度の創設、在宅精神障害者の訪問指導・相談事業の強化がはかられた。

　その後、1984年に精神科病院における入院患者の人権侵害が明らかにされたことを契機に、任意入院制度の創設や精神医療審査会の創設等を定めた改正が行われ、法律の名称も「精神保健法」に改められた。精神

障害者の支援に関しては、前述のとおり、多くが、適切な精神障害医療を受けることで症状が安定し、安心して日常生活を送ることができるようになることから、福祉支援のみならず医療支援が欠かせないものとなっている。

　精神保健法はその後、医療と福祉を総合的に提供できるよう、1995年に精神保健福祉法に改定された。精神障害者への支援の充実が図られていく一方で、依然として社会的入院[4]を余儀なくされる障害者は多かった。この社会的入院の問題を解決すべく、2004年「精神保健医療福祉の改革ビジョン」のなかに「入院医療中心から地域生活中心へ」という基本方針が盛り込まれ、精神障害者の地域生活に向けた取り組みがなされるようになった。しかし、現在も社会的入院がまったくなくなったわけではなく、地域生活の継続に向けての地道な支援が自治体や医療機関、福祉事業者等により行われている。

　また、精神障害者支援においては、措置入院や医療保護入院という入院形態が法によって定められている。たとえば、がんの手術などは患者がその治療に同意して入院するのであり、こうした入院形態が一般的である。しかし、精神障害者のこれらの入院形態は、必ずしも精神障害者が自らの意思で入院するものではない。症状が悪化したことで自傷他害の恐れがあるなど、本人の意思を確認するまでもなく、生命を守るために入院が必要と判断されたときなどに適用される入院形態ではあるが、人権侵害等の問題もはらむため、その適用は慎重に行われなければならない。そのために複数の医師による診断を必要としたり、入院期間が決められていたり、都道府県における精神医療審査会[5]の設置が義務づけられている。

4　入院治療の必要がなくなっても家族が退院に反対したり、地域に退院後の受け入れ先がないために入院が継続されたりすること。

5　精神保健法第12条により規定されている機関。精神障害者の適切な医療提供がなされるよう、医療保護入院者や措置入院者のその入院の必要性や処遇の適切性について審査し、必要時病院管理者や、審査請求者、患者への結果説明を行う機関。

⑸　法を犯した障害者の支援に関する気運の高まり

　こうした取り組みが進められているなかで、2001年の大阪教育大学教育学部附属池田小学校無差別殺傷事件[6]が起こった。この事件を契機に、心神喪失または心神耗弱の状態[7]で、殺人、放火などの重大な犯罪行為を行った者に対して、適切な医療を提供し、社会復帰を促進することを目的とした制度（心神喪失者等医療観察法）が2005年に施行されている。また、2016年に発生した、神奈川県の障害者施設「津久井やまゆり園」における元職員による入所者殺傷事件[8]を契機に、心のバリアフリー推進事業をはじめとする共生社会の一層の推進のための啓発活動、社会福祉施設の安全確保などの施策が出されていった。

　なお、この事件の元職員には精神科入院歴があったことから、精神保健医療福祉分野では退院支援の強化がはかられるなどの対策が講じられてきている。さらに近年では刑務所、少年刑務所等に収容されている障害者のなかに再犯を繰り返すケースがあることが知られてきた。特に、障害や高齢のために、釈放後直ちに福祉サービスを受ける必要があるものの、地域での行き場のない者は、福祉サービスを受けることが困難であることが指摘され、2009年度から地域生活定着促進事業が行われている。さらに、2021年度からは、被疑者・被告人等で高齢または障害により自立した生活が困難な人に対する支援も開始されている。

　以上のように、障害者の生活の困難はまだまだ存在し、社会の変化とともにその困難の現れ方も変化してきている。

6　心神耗弱状態とされ精神科に1か月間の措置入院をした者が外部から侵入、刃物により児童23人（うち4人が死亡）、教師3人（計26人）が刺傷した事件。

7　精神障害のために善悪の区別がつかないなど、刑事責任を問えない状態。

8　夜間に施設に侵入した元職員による障害者殺傷事件。入所者19人が死亡、26人がけがをする惨事となった。「障害者は周りの人を不幸にする。いないほうがいい」といったという元職員のことばに社会は大きな衝撃を受けた。

5　障害や障害者をめぐる理念や考え方

⑴　ノーマライゼーション

　ノーマライゼーション（ノーマリゼーション）とは、障害のある者もない者も互いに支え合い、地域でいきいきと明るく豊かに暮らしていける社会を目指すことである。具体的には、障害者も、多くの人々と同様に社会の一員として様々な活動に参加することができるように、自立と社会参加を国全体で進めていく必要がある。この理念のもとで、障害者の自己決定を尊重し、サービス事業者との対等な関係を確立していくことを目指した支援費制度の創設や、精神障害で入院している者の処遇の改善、地域で生活する精神障害者の支援の充実、障害者の雇用の促進などが進められている。

⑵　自立

　自立とは、一般的に、他の人からの力や支援を受けずに自分のことは自分の力で行う、と捉えられているのではないだろうか。自立の解釈をめぐって様々な議論がなされている[9]。これまで障害者の自立は、「保護や介護を受けないで済むようになる」とか「障害を克服して社会経済活動に参加すること」と解釈されてきた。障害を除去や克服のために、障害者は意思に反してつらい治療を受けたり、大きな努力を強いられたりしてきたともいえる。1982年の脳性マヒ者等全身性障害者問題研究会で論じられた「自立」は、これらを含みながらも「労働力として社会復帰が期待できない重度障害者が社会の一員として意義ある自己実現と社会参加を果たそうとする努力を社会的に位置づけようとするものである。すなわち、自らの判断と決定により主体的に生き、その行動について自

9　牧園清子「福祉政策における「自立」概念の研究（松山大学論集第21巻第1号、2009年）」、上田早記子「社会福祉における自立研究の整理－先行研究の歴史的変遷－（四天王寺大学紀要第49号、2010年）」など。

ら責任を負うことである」とする[10]。そして、2004年の社会保障審議会福祉部会は、『福祉分野では、人権意識の高まりやノーマライゼーションの思想の普及を背景として、「自己決定に基づいて主体的な生活を営むこと」、「障害を持っていてもその能力を活用して社会活動に参加すること」の意味としても用いられている』[10]とした。

(3)　能力主義

　能力主義とは、「労働者の能力発揮の程度に応じて、報酬等を定める考え方」（広辞苑）とされている。すなわち、能力の高い者が高い評価をされることである。障害者の場合を考えてみよう。たとえば、倉庫で品出しの仕事をする場面で、車いすユーザは高いところにあるものを取れない、一度に運ぶ荷物量が少なくなるなど、健常者と同じようには作業ができない。障害があることで健常者と同じような能力を発揮できないこともある。そのために、特殊な車いすを導入して立位をとれるようにして、高いところのものを取ったり、特殊なカートを用いて健常者と同じ数の荷物を運べるようにしたりするなどの工夫をすればよいと考えるかもしれない。これは合理的配慮の問題でもあり、適切に合理的配慮をすれば障害者は能力を発揮できる、だからそのための支援をしようということである。しかし、配慮したとしてもどうしても同じ結果にならないこともある。

(4)　共生社会

　障害者基本計画では、我が国が目指すべき社会として、障害の有無にかかわらず、国民誰もが相互に人格と個性を尊重し支え合う「共生社会」を掲げている。障害者のことでいえば、これまで必ずしも十分な社会参加ができなかった障害者が、積極的に参加・貢献していくことができる

10　平成16年4月20日社会保障審議会－福祉部会資料「社会福祉事業及び社会福祉法人について」https://www.mhlw.go.jp/shingi/2004/04/s0420-6b2.html（2022年8月20日アクセス）

社会[11]であるとされる。共生社会は教育の場のみならず、地域においても目指すべき社会のあり方であり、人間間だけでなく人と生物とのあいだにも使われる。地域における共生社会の構築に関して、厚生労働省は『「地域共生社会」とは「制度・分野ごとの縦割り」や「支え手」「受け手」という関係を超えて、地域住民や地域の多様な主体が参画し、人と人、人と資源が世代や分野を超えてつながることで、住民一人ひとりの暮らしと生きがい、地域をともに創っていく社会』[12]であるとしている（図表8－4）。

　地域共生社会とは、地域の課題は地域で、地域の資源を活用し、住民の主体的な参画で取り組み、住民が安心して生活し幸福を追求できる社会を目指すものであるといえる。

⑸　インクルージョン

　インクルージョンとは、「包含」「包括」を意味する言葉である。障害者をはじめ多様な人々が互いを認め合い、誰もが活動に参画する機会が与えられる。そこではそれぞれの能力が活用され、一体となって活動していく状態である。インクルージョンは前述の共生社会を実現する方策の１つであると捉えられる。

　教育の場面では、障害者の権利条約第24条で「インクルーシブ教育システム」（inclusive education system：包容する教育制度）が掲げられている。それは、『人間の多様性の尊重等の強化、障害者が精神的及び身体的な能力等を可能な最大限度まで発達させ、自由な社会に効果的に参加することを可能とするとの目的の下、障害のある者と障害のない者が共に学ぶ仕組み』であり、そこでは『障害のある者が「general

---

11　文部科学省初等中等教育分科会「資料1　特別支援教育の在り方に関する特別委員会報告 1.共生社会の形成に向けて（平成24年）」https://www.mext.go.jp/b_menu/shingi/chukyo/chukyo3/siryo/attach/1325884.htm（2022年8月20日アクセス）

12　https://www.mhlw.go.jp/file/04-Houdouhappyou-12601000-Seisakutoukatsukan-Sanjikanshitsu_Shakaihoshoutantou/0000150631.pdf

図表8－4　地域共生社会の実現に向けて（改革工程）の概要

「地域共生社会」の実現に向けて（当面の改革工程）【概要】

平成29年2月7日　厚生労働省「我が事・丸ごと」地域共生社会実現本部決定

「地域共生社会」とは

◆制度・分野ごとの『縦割り』や『支え手』『受け手』という関係を超えて、地域住民や地域の多様な主体が『我が事』として参画し、人と人、人と資源が世代や分野を超えて『丸ごと』つながることで、住民一人ひとりの暮らしと生きがい、地域をともに創っていく社会

改革の背景と方向性

公的支援の『縦割り』から『丸ごと』への転換	『我が事』・『丸ごと』の地域づくりを育む仕組みへの転換
○個人や世帯の抱える複合的課題などへの包括的な支援 ○人口減少に対応する、分野をまたがる総合的サービス提供の支援	○住民の主体的な支え合いを育み、暮らしに安心感と生きがいを生み出す ○地域の資源を活かし、暮らしと地域社会に豊かさを生み出す

改革の骨格

地域課題の解決力の強化	地域を基盤とする包括的支援の強化
●住民相互の支え合い機能を強化、公的支援と協働して、地域課題の解決を試みる体制を整備【29年制度改正】 ●複合課題に対応する包括的相談支援体制の構築【29年制度改正】 ●地域福祉計画の充実【29年制度改正】	●地域包括ケアの理念の普遍化：高齢者だけでなく、生活上の困難を抱える方への包括的支援体制の構築 ●共生型サービスの創設【29年制度改正・30年報酬改定】 ●市町村の地域保健の推進機能の強化、保健福祉横断的な包括的支援のあり方の検討
●多様な担い手の育成・参画、民間資金活用の推進、多様な就労・社会参加の場の整備 ●社会保障の枠を超え、地域資源（耕作放棄地、環境保全など）と丸ごとつなげることで地域に「循環」を生み出す、先進的取組を支援	●対人支援を行う専門資格に共通の基礎課程創設の検討 ●福祉系国家資格を持つ場合の保育士養成課程・試験科目の一部免除の検討
地域丸ごとのつながりの強化	専門人材の機能強化・最大活用

「地域共生社会」の実現

実現に向けた工程

平成29（2017）年：介護保険法・社会福祉法等の改正
◆　市町村による包括的支援体制の制度化
◆　共生型サービスの創設　など

平成30（2018）年：
◆　介護・障害報酬改定：共生型サービスの評価　など
◆　生活困窮者自立支援制度の強化

平成31（2019）年以降：更なる制度見直し

2020年代初頭：全面展開

【検討課題】
①地域課題の解決力強化のための体制の全国的な整備のための支援方策（制度のあり方を含む）
②保健福祉行政横断的な包括的支援のあり方　　　③共通基礎課程の創設　　　等

出典：「我が事・丸ごと」地域共生社会実現本部「「地域共生社会」の実現に向けて（当面の改革工程）（概要版）」2017年2月7日付け発表資料から抜粋

education system（教育制度一般）」から排除されないこと、自己の生活する地域において初等中等教育の機会が与えられること、個人に必要な「合理的配慮」が提供されること等が必要』[13]とされている。

⑹　地域包括ケア

　地域包括ケア、地域包括ケアシステムに関して詳しくは、介護保険の章（第3章）を参照されたい。本項では、精神障害者支援における地域包括ケアシステムを解説する。精神障害者の一層の地域移行を進めるため、国は2017年に「地域生活中心」という理念を基軸とし、精神障害者

13　文部科学省「共生社会の形成に向けたインクルーシブ教育システム構築のための特別支援教育の推進（報告）　概要」https://www.mext.go.jp/b_menu/shingi/chukyo/chukyo3/044/attach/1321668.htm（2022年8月20日アクセス）

図表8−5　精神障害にも対応した地域包括ケアシステムの構築

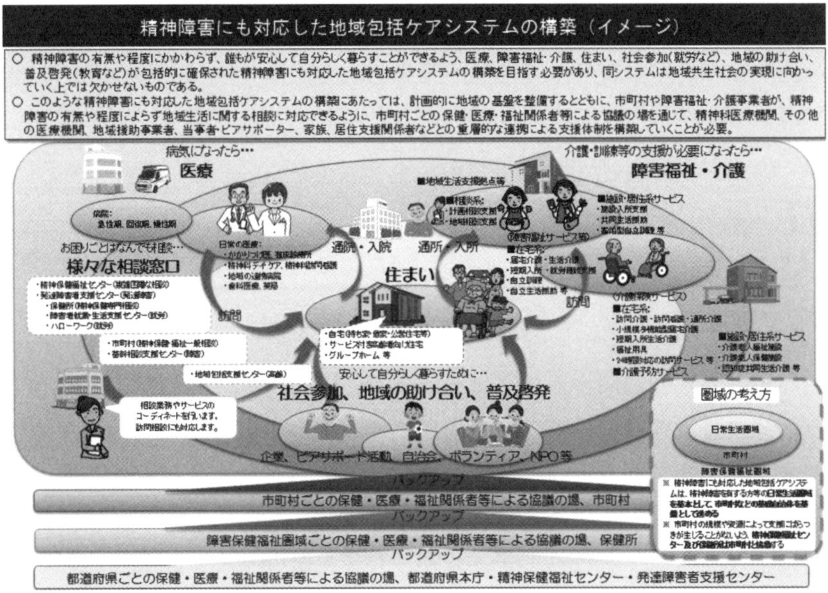

出典：厚生労働省「精神障害にも対応した地域包括ケアシステムの構築について」（2022年8月20日アクセス）から抜粋

が、地域の一員として、安心して自分らしい暮らしができるよう、医療、障害福祉・介護、社会参加、住まい、地域の助け合い、教育が包括的に確保された「精神障害にも対応した地域包括ケアシステム」の構築を目指すとした（図表8−5）[14]。

　この構築を目指し、①保健・医療・福祉関係者による協議の場の設置、②精神障害者の住まいの確保支援に係る事業、③ピアサポートの活用に係る事業、④アウトリーチ事業、⑤入院中の精神障害者の地域移行に係る事業、⑥包括ケアシステムの構築状況の評価に係る事業、⑦精神障害者の地域移行関係職員に対する研修に係る事業、⑧措置入院者及び緊急

14　図の出典：厚生労働省「精神障害にも対応した地域包括ケアシステムの構築について」https://www.mhlw.go.jp/stf/seisakunitsuite/bunya/chiikihoukatsu.html（2022年8月20日アクセス）

措置入院者の退院後の医療等の継続支援に係る事業、⑨精神障害者の家族支援に係る事業、⑩その他、包括ケアシステムの構築に資する事業を展開するとした。なお、①を必須事業として、②以降は地域の実情に合わせて実施していくとされている。

6 障害者福祉に関する法・制度

(1) 障害者福祉に関する法律

　障害者の福祉に関する法律は様々あり、主な法律を図表8－6に示す。
　法律には大きく分けて、①障害に関する治療や障害者の生活の保障に関する事項を定めたものと、②障害者に対する国や公共団体等の基本的な姿勢や取り組みを定めたものがある。①は身体障害者福祉法や精神保健福祉法などで、②は障害者基本法を代表に障害者雇用促進法などである。これらの法律は、障害者の利便性を一層はかるべく、社会状況の変化などに対応して改正が行われたり、複数の法律が統合され新たな法律として施行されたりしている。
　また、近年の国際的な動きに対応して、我が国では2014年に「障害者権利条約」の批准が行われた。2006年に国連において障害者権利条約の採択がなされ、日本は2007年に署名をし、2008年に発効されたものである。日本において2014年まで批准が待たれたのは、条約の締結に先立って国内の法律の整備やこれまでの諸制度の改革を進めたためであり、この取り組みは国内外から評価されている。なお、改革を進めるうえでは障害当事者等からの意見が活かされている。これにより障害者虐待防止法や障害者差別解消法が整備されていった。障害者権利条約の主な内容は、①障害に基づくあらゆる差別（合理的配慮[15]否定を含む）の禁止、

15　公共団体や事業者に対して、障害者から社会の中にあるバリアを除去するための対応を求めているとの意思表示があったときに、過度の負担にならなければ、障害者権利の確保のために、必要・適当な調整等（例：仮設スロープの設置）を行うこと（参考：内

②障害者が社会に参加し、包含されることの促進、③条約の実施を監視することの枠組みの設置などである。

図表8−6　障害者福祉に関する主な法律

法律	施行年	目的
障害者総合支援法	2013年	第一条　（略）障害者及び障害児が基本的人権を享有する個人としての尊厳にふさわしい日常生活又は社会生活を営むことができるよう、必要な障害福祉サービスに係る給付、地域生活支援事業その他の支援を総合的に行い、もって障害者及び障害児の福祉の増進を図るとともに、障害の有無にかかわらず国民が相互に人格と個性を尊重し安心して暮らすことのできる地域社会の実現に寄与すること
障害者基本法	1970年	第一条　（略）障害者の自立及び社会参加の支援等のための施策に関し、基本原則を定め、及び国、地方公共団体等の責務を明らかにするとともに、障害者の自立及び社会参加の支援等のための施策の基本となる事項を定めること等により、障害者の自立及び社会参加の支援等のための施策を総合的かつ計画的に推進すること
身体障害者福祉法	1949年	第一条　（略）身体障害者の自立と社会経済活動への参加を促進するため、身体障害者を援助し、及び必要に応じて保護し、もつて身体障害者の福祉の増進を図ること
知的障害者福祉法	1960年	第一条　（略）知的障害者の自立と社会経済活動への参加を促進するため、知的障害者を援助するとともに必要な保護を行い、もつて知的障害者の福祉を図ること
精神保健福祉法	1950年	第一条　精神障害者の医療及び保護を行い、（略）その社会復帰の促進及びその自立と社会経済活動への参加の促進のために必要な援助を行い、並びにその発生の予防その他国民の精神的健康の保持及び増進に努めることによつて、精神障害者の福祉の増進及び国民の精神保健の向上を図ること

閣府リーフレット「合理的配慮を知っていますか」https://www8.cao.go.jp/shougai/suishin/pdf/gouriteki_hairyo/print.pdf、2022年8月20日アクセス）

児童福祉法	1947年	第一条　全て児童は、児童の権利に関する条約の精神にのつとり、適切に養育されること、その生活を保障されること、愛され、保護されること、その心身の健やかな成長及び発達並びにその自立が図られることその他の福祉を等しく保障される権利を有する。 第二条　全て国民は、児童が良好な環境において生まれ、かつ、社会のあらゆる分野において、児童の年齢及び発達の程度に応じて、その意見が尊重され、その最善の利益が優先して考慮され、心身ともに健やかに育成されるよう努めなければならない。 ②　児童の保護者は、児童を心身ともに健やかに育成することについて第一義的責任を負う。 ③　国及び地方公共団体は、児童の保護者とともに、児童を心身ともに健やかに育成する責任を負う。 第三条　前二条に規定するところは、児童の福祉を保障するための原理であり、この原理は、すべて児童に関する法令の施行にあたつて、常に尊重されなければならない。
障害者虐待防止法	2011年	第一条　(略)障害者に対する虐待の禁止、障害者虐待の予防及び早期発見その他の障害者虐待の防止等に関する国等の責務、障害者虐待を受けた障害者に対する保護及び自立の支援のための措置、養護者の負担の軽減を図ること等の養護者に対する養護者による障害者虐待の防止に資する支援(以下「養護者に対する支援」という。)のための措置等を定めることにより、障害者虐待の防止、養護者に対する支援等に関する施策を促進し、もって障害者の権利利益の擁護に資すること
障害者雇用促進法	1960年	第一条　障害者の雇用義務等に基づく雇用の促進等のための措置、雇用の分野における障害者と障害者でない者との均等な機会及び待遇の確保並びに障害者がその有する能力を有効に発揮することができるようにするための措置、職業リハビリテーションの措置その他障害者がその能力に適合する職業に就くこと等を通じてその職業生活において自立することを促進するための措置を総合的に講じ、もつて障害者の職業の安定を図ること

障害者優先調達推進法	2013年	第一条　国、独立行政法人等、地方公共団体及び地方独立行政法人による障害者就労施設等からの物品及び役務の調達の推進等に関し、国等の責務を明らかにするとともに、基本方針及び調達方針の策定その他障害者就労施設等の受注の機会を確保するために必要な事項等を定めることにより、障害者就労施設等が供給する物品及び役務に対する需要の増進等を図り、もって障害者就労施設で就労する障害者、在宅就業障害者等の自立の促進に資すること
障害者差別解消法	2016年	第一条　（略）全ての障害者が、障害者でない者と等しく、基本的人権を享有する個人としてその尊厳が重んぜられ、その尊厳にふさわしい生活を保障される権利を有することを踏まえ、障害を理由とする差別の解消の推進に関する基本的な事項、行政機関等及び事業者における障害を理由とする差別を解消するための措置等を定めることにより、障害を理由とする差別の解消を推進し、もって全ての国民が、障害の有無によって分け隔てられることなく、相互に人格と個性を尊重し合いながら共生する社会の実現に資すること
発達障害者支援法	2004年	第一条　（略）発達障害者が基本的人権を享有する個人としての尊厳にふさわしい日常生活又は社会生活を営むことができるよう、発達障害を早期に発見し、発達支援を行うことに関する国及び地方公共団体の責務を明らかにするとともに、学校教育における発達障害者への支援、発達障害者の就労の支援、発達障害者支援センターの指定等について定めることにより、発達障害者の自立及び社会参加のためのその生活全般にわたる支援を図り、もって全ての国民が、障害の有無によって分け隔てられることなく、相互に人格と個性を尊重し合いながら共生する社会の実現に資すること
医療的ケア児支援法	2021年	医療的ケア児及びその家族に対する支援に関し、基本理念を定め、国、地方公共団体等の責務を明らかにするとともに、保育及び教育の拡充に係る施策その他必要な施策並びに医療的ケア児支援センターの指定等について定めることにより、医療的ケア児の健やかな成長を図るとともに、その家族の離職の防止に資し、もって安心して子どもを生み、育てることができる社会の実現に寄与すること

出典：筆者作成

195

(2)　障害者福祉サービス

　我が国の障害者福祉サービスは、障害のある人々それぞれの障害程度や社会活動や介護者、居住等の状況をふまえて個別に支給決定される「障害福祉サービス」と、市町村の創意工夫により、利用者の状況に応じて柔軟に実施できる「地域生活支援事業」に大別される。「障害福祉サービス」は、介護の支援を受ける場合の「介護給付」、訓練等の支援を受ける場合の「訓練等給付」に分けられる。サービスには有期限のものと無期限のものがあるが、有期限であっても必要に応じてその更新（延長）は一定程度可能となっている。また、日中活動と住まいの場の組み合わせも可能としている。入所施設のサービスは、昼のサービス（日中活動事業）と夜のサービス（居住支援事業）に分けられるが、それぞれのサービスを組み合わせることもできるようになっている。たとえば、常時介護が必要な者は、日中活動のための生活介護と、住まいの場としての施設入所支援を組み合わせて利用することができる。地域で在宅生活に移行した場合も、日中は生活介護を利用し続けることが可能である[16]。

　支給決定に際し、障害者がそのサービスを必要としているかどうかを総合的に判定するために、決定の各段階においては、①障害者の心身の状況（障害程度区分）、②社会活動や介護者、居住等の状況、③サービス等利用計画案、④サービスの利用意向、⑤訓練・就労に関する評価に関する事項の情報を元に検討がなされる。

(3)　障害年金制度

　障害により生活や就業に大きな影響を受ける事態になった場合の経済的な保障として、障害年金制度がある。障害年金は老齢年金と異なり、就業中のいわゆる現役世代でも受け取ることができる。障害年金には「障

16　厚生労働省「障害福祉サービスについて」https://www.mhlw.go.jp/stf/seisakunitsuite/bunya/hukushi_kaigo/shougaishahukushi/service/naiyou.html（2022年8月20日アクセス）

図表8－7　障害者総合支援法のサービス

介護給付	居宅介護（ホームヘルプ）	自宅で、入浴、排せつ、食事の介護等を行う
	重度訪問介護	重度の障害者で常に介護を必要とする人に、自宅で、入浴、排せつ、食事の介護、外出時における移動支援などを行う
	同行援護	視覚障害により、移動に著しい困難を有する人に、移動に必要な情報の提供（代筆・代読を含む）、移動の援護等の外出支援を行う
	行動援護	自己判断能力が制限されている人が行動するときに、危険を回避するために必要な支援、外出支援を行う
	重度障害者等包括支援	介護の必要性がとても高い人に、居宅介護等複数のサービスを包括的に行う
	短期入所（ショートステイ）	自宅で介護する人が病気の場合などに、短期間、夜間も含め施設等で、入浴、排せつ、食事の介護等を行う
	療養介護	医療と常時介護を必要とする人に、医療機関で機能訓練、療養上の管理、看護、介護及び日常生活の世話を行う
	生活介護	常に介護を必要とする人に、昼間、入浴、排せつ、食事の介護等を行うとともに、創作的活動又は生産活動の機会を提供する
	障害者支援施設での夜間ケア等（施設入所支援）	施設に入所する人に、夜間や休日、入浴、排せつ、食事の介護等を行う
訓練等給付	自立訓練（機能訓練・生活訓練）	自立した日常生活又は社会生活ができるよう、一定期間、身体機能又は生活能力の向上のために必要な訓練を行う
	就労移行支援	一般企業等への就労を希望する人に、一定期間、就労に必要な知識及び能力の向上のために必要な訓練を行う
	就労継続支援（A型＝雇用型、B型）	一般企業等での就労が困難な人に、働く場を提供するとともに、知識及び能力の向上のために必要な訓練を行う
	共同生活援助（グループホーム）	夜間や休日、共同生活を行う住居で、相談や日常生活上の援助を行う

地域生活支援事業	移動支援	円滑に外出できるよう、移動支援を行う
	地域活動支援センター	創作的活動又は生産活動の機会の提供、社会との交流等を行う施設
	福祉ホーム	住居を必要としている人に、低額な料金で、居室等を提供するとともに、日常生活に必要な支援を行う
相談支援事業	地域移行支援	障害者支援施設、精神科病院、児童福祉施設を利用する18歳以上の者等を対象として、地域移行支援計画の作成、相談による不安解消、外出の同行支援、住居確保、関係機関との調整等を行う
	地域定着支援	居宅において単身で生活している障害者等を対象に常時の連絡体制を確保し、緊急時には必要な支援を行う

出典：厚生労働省ホームページをもとに筆者作成（https://www.mhlw.go.jp/bunya/shougaihoken/service/taikei.html、2022年8月20日アクセス）

害基礎年金」と「障害厚生年金」があり、その障害の原因となる病気やけがで初めて医師の診療を受けたときに国民年金に加入していた場合は「障害基礎年金」を、厚生年金に加入していた場合は「障害厚生年金」を請求できる。しかし、年金が受けられるかどうかは年金を目的に踏まえれば、その障害の程度が関係するため、障害手帳を交付されたからといって、すべての人が年金を受給できるわけではない。

(4)　障害基礎年金

　障害の原因となる疾病やけがの初診日が、①国民年金加入期間、②20歳前、③60歳以上65歳未満のいずれかであり、かつ、法令により定められた障害等級表（1級・2級）による障害の状態にある場合に支給される。なお、上述のとおり、この障害の程度は身体障害者手帳の等級とは異なる。また、初診日の前日の時点で、①初診日のある月の前々月までの公的年金の加入期間の3分の2以上の期間について保険料が納付または免除されていること、もしくは、②初診日において65歳未満であり、初診日のある月の前々月までの1年間に保険料の未納がないことが必要

である。なお、20歳前の年金制度に加入していない期間に初診日がある場合にはこの要件の適用はない。障害基礎年金受給者のうち、20歳以前に病気やけがをした人については、所得による支給制限や海外居住、矯正施設入所時の支給制限がある。

(5)　障害厚生年金・障害手当金

　厚生年金の加入期間に、初診日のある病気やけがで障害基礎年金の1級または2級に該当する障害の状態になったときは障害基礎年金に上乗せして障害厚生年金が支給され、2級に該当しない障害でも3級と認められれば、3級の障害厚生年金が支給される。なお、初診日から5年以内に病気やけがが治り、障害厚生年金を受けるよりも軽い障害が残ったときには障害手当金（一時金）が支給される。

　障害基礎年金と同様に、障害厚生年金・障害手当金を受ける場合もそのための要件がある。障害厚生年金に関しては、初診日の前日の時点で、①初診日のある月の前々月までの公的年金の加入期間の3分の2以上の期間について、保険料が納付または免除されていること、もしくは、②初診日において65歳未満であり、初診日のある月の前々月までの1年間に保険料の未納がないことが必要である。

第9章
高齢者福祉と養護老人ホーム
～高齢者福祉施策と措置施設である養護老人ホームの意義～

1 高齢者をとりまく背景

(1) 老人福祉法

　日本は、国民の４人に１人が65歳以上という超高齢社会を迎えている。今後も高齢化は進み、2035年には３人に１人が、2060年には約2.5人に１人が65歳以上となることが推計されている。

　少子化問題を含め、高齢者福祉並びに介護のあり方が大きな課題となっている。

　高齢者福祉は、長年にわたって社会の進展に寄与し、豊富な知識と経験を有している高齢者が、敬愛され、生きがいをもって健康で安心した生活を送ることができるよう、社会全体で支えていくことを目的に「老人福祉法」に基づいて発展してきた。

　「老人福祉法」は、高齢者福祉を担当する機関や施設、事業に関するルールについて定めた法律で、主な目的は、高齢者福祉の原理を明確にし、高齢者が精神的・身体的な健康を維持して生活を安定させることである。

　都道府県と市区町村に対して老人福祉計画の作成を義務づけるとともに、７つの老人福祉施設と６つの老人居宅生活支援事業（在宅福祉事業）について規定している。

　なお、有料老人ホームは老人福祉法の定める老人福祉施設には該当しないが、同法の規制対象となっている。

(2) 介護保険法との関連

　一方、老人福祉法とは別に、介護保険法という法律がある。介護保険

法は、介護が必要な人を社会全体で支えるための仕組み（介護保険制度）について定めた法律である。

　国民誰もが必要なサポートを受けるために介護保険制度を設け、介護認定、給付、事業者、施設など広範囲にわたってルールを定めている（介護保険は第３章を参照）。

　老人福祉法が1963年の高度経済成長期に施行された後、日本は長寿命化と少子化が同時に進み、世界に類を見ないスピードで高齢化が進んだ。

　日本の高齢化は、世界的に見ても驚異的なスピードであることがわかる（図表９−１）。また、戦後日本は、家族構成が変革し、社会や家族のあり方が大きく変わった（図表９−２）。

図表９−１　主な国の高齢化率７％から14％に要した期間

国名	年数	国名	年数
フランス	126年	日本	24年
スウェーデン	85年	中国	23年
アメリカ	72年	韓国	18年
イギリス	46年	シンガポール	17年
ドイツ	40年		

出典：内閣府「令和３年版高齢社会白書（全体版）」をもとに筆者作成

図表９−２　家族類型別の一般世帯数および割合

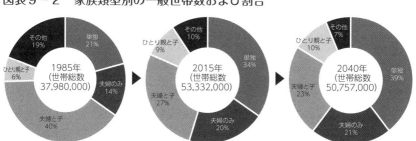

出典：国立社会保障・人口問題研究所「日本の世帯数の将来推計（全国推計）」（2018（平成30）年推計）をもとに作成

人口が地方から都市部に流出し、二世代三世代がそれぞれ、同居する複合家族とは別に住居を構える核家族化が進んだ。これにより、家庭内の互助機能が低下し、以前のように高齢者の世話（介護）を家族が行うことが困難となった。そこで、これらの問題に対応し、高齢者の心身の健康の保持や生活の安定を目的として老人福祉法が制定された。

　現在は、高齢者を取り巻く様々な問題に対して、多方面からの施策が実施されている（図表9－3）。

　また、同じ事業所（サービス）であっても、老人福祉法と介護保険法で名称が異なり、別の目的をもつものがある。

　これらは、老人福祉法と介護保険法で別に申請を行い、許可を受ける必要がある。介護保険法上のサービスは、要支援・要介護の認定を受けた者のみサービスを受けることができるが、老人福祉法の事業所の場合、要介護や要支援の認定の縛りは特に必要はない。それぞれの目的に記載のある要件を満たす者が入所対象となる。

2 高齢者福祉

⑴　高齢者とは

　「高齢者とは何歳以上を指すのか」と聞かれれば、おそらく多くが65歳以上だと答えるのではないだろうか。その由来は、1959年の国連（United Nations）報告書「The Aging of Populations and Its Economic and Social Implications；人口高齢化とその経済的・社会的意義」において65歳以上を「高齢者」として取り扱ったことだといわれている。しかし、老人福祉法や介護保険法には高齢者の定義について明確な基準を設けていない。なぜなら、心身機能の変化、機能面の低下は人それぞれであり、すべての人が同じタイミングではない。よって、年齢のみで高齢者と決めつけることへの違和感を拭えないのは至極当然のことかと思われる。

図表9-3　高齢者福祉制度の概要

高齢者を支える制度

介護

介護保険法

加齢に伴って生ずる疾病等により要介護状態となった者等が尊厳を保持し、その有する能力に応じ自立した日常生活を営むことができるよう、国民の共同連帯の理念に基づき、必要な保健医療サービス及び福祉サービスに係る給付を行うことを目的とする法律。利用者の選択により、保健・医療・福祉にわたるさまざまなサービスを総合的に利用できる仕組み。

福祉

老人福祉法

老人の福祉に関する原理を明らかにするとともに、老人に対し、その心身の健康の保持及び生活の安定のために必要な措置を講じ、老人の福祉を図ることを目的とする法律。

医療

高齢者の医療の確保に関する法律

2006年の「健康保険法等の一部を改正する法律」により、老人保健法を改称し、高齢期における適切な医療の確保について定めた法律。

雇用

高齢等の雇用の安定等に関する法律（高年齢者雇用安定法）

継続雇用制度等による高年齢者の安定した雇用の確保の促進、高年齢者等の再就職の促進、定年退職者等の高年齢退職者に対する就業の機会の確保等の措置を総合的に講じ、高年齢者等の職業安定その他福祉の増進を図るとともに、経済及び社会の発展に寄与することを目的とする法律。

虐待

高齢や虐待の防止、高齢者の養護者に対する支援等に関する法律（高齢者虐待防止法）

65歳以上の高齢者の虐待防止、養護者（高齢者を世話する家族等）に対する支援等を促進することにより、高齢者の尊厳を保持し、その権利利益を擁護することを目的とした法律。

高齢者

住まい

高齢者の居住の安定確保に関する法律（高齢者住まい法）

国による居住の安定の確保に関する基本的な方針及び都道府県による高齢者居住安定確保計画の策定について定め、高齢者が安心して生活できる居住環境を実現しようとするもの。2011年4月に一部改正され、高齢者円滑入居賃貸住宅、高齢者向け優良賃貸住宅等を一本化し、高齢者の生活を支援するサービスを提供する「サービス付き高齢者向け住宅」の登録制度が創設された。

福祉用具

福祉用具の研究開発及び普及の促進に関する法律

介護ベッド、車いす、移動用リフトなどの福祉用具の研究開発・普及を促進することを目的とした法律。心身の機能が低下し日常生活を営むのに支障のある高齢者や心身障害者の自立の促進及びこれらの者の介護を行う者の負担の軽減を図る。

移動

高齢者、障害者等の移動等の円滑化の促進に関する法律（バリアフリー法）

高齢者や障害者等の移動上及び施設の利用上の利便性、安全性の向上の促進を図り、公共の福祉の増進に資することを目的とする法律。従来の交通バリアフリー法とハートビル法を一本化し、旅客施設、特定建築物（学校、病院、劇場、ホテル、老人ホーム等）、建築物特定施設（出入口、廊下、階段、エレベーター、便所、敷地内の通路等）などについて、高齢者や障害者等が移動等を円滑に行えるようにするための基準が定められている。

年金

厚生年金保険法

厚生年金保険、厚生年金基金及び企業年金連合会について定めた法律。労働者の老齢、障害又は死亡について保険給付を行い、労働者及びその遺族の生活の安定と福祉の向上に寄与することを目的としている。

国民年金法

国民年金制度を定める法律。国民年金制度は、老齢、障害又は死亡によって国民生活の安定がそこなわれることを国民の共同連帯によって防止し、健全な国民生活の維持及び向上に寄与することを目的としている。1986年4月から実施された制度改正によって、国民年金制度は、すべての国民に共通する基礎年金を支給する制度に位置づけられた。

出典：独立行政法人福祉医療機構ホームページをもとに作成

それでは、年齢による制限はなく、誰もが高齢者の制度を利用できるかというとそうでもない。年金・雇用といった社会保障制度を見ると、日本は、65歳が1つの節目となっていることがわかる。しかし、これは現時点における指標であり、社会変化や時代背景により変化していくものだろう。

(2)　高齢者福祉とは何か

ア　老人福祉法の目的と理念

　老人福祉法の目的（第1条）および基本的理念（第2条）には次のように記されている。

老人福祉法

（目的）

第1条　この法律は、老人の福祉に関する原理を明らかにするとともに、老人に対し、その心身の健康の保持及び生活の安定のために必要な措置を講じ、もつて老人の福祉を図ることを目的とする。

（基本的理念）

第2条　老人は、多年にわたり社会の進展に寄与してきた者として、かつ、豊富な知識と経験を有する者として敬愛されるとともに、生きがいを持てる健全で安らかな生活を保障されるものとする。

イ　高齢者福祉が目指すべきレベル（水準）

　我が国の社会保障制度は、社会保険制度（共助）が中核を担い、これに依り難い場合、社会福祉がこれを支え、それでも支えきれない場合、最後の砦として生活保護その他の公的扶助（公助）が支えることとなっている。

ウ　社会保険制度

　これまでの章でも述べてきたとおり、我が国には以下のような社会保

険がある。

　　①病気・ケガに備える「医療保険」

　　②年を取った時や障害を負った時に年金を支給する「年金保険」

　　③失業するリスクに対する「雇用保険」

　　④仕事上の病気や怪我に備える「労災保険」

　　⑤加齢に伴い介護が必要になったときの「介護保険」

　貧困に陥る原因となる病気やケガ、失業といった事故に備え、発生し
てもそれにより生活困難に陥らないようにする。「社会保険制度」は、
貧困に陥ることを未然に防ぐ「防貧」機能がある。

　一方、生活保護制度等公的扶助により、「防貧」機能によっても貧困
を免れない国民に対し最低限の生活保障を行っている。具体的には、社
会保険制度によっても最低限の生活を送れない国民に対し、生活扶助・
住宅扶助などの現金給付や、医療扶助などの現物給付を行っている。

　このように、生活保護等その他の公的扶助には“救貧”機能がある。で
は、この防貧と救貧の境界となる「貧困」とは何を指すのだろうか。

日本国憲法

第25条　すべて国民は、<u>健康で文化的な最低限度の生活を営む権利を</u>
<u>有する</u>。

生活保護法

第3条　この法律により<u>保障される最低限度の生活は、健康で文化的</u>
<u>な生活水準を維持することができるもの</u>でなければならない。

第8条　（略）

2　前項の基準は、要保護者の年齢別、性別、世帯構成別、所在地域
別その他保護の種類に応じて必要な事情を考慮した<u>最低限度の生活の</u>
<u>需要を満たすに十分なものであつて、且つ、これをこえないもの</u>でな
ければならない。

　このように、「貧困」ラインは、「健康で文化的な」最低生活水準であ

る。このラインをベースに各領域を位置づけると次のようになる。

　図表9－4のように、社会保険制度（年金・医療・介護・雇用・労災など「共助」）は、いずれも“貧困に陥ることを防ぐ（防貧）”ために設けられたものである。

　一方の公的扶助（生活保護など「公助」）には、制度上の限界がある。公的扶助が保障するラインは、健康で文化的な最低生活を営むのに十分なものであることが求められるが、同時に“これをこえないものでなければならない”（生活保護法第8条）とされている。

　つまり、生活保護法では、健康で文化的な生活水準は保障されたとしても、それ以上は対象外となる。老人福祉法は生活保護法ではないので、措置施設は生活保護法の施設（救護施設等）とは異なる。

　このように考えると、老人福祉法に規定する「生きがいを持てる健全で安らかな生活を保障される」とは何か。老人福祉法の基本理念である“生きがいを持てる健全で安らかな生活”、これがどの程度でどうあるべきか、おおよその立ち位置が見えてくるのではないだろうか。

図表9－4　「貧困」ラインをベースとした各領域の位置づけ

社会保障制度は、概ね、共助が防貧を、公助が救貧を負担							
分類	担い手	対応制度					制度の役割
		年金	医療	介護	雇用	労災	生活保護	
自助	本人	－	－	－	－	－	－	－
共助	公共機関	公的年金	公的医療保険	介護保険	雇用保険	労災保険	－	防貧
公助	公共機関	－	－	－	－	－	生活扶助・医療扶助等	救貧
公的制度による社会保障							

（備考）民間保険等が、政府が運営する年金・医療・介護等の社会保険制度を補完する役割を果たしている。

出典：内閣府「平成24年度年次経済財政報告」から抜粋

3　養護老人ホーム

(1)　養護老人ホームの概要

　「養護老人ホーム」とは、65歳以上で、環境上の理由及び経済的理由（政令で定めるものに限る）により、居宅において養護を受けることが困難な者（＝地域において生活が困難な高齢者）を措置により入所させる施設である。老人福祉法には、次のように記されている。

老人福祉法

第20条の4　養護老人ホームは、第11条第1項第1号の措置に係る者を入所させ、養護するとともに、その者が自立した日常生活を営み、社会的活動に参加するために必要な指導及び訓練その他の援助を行うことを目的とする施設とする。

第11条　（略）

一　65歳以上の者であって、環境上の理由及び経済的理由（政令で定めるものに限る。）により居宅において養護を受けることが困難なものを当該市町村の設置する養護老人ホームに入所させ、又は当該市町村以外の者の設置する養護老人ホームに入所を委託すること。

（以下略）

　特別養護老人ホームや軽費老人ホームのように施設と利用者との契約ではない。まずは、措置制度と契約制度の違いについて説明する。

　図表9－5のとおり、措置制度は、対象者（利用者）と事業者（施設）との直接契約ではなく、措置権者（地方自治体）からの決定（委託）により行われる。

　直接契約ではないため、入所させるには、措置権者である地方自治体内に「入所判定委員会」を設置して審議を行い、結果、入所要件を満たすと判断された高齢者のみが入所を認められる。介護保険（契約制度）の場合、サービス提供事業者内に入所判定委員会を設けることとなるた

図表9−5　措置制度と介護保険制度の仕組み

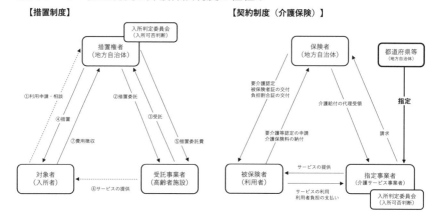

出典：公益財団法人日本障害者リハビリテーション協会　情報センターホームページをもと
　　　に筆者作成（一部改変）

め、その違いにも注意が必要である（図表9−6）。

　なお、入所要件が環境上および経済的理由となっているため、養護老
人ホームに入所される高齢者の方は広範囲にわたる。

■環境上の理由（例）

・独居の高齢者

・無年金など経済的に困窮した者

・虐待を受けている高齢者

・要支援・要介護者

　（2006年制度改正後、介護保険法上「居宅」と位置付けられたこ
　とにより受け入れ可となる）

・身体的・知的・精神的な障害をもつ者

・認知症の者

・ホームレスの者

・他の法律に基づく施設に入所できない高齢者

・その他地域において生活が困難な高齢者

図表9－6　養護老人ホームと特別養護老人ホームの入所判定委員会の違い

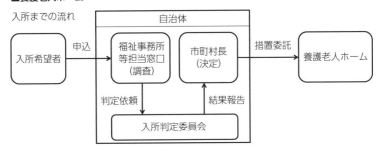

出典：筆者作成

出典：公益社団法人全国老人福祉施設協議会　養護老人ホームパンフレットより抜粋

■経済的理由

　無年金もしくは住民税（市町村税）均等割まで

　上の「その他地域において生活が困難な高齢者」について、具体的には以下のとおりである。

■その他地域において生活が困難な高齢者（例）

　①DV（ドメスティックバイオレンス）

　　近親者に暴力的扱いを行う行為、暴力によって支配する行為全般

　　・身体的虐待

　　・性的虐待

　　・経済的暴力

　　　　→経済的理由により区分
　　　　低所得：養護
　　　　それ以外：老人福祉法上の特養等
　②精神疾患者（アルコール依存症、統合失調症など）
　　※精神科病棟入院患者のうち、退院可能だが、受け入れが困難な
　　ため退院できない高齢者
　　　　→社会援護局所管
　③刑務所を退所した者
　④障害者施設に入所し、高齢となった者（介護を要する者）

　本来であれば、「生活保護法」の救護施設や、障害福祉サービス等の
利用が望ましいが、地域性（その地域にこれらの社会資源がない、もし
くはそもそも施設数が少なく、受け入れが難しい）により行き場がなく、
結果、行政措置として養護老人ホームへ入所される場合も多い。

　このように、養護老人ホームは、他の法律との制度的不備や社会的入
所の受け皿として機能していることがわかる。

(2)　養護老人ホームの歴史

　老人福祉法に規定された養護老人ホームは、歴史的に振り返ると、そ
の源流は、明治期の「養老院」に遡る。1895年に日本最初の養老院とし
て聖ヒルダ養老院が設立され、その後、明治30年代に全国で相次いで養
老院が開設された。当時の施設は、民間の篤志家や宗教家等が中心と
なって設立されたものが多い（図表9 - 7）。

　制度を振り返ると、1874年、日本初の救貧制度である「恤救規則」が
制定され、一般救貧施策のなかで高齢者救済もなされてきたが、救済対
象は「無告の窮民（極貧にあえいでいることを自分の代わりに誰かに訴
えてくれる身寄りがいない者、つまり訴える術すら持たない困窮者）」
であり、極めて制限的な施策であった。

　現在から考えると大変厳しい制度のようにみえるが、当時は、血縁・

図表9－7　養護老人ホームの今日までの歩み（明治以降）

年	概　　要
1874（明治 7） 1895（明治28） 1912（明治45）	・恤救規則制定 ・聖ヒルダ養老院（東京） －　老人だけを保護収容した“養老院”創設（※） ・明治30年代、全国で相次いで養老院が開設 ・帝国養老教会（愛知、明治31）、神戸養老院（兵庫、明治32）、京都救済院（京都、明治32）、栃木婦人協会（栃木、明治34）、名古屋養老院（愛知、明治34）、大阪養老院（大阪、明治35）、前橋養老院（群馬、明治36）、東京養老院（東京、明治36）、広島養老院（広島、明治38）、奈良養老院（奈良、明治39） ・「養老法案」提出（第28回帝国議会）　→　衆議院にて否決
1929（昭和 4） 1946（昭和21）	・「救護法」公布（施行は1932年）（公的に救護施設として位置づけ） ・旧「生活保護法」公布（保護施設として位置づけ）、「日本国憲法」公布
1950（昭和25） 1957（昭和32） 1961（昭和36）	・「生活保護法」公布（保護施設のうち“養老施設”として位置づけ） ・1950 ～ 1962年の間に全国480施設が新設 ・「保護施設取扱指針」制定 ・慈母園開設（奈良） －　全国初の盲養老施設
1963（昭和38） 1966（昭和41） 1970（昭和45） 1976（昭和51） 1980（昭和55） 1989（平成 元） 1994（平成 6） 1997（平成 9） 1999（平成11）	・「老人福祉法」公布（養老施設は同法へ移管され、施設種別が“養護老人ホーム”・特別養護老人ホーム・軽費老人ホームに区分） ・「養護老人ホーム及び特別養護老人ホームの設備及び運営に関する基準」施行 ・「社会福祉施設緊急整備5か年計画」策定（昭和46 ～ 50） 　※老人福祉施設では特別養護老人ホームを中心とする整備に転換 ・厚生省行政指導方針「養護老人ホームは新設しない」 ・施設数・定員規模で特別養護老人ホームが逆転、入所措置に係る費用徴収制度の導入 ・「ゴールドプラン」策定 ・「新ゴールドプラン」策定 ・「高齢化を迎える21世紀にそなえて養護老人ホームのあり方を考える」報告書（全老施協養護老人ホーム検討特別委員会） ・「介護保険法」公布（施行は2000年） ・「ゴールドプラン21」策定
2005（平成17） 2006（平成18）	・養護老人ホーム等保護費負担金の一般財源化 ・「老人福祉法」改正（養護老人ホームの入所要件・施設目的の変更） ・「養護老人ホームへの入所措置等の指針について」「養護老人ホームの設備及び運営に関する基準について」（厚労省老人保健局長通知） ・「介護保険法」改正施行（養護老人ホームの特定施設併用等が可能、住所地特例対象等）

（※）小野慈善院（1864（元治元）、石川）、東京府養育院（1872（明治5）、東京）、大勧進養育院（1882（明治15）、長野）においては、聖ヒルダ養老院以前に老人についても収容保護している。

出典：全国老人福祉施設協議会『養護老人ホーム施設内研修に係る手引き』2013年3月7ページをもとに作成

地縁関係による相互扶助が救済の基本であったため、それらに頼ることのできない者（無告の窮民）のみが恤救規則の救済対象とされた。

　救護法が1929年に公布、1932年に施行され、公的に救護施設が位置づけられた。以降、救護法に基づき救護費が支給されるようになった。

　1946年、日本国憲法公布と同じ年に、旧「生活保護法」が公布され、1950年、旧生活保護法が現行の生活保護法に改正され、それまでの養老院は養老施設と名称を変えることになった。そして、1963年の老人福祉法制定において老人ホームの体系化が行われ、養護老人ホームとして再編されることになった。

　その後、1966年、「養護老人ホーム及び特別養護老人ホームの設備及び運営に関する基準」が公布された。

　これらの変遷を経て、2005年、措置費の一般財源化、「老人福祉法」の改正（入所要件・目的の変更）、入所措置等の指針、運営基準の改正を相次いで行い、現在に至っている。なお、介護保険制度との関係については、2006年、介護保険法の改正に伴い、養護老人ホームが「居宅」と位置付けられたことにより、養護老人ホームに入所する要支援・要介護高齢者が、介護保険の居宅サービスを利用できるようになった。

　これにより、高齢者の住まいと介護保険との関係は次のように整理された（図表9－8）。

⑶　養護老人ホームの使命

　前述のとおり、養護老人ホームは、環境上の理由および経済的理由により養護を受けることが困難な者が入所する施設であるが、それぞれの心身特性は極めて多様であり、また生活困窮に至るまでのプロセスも様々である。

　そもそも、戦後の福祉制度は、生活困窮者に対する救済、このうち高齢者に対しては「養老院」がその役割を担っていた。その後、老人福祉法の施行とともに、養老院は老人福祉法へと移行し、低所得者支援については「養護老人ホーム」として位置づけられ現在に至っている。

図表９－８　高齢者の住まいと介護保険サービスとの関係性

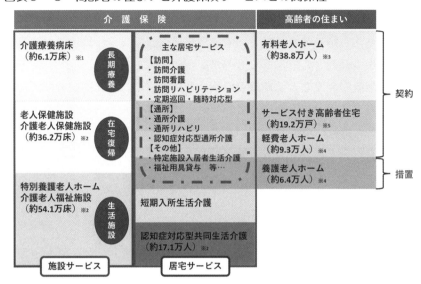

※1　病院報告（平成27年8月分概数）
※2　介護サービス施設・事業所調査（平成26年10月1日）
※3　老健局高齢者支援課調べ（平成26年7月1日）
※4　平成26年社会福祉施設等調査（平成26年10月1日）
※5　サービス付き高齢者向け住宅情報提供システム（平成27年12月）

出典：厚生労働省『第７回社会保障審議会療養病床の在り方等に関する特別部会 参考資料
　　　２「療養病床に関する基礎資料」』（平成28年12月７日）を一部筆者改変

　生活困窮の問題は、必ず生じるものであり人間社会において避けるこ
とはできない。「誰が生活困窮者に手を差し伸べていくか」なのだが、
法整備がなされていなかった時代は、地域や家族の扶養によるものがほ
とんどであった。その補完を公的支援が担う考えは現在も変わりないが、
社会情勢（少子化・核家族化、地域社会等）の変容を考えると、地域に
よっては生活が困難な高齢者が今後も存在し続けると思われる。

　このような背景があるなか、養護老人ホームは、高齢者の最後の砦と
して重要な役割を担っている。さらに言えば、多様な問題を抱える（放っ
ておけない）高齢者を受け入れる拠点施設である。

　介護保険や障害福祉サービスの事業所では、現状（要介護状態・障害
の有無）を要件としているため、専門性は高いが、支援する対象者は限

定されてしまうという性格を持っている。これに対し、養護老人ホームは、多様な特性を持った「放っておけない高齢者」や生活困窮に至る様々なプロセスを踏まえた高齢者への支援を展開しており、地域における相談・支援の機能としてはとても幅が広いといえる。

　職員配置の問題など課題は多いが、今後の日本、特に高齢者分野において養護老人ホームが機能していくためにはどうあるべきか。この点を地域と共に考え、発展させていくことが措置としての機能を併せ持った養護老人ホームに課せられた使命であると思う。

第10章
保健制度

1 保健制度の概要

　本章で述べる保健制度は、第2章～第4章での医療保険、介護保険、雇用保険、労災保険とは異なる、「保健」についての制度である。

　「保険」と「保健」、何が異なるのか。序章に示されているように、社会保障費給付費の主財源は「保険料」と「公費」からなるが、保健サービスに関しては「公費」によるものが主となっている。

　また、地域保健サービスは医療の対象である病気を持つ者、障害を持つ者のみではなく、全住民が対象となるサービスである。日本においては、1978年、WHO（世界保健機関）とUNICEF（国際連合児童基金）の会議で決議、提唱されたプライマリヘルスケアや、1986年WHOがオタワ憲章において提唱したヘルスプロモーションの理念に基づいて保健サービスが提供されている。

　プライマリヘルスケアは、国や地域がそれぞれの可能な形で住民参加のもとに進める保健サービスで、①健康教育、②食糧確保と適切な栄養、③安全な飲み水と基本的な衛生、④母子保健（家族計画を含む）、⑤主要な感染症への予防接種、⑥地方風土病への対策、⑦簡単な病気や怪我の治療、⑧必須医薬品の供給栄養が活動項目である。

　ヘルスプロモーションは、「人々が自らの健康とその決定要因をコントロールし、改善することができるようにするプロセスである。公衆衛生の中心的な機能を果たしており、感染症や非感染症そしてその他健康を脅かすものに取り組むことに貢献するものである」[1]とされている。QOL

1　日本ヘルスプロモーション学会「ヘルスプロモーションとは」
　　https://plaza.umin.ac.jp/~jshp-gakkai/intro.html

（Quality of life：生活の質）の改善・向上を目指したものである。

　保健サービスを担っている主な機関としては、都道府県や政令市、特別区が設置主体である保健所、市町村が設置主体である市町村保健センター、子育て世代包括支援センター、学校保健では市区町村の教育委員会、産業保健では事業者が主体となって提供するものがある。

　「ゆりかごから墓場まで」ならぬ、「生まれる前から墓場まで」がサービスの対象となる。つまり胎児、乳幼児から、学童、青少年、成人、高齢者が対象となる。順をおってどのようなサービスがあるのかを確認していきたい（図表10－1）。

図表10－1　ライフサイクルごとの保健サービス

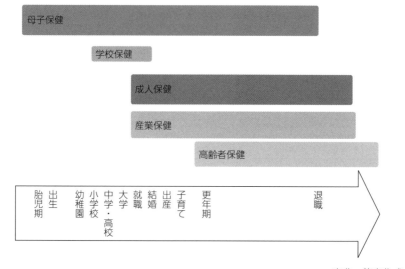

出典：筆者作成

2 胎児期・妊娠期・子育て期における保健サービス

⑴ 母子保健・リプロダクティブヘルス

この時期における保健サービスは、母子保健サービスとして、母親と子どもの健康の増進、子どもの発達発育の促進を目指して提供されてきた。

大正時代の日本においては、出生した乳児の1,000人に180人が1歳を迎える前に死亡する（乳児死亡）状況であった。その後、衛生状態、栄養状態などの改善により、2021年においては1,000人に1.7人[2]と世界でもトップの水準となっている。このような改善には母子保健サービスが大きく貢献しているといえる。なぜこのような改善がされたのか見てみよう。

大正時代、1人の女性が一生に出産する数は5人以上であった[3]。しかし、前述したように乳児死亡率は高く、その多くは感染症（肺炎、気管支炎など）が原因で亡くなっている背景がある。当時の日本は、栄養状態も十分ではなく、感染症予防のための知識も普及していなかった。特に農村、漁村などにおいては、食品の衛生、手洗いの必要性などの衛生思想が低かった。乳児死亡率は、その国の衛生状態を示す基準とされており、日本が現在のように世界的にも有数の低い乳児死亡率を誇っているのは、その後の保健福祉対策によるものが大きい[4]。

1916年、内務省保健衛生調査会の設立により、高い乳児死亡率の状況

2　政策統括官付参事官付人口動態・保健社会統計室「令和3年度「出生に関する統計」の概況　人口動態統計特殊報告」https://www.mhlw.go.jp/toukei/saikin/hw/jinkou/tokusyu/syussyo07/index.html

3　内閣府「平成16年版少子化社会白書」4　出生数、合計特殊出生率の推移　https://www8.cao.go.jp/shoushi/shoushika/whitepaper/measures/w-2004/html_h/html/g3340000.html

4　独立行政法人国際協力機構国際協力総合研修所『日本の保健医療の経験　途上国の保健医療改善を考える』第2部日本の保健医療の経験　https://www.jica.go.jp/jica-ri/IFIC_and_JBICI-Studies/jica-ri/publication/archives/jica/field/pdf/200403_02_03.pdf

の把握がなされ、対策が実施された。1937年、保健所法、母子保健法の制定、その後、乳幼児健康診査の実施、1942年には現在の母子健康手帳制度の前身である「妊産婦手帳制度」が導入され、妊娠の届け出制と妊婦健診が奨励された。保健婦（現在の保健師）や助産婦（現在の助産師）による訪問指導を中心とした健康教育は、乳幼児の健康増進に大きな役割を果たした。医療の進歩はもちろんであるが、衛生的にも不十分であった自宅分娩から施設分娩が主流となり、また産前産後の母親学級、妊産婦健診、出生後の乳幼児健診、予防接種などの保健サービスにより、乳児死亡率は著しく改善されたのである。これはすなわち日本の衛生状態の改善がなされたということもできる。

　現代においても、乳児死亡率が出生1,000人あたり50を超える国が存在し、持続可能な開発目標SDGs（Sustainable Development Goals）の目標3において、「妊産婦死亡率の削減」、「新生児・5歳未満児の予防可能な死亡の根絶」を目指すことが示されている。

　そして近年は、母と子を対象とした母子保健よりも広い範囲を対象とするリプロダクティブヘルス[5]（人間の生殖システムおよびその機能と活動過程のすべての側面において、単に疾病、障害がないというばかりでなく、身体的、精神的、社会的に完全に良好な状態であること）という概念が広まってきている。これは、1994年にエジプトカイロで開催された国際開発人口会議において採択された行動計画のなかで説明されている。妊産婦、乳幼児の健康に加えて、望まない妊娠、性感染症、HIV／エイズ予防対策、女性に対する暴力などの健康問題も対象としている。

(2)　現代の母子保健における課題

　日本における女性の平均初婚年齢は29.6歳（2020年）であり、45年前の24.7歳（1975年）から4.9歳上昇している。母親が第1子を出産する平

5　阿藤誠・佐藤龍三郎・小松隆一『人口問題に関する総論と課題（前編）－総論、出生率とリプロダクティブ・ヘルス/ライツ、死亡率とHIV/エイズ』（国際協力事業団国際協力総合研修所、2001）https://openjicareport.jica.go.jp/pdf/11685500.pdf

均年齢についても、30.7歳（2020年）と、1975年の25.7歳から５歳上昇している[2]。いわゆる「晩婚化」、「晩産化」が進んでいる状況である。

　また、１人の女性が生涯で出産する子どもの数（その年次の15〜49歳の女性の年齢別出生率を合計した期間合計特殊出生率）が1.3人[6]と、「少子化」が進行している。さらに、社会全体として家族の単位が縮小されており、「核家族化」が進んでいる。つまり、夫と妻のみの世帯に初めての子どもが生まれてくるが、手伝ってくれる祖父母は身近におらず、自身も年下の弟妹の世話の経験もなく、初めての子育てと向き合うことになる。「育児の孤立化」という課題である。育児の孤立化は、育児不安を招き、「産後うつ」、「児童虐待」につながる一因ともなる。祖父母が仮に身近にいたとしても、出産年齢の高齢化に伴い、祖父母の年齢も高齢化している。孫の世話よりも祖父母が要介護状態となり、わが子の子育て期と親の介護の時期が同時に訪れる「ダブルケア」も課題となっている。

⑶　母子保健サービス

　⑵で述べたような課題に対して、「母子保健法」「児童福祉法」などに基づき、2000年に計画された「健やか親子21」、続いて2015年に計画された「健やか親子21（第２次)」の方向性に沿って以下のようなサービスが提供される。

ア　母子健康手帳

　妊娠の届け出をした者に対し、居住する市町村は、「母子健康手帳」を交付することになっている。「母子健康手帳」は、妊娠中の妊婦健診の結果、母体の健康状態や保健指導の内容、出産時の状況（分娩場所、出生時体重、身長、身体状況など）、乳幼児健診の結果、予防接種の接

6　政策統括官付参事官付人口動態・保健社会統計室「令和３年（2021）人口動態統計月報年計（概数）の概況」https://www.mhlw.go.jp/toukei/saikin/hw/jinkou/geppo/nengai21/dl/gaikyouR3.pdf

種状況などが記載できるようになっている。多くの市区町村ではこの「母子健康手帳」の交付を、保健師・助産師などの専門職者が実施しており、交付の際の面接時に支援の必要な妊婦を見いだし、妊娠中からの支援につなげている。

イ　妊婦健診など

　妊娠中の体調管理により、周産期死亡、異常出産、低出生体重児出生の予防を目的として実施される。妊娠中に健診を受けることが望ましいとされる14回分について、全国各市区町村により助成され（居住市区町村により回数は異なる）、無料で健診を受けることができる。さらに支援が必要な妊婦、不安が強い妊婦に対しては、必要に応じて（医師、助産師、保健師の）家庭訪問による指導が実施される。

ウ　母親学級・両親学級

　妊娠中に妊娠中の過ごし方、出産準備、育児知識、育児技術（沐浴演習など）についての保健指導が実施される。市区町村での実施のほかに、産院、医療機関においても実施されている。近年は、住民同士のつながりが希薄化しており、母親学級は、妊娠中からの友達づくりの場ともなっている。

エ　産婦健康診査

　産後うつの予防や新生児への虐待予防等を目的として、産後2週間、1か月時の母親の健康状態・育児環境の把握、体重・血圧測定、尿検査、精神状況のアセスメントなどを実施する。この健診により、自治体は支援が必要な母親を把握し、産後ケアの利用につなげるなど支援を実施する。

オ　産後ケア

　出産後（1年間）、心身に不調や育児不安を抱える母親と新生児を対

象として、短期入所（ショートステイ）型、通所（デイサービス）型（個別・集団）、居宅訪問（アウトリーチ）型の支援が助産師・保健師・看護師などにより提供される。具体的には、母親の身体的な回復のための支援、授乳指導、乳房のケア、心理的支援、子どもの状況に応じた育児指導、家族等の身近な支援者との関係調整、育児をしていくうえで必要な社会的資源の紹介等を行う。

カ　新生児訪問・乳児全戸訪問

　保健師、助産師等による新生児（出生後28日以内）への訪問指導、生後4か月までの乳児のいる家庭への子育て経験者、保健推進員などによる全戸訪問が実施される。全戸訪問は、子育てをする母が地域の支援者とつながる機会、居所不明児をなくすことも期待される。

キ　幼児健康診査・健康相談

　1歳6か月児、3歳児の健康診査は、必ず市区町村により実施され、幼児の発育・発達の確認、必要な親子への指導、さらに発育、発達において支援が必要な場合は、その後に親子教室、療育指導などのフォローにつなげていく。さらに、市区町村により他の月齢、年齢への健診や健康相談が実施されている。

ク　養育支援訪問

　若年の妊婦、育児ストレス、産後うつ状態、育児ノイローゼ等、子育てに対して強い不安や孤立感等を抱える家庭、虐待のおそれやそのリスクを抱え、特に支援が必要と認められる家庭などへ、保健師、助産師、保育士などが、短期・中期支援の継続訪問を実施する。

ケ　未熟児訪問指導・養育医療

　支援の必要がある未熟児の保護者の家庭に訪問し指導を実施する。また、医療機関への受診、入院などが必要な未熟児の診察、入院などを給

付、あるいは費用を支給している。

コ　予防接種
　乳幼児期に免疫を獲得することが望ましい疾患、あるいは集団の流行
を防ぐことが必要な疾患を予防するため、予防接種法に基づいて実施さ
れる。かかった際の重篤性や社会的に感染拡大を防ぐ必要性があるもの
を定期接種とし、Hib（ヒブ：髄膜炎・肺炎）、ロタウイルス、麻疹（は
しか）、風疹、結核、破傷風、水痘（みずぼうそう）など10種類以上（2022
年8月現在）の予防接種を市区町村の負担で接種できる。任意接種のワ
クチン（おたふく風邪、インフルエンザなど）は基本的に自己負担で接
種するものである。

サ　不妊治療における保険適用
　これまで保険適用外とされていた体外受精、顕微授精などの特定不妊
治療について、2022年4月より保険適用（女性の治療開始が43歳未満で
あることや回数の上限などの条件あり）となっている。

シ　子育て世代包括支援センター
　妊娠期から子育て期間において、妊産婦・乳幼児に関係機関・職種が
切れ目のない支援を提供し、育児不安の軽減、虐待予防につなげること
を目指したものである。母子健康手帳交付時などの面談時に、妊婦に適
切なサービスのプラン、関係機関・支援を紹介する。

ス　母子保健に関連する法律など
　日本における母子保健サービスは、先に述べたように、母子保健法、
児童福祉法、「健やか親子21（第2次）」に基づくものが主である。加え
て、児童虐待防止等に関する法律や子ども・若者育成支援推進法などの
方策を切れ目なくつなぐためのものとして、成育基本法（成育過程にあ
る者及びその保護者並びに妊産婦に対し必要な成育医療等を切れ目なく

提供するための施策の総合的な推進に関する法律）が2018年に公布された。

3　幼稚園、小学校から大学、高等専門学校までを支える保健サービス

(1)　学校保健

　日本においての学校保健は、1886年の「学校令」の交付から、感染症予防、環境整備、子どもの健康管理を目的とした制度「学校衛生」として整えられた。その後、1958年に「学校保健法」として、幼児、児童、生徒、学生並びに職員の健康の保持増進、学校教育の円滑な実施と成果のため、健康診断、健康相談、伝染病の予防その他学校における保健管理に関して定めたものとして制定された。明治、大正、昭和初期から第二次世界大戦までの日本では、子どもの栄養摂取、清潔習慣、衛生環境は十分ではなく、感染症対策が重要な課題であり、明治時代は、痘瘡（天然痘）・コレラの大流行、大正時代は、トラコーマ（結膜炎の一種）、回虫等の腸内寄生虫への対策、第二次世界大戦後は結核への対策が重要であった。

　第二次世界大戦後、GHQ（連合軍総司令部）の指導により、従来の保健管理、治療が主なものから児童・生徒が自身で保健行動をとることができるような保健教育の比重も大きい教育的側面が強いものとなっていった。2001年に大阪教育大学教育学部附属池田小児童殺傷事件が起きたことなどから、学校の安全対策への必要性が叫ばれ、2008年には、「学校安全計画」の策定と実施などが加えられた「学校保健安全法」と改正された。

(2)　学校保健における課題

　ライフスタイルの変化、インターネット、スマートフォンの普及などから子どもの生活習慣の乱れが大きな問題となっている。睡眠時間の減

少、朝食の欠食などにより、生活習慣病につながるため、学童期・思春期からの生活習慣の確立、改善のための指導や教育が求められている。

　子どもの貧困率（17歳以下の子どものうち、手取り収入から算出する可処分所得が中央値の半分に満たない世帯にいる子どもの割合を示す）は13.5％[7]（2019年現在）となっている。日本は、子どもの貧困率が1980年代以降上昇しており、先進国のなかでも高い割合である。学用品や衣服の購入が困難、適切な栄養摂取ができない、金銭的な問題から医療機関にかかりづらいなど、子どもの貧困は喫緊の課題である。

　学校におけるいじめ（認知件数）については、小学校、中学校、高等学校、特別支援学校ともに2011年から2019年にかけて上昇していたが、近年は新型コロナウイルス感染症による距離の広がり、グループ活動や行事などの中止の影響もあり、減少はしている。しかし、いじめが不登校や自殺につながる可能性も大きく、いじめ対策は継続しての課題といえる。また、学生・生徒の自殺者数が急増しており[8]、対策が求められている（図表10−2）。

　児童相談所への児童虐待の相談件数は、1年間で20万件（2020年）[9]を超え、増加の一途をたどっている。乳幼児期の虐待予防も重要であるが、引き続き、学童期以降の予防や発見時の対応も求められている。支援においては、学校と警察、福祉事務所、児童相談所、市町村保健センターなど関係機関との連携が非常に重要となる。

　近年は、医療的ケア児（喀痰の吸引や経管栄養などを必要とする児童生徒等）が小中学校に通うことも可能になり、学校でケアを受けられるような環境づくりも求められている。

7　政策統括官付参事官付世帯統計室「2019年国民生活基礎調査の概況」https://www.mhlw.go.jp/toukei/saikin/hw/k-tyosa/k-tyosa19/dl/14.pdf

8　厚生労働省「令和3年版自殺対策白書」職業別の自殺者数の推移　https://www.mhlw.go.jp/content/1-1-04.pdf

9　厚生労働省「令和2年度児童相談所での児童虐待相談対応件数」https://www.mhlw.go.jp/content/000863297.pdf

図表10-2　学生・生徒等の自殺者数の推移

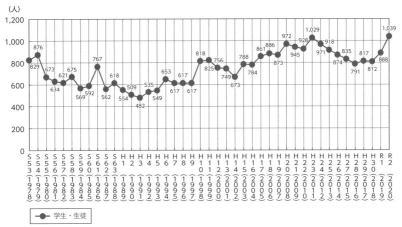

注）平成18年までは「学生・生徒」だが、19年の自殺統計原票改正以降は未就学児童も含めることとなり、「学生・生徒等」とされた。
なお、未就学児童の自殺者数は0が続いており、18年以前（学生・生徒）と19年以降（学生・生徒等）の自殺者数を単純比較しても問題は生じない。

資料：警察庁「自殺統計」より厚生労働省自殺対策推進室作成

出典：厚生労働省「令和３年版自殺対策白書」４　職業別の自殺者数の推移から抜粋

(3)　学校保健サービスの内容と担い手

　学校保健サービスの担い手は、養護教諭、学校医、学校歯科医、学校薬剤師のみでなく、保健主事や学級担任その他の教員も含まれる。学校においては、以下のア～オのような保健活動以外に、児童・生徒自身が保健行動をとれるような教育（保健体育やホームルームなどでの指導）が行われている。

　また、学校保健に関連する法律（学校保健安全法、学校教育法、学校給食法など）がある。

ア　健康観察、健康相談
　学級担任や養護教諭により呼名や健康カードなどを用いて健康観察が行われている。健康相談は、相談を希望する児童生徒のみでなく、健康診断の結果などから必要な場合に行われ、適宜保健指導を行っていく。

イ　健康診断

　定期健康診断は、身長・体重、栄養状態、歯、視力、聴力、疾病の有無などを検査し、必要時は保健指導や医療機関への受診勧奨などを行う。毎年6月30日までに実施することになっており、その結果（抽出データ）は、1990（明治33）年から学校保健統計のデータとして蓄積されている。

ウ　就学時健康診断

　小学校入学前年度の児童を対象に健康診断を行う。児童生徒の健康診断とほぼ同様（身長・体重測定はなし）の検査を行うが、知的発達の遅れや発達障害の問題についても見ていく。結果により、特別支援学級や特別支援学校への就学についても検討される。

エ　慢性疾患やアレルギー疾患を持つ児童生徒の保健管理

　心臓疾患や糖尿病、腎臓疾患、アレルギー疾患を持つ児童生徒については、可能な運動の種類や程度、学校行事への参加の可否、注意事項、アレルギーであれば除去するべき食物や緊急時の処方薬などを、主治医が記載した学校生活管理指導表をもとに保健管理を行う。

オ　感染予防

　学校は集団生活の場でもあり、感染症の流行や拡大の予防のために、感染症により出席停止の期間の基準が定められている。また、必要に応じて、学校の設置者（市町村の教育委員会など）は臨時休業を行う。

4　成人、高齢者を支える保健サービス

⑴　成人保健・高齢者保健

　我が国の成人・高齢者保健は、前述したヘルスプロモーションの概念をもとに、2000年より国民健康づくり運動「健康日本21」に沿って、さ

らに2015年からは「健康日本21（第２次）」として10か年計画で進められている。「健康日本21」の推進のために、2002年に健康増進法が公布されている。

(2)　成人保健における課題

　感染症が主な死因であった昭和初期から大きく変わり、疾病構造も変化している（図表10－３）[6]。主な死因は、悪性新生物、心疾患、老衰、脳血管疾患が上位を占めている。老衰を除いては、生活習慣が大きく関連する疾患であり、生活習慣病が現代の大きな健康課題であるといえる。

図表10－３　主な死因別にみた死亡率（人口10万対）の年次推移

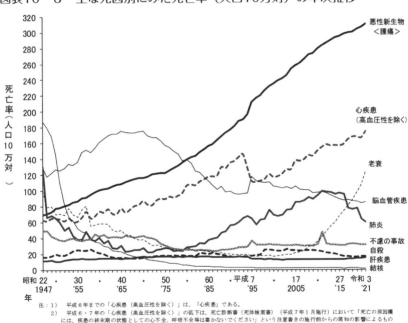

注：1）　平成６年までの「心疾患（高血圧性を除く）」は、「心疾患」である。
　　2）　平成６・７年の「心疾患（高血圧性を除く）」の低下は、死亡診断書（死体検案書）（平成７年１月施行）において「死亡の原因欄には、疾患の終末期の状態としての心不全、呼吸不全等は書かないでください」という注意書きの施行前からの周知の影響によるものと考えられる。
　　3）　平成７年の「脳血管疾患」の上昇の主な要因は、ICD-10（平成７年１月適用）による原死因選択ルールの明確化によるものと考えられる。
　　4）　平成29年の「肺炎」の低下の主な要因は、ICD-10（2013年版）（平29年１月適用）による原死因選択ルールの明確化によると考えられる。

出典：厚生労働省「令和３年（2021）人口動態統計月報年計（概数）の概況」11ページから抜粋

生活習慣病には食習慣、飲酒・喫煙習慣、睡眠、運動習慣、ストレスなどが関連しており、予防のためには、健康に関する知識や習慣、環境の改善が必要である。加えて重症化予防のための早期発見も重要な対策である。

　また、自殺については、人口10万人に対して16.8（2021年）と、2009年の25.7からは減少してきている[10]が、10 ～ 39歳の死因の１位は自殺となっており、近年では20歳代、50歳代の自殺死亡率、女性の自殺死亡率の上昇がみられている。自殺の原因には健康問題、経済・生活問題、家庭問題などがあり、対処すべき課題である。

(3)　高齢者保健における課題

　日本においては、全人口に対して高齢者（65歳以上）が占める割合（高齢化率）は、28.9％（2021年10月現在）[11]と、超高齢社会となっている（高齢者が全人口に占める割合が７％を超えると高齢化社会、14％を超えると高齢社会、21％を超えると超高齢社会）。そして、平均寿命は、男性81.47年、女性87.57年（2021年現在）[12]と世界有数の長寿国である。高齢化の進展とともに認知症高齢者数も増加しており、2025年には認知症高齢者が700万人になると予想され、認知症施策も重要な課題といえる。また、平均寿命と健康寿命（平均寿命から寝たきりや認知症など介護状態の期間を差し引いた期間）の差、つまり介護状態の期間が男性8.73年、女性12.07年（2019年現在）となっており、この差を縮めること、健康寿命を延伸することが目指されており（図表10－４）、要介護状態となる前のフレイル（加齢により心身機能が衰え、社会とのつながりが減少した状態）予防が重要といえる。世帯構造の変化から、高齢者のみの世

10　厚生労働省自殺対策推進室警察庁生活安全局生活安全企画課「令和３年中における自殺の状況」https://www.mhlw.go.jp/content/R3kakutei01.pdf

11　内閣府「令和４年版高齢社会白書（全体版）」https://www8.cao.go.jp/kourei/whitepaper/w-2022/zenbun/04pdf_index.html

12　政策統括官付参事官付人口動態・保健社会統計室「令和３年簡易生命表の概況」https://www.mhlw.go.jp/toukei/saikin/hw/life/life21/dl/life18-15.pdf

図表10－4　健康寿命と平均寿命の推移

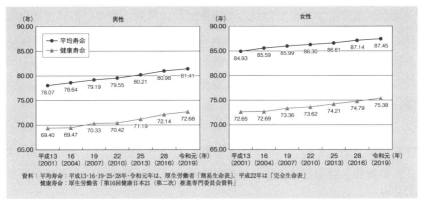

出典：内閣府「令和４年版高齢社会白書（全体版）」27ページから抜粋

帯、独居の高齢者の割合が上昇を続けており、閉じこもり（外出頻度が少なく、活動空間がほぼ家の中のみへと狭くなる状態で、身体的・精神的に機能が低下し、社会とのつながりも少なくなることから、要介護状態、寝たきりにつながるリスクが高い）や孤独死予防の対策も求められている。

⑷　成人・高齢者保健サービス

ア　特定健康診査・特定保健指導

　生活習慣病の早期発見と予防を目的として、40歳〜74歳を対象に特定健康診査が実施されている。いわゆるメタボ健診であり、生活習慣についての問診をはじめ、BMI（Body Mass Index）、血圧、血糖値、脂質、肝機能などを検査する。高血圧、脂質異常症、高血糖、内臓脂肪の蓄積などメタボリックシンドロームにつながるリスクが高い受診者には、個別に生活改善を促す特定保健指導が実施される。高齢者の医療の確保に関する法律に基づき、健康保険組合、各社会保険組合などの健康保険者が実施主体となる。

イ　がん検診

　死亡原因のトップであるがんの早期発見、早期治療のために主に市町村が主体で実施されているが、職場においての健診時、人間ドック受診の際に受ける者もいる。市町村が実施するがん検診の項目は、胃がん（50歳以上）、肺がん（40歳以上）、大腸がん（40歳以上）、乳がん（40～64歳）、子宮頸がん（20歳以上）である。

ウ　健康手帳の交付

　特定健診・特定保健指導の結果などを記入し、健康管理と適切な医療の確保につなげる。

エ　歯周疾患検診

　高齢になっても食べる楽しみを失わないように、歯の喪失を予防することを目的に実施される。

オ　骨粗鬆症検診

　早期に骨量減少者を発見し、骨粗鬆症を予防することを目的に実施される。

カ　訪問指導

　療養上の保健指導が必要な人や家族等に対し、保健師等が訪問することで、その健康に関する問題を総合的に把握し、必要な指導を実施する。

キ　健康教育

　集団や個人を対象として、生活習慣病予防、その他疾病について健康教育を実施する。

ク　健康相談

　心身の健康に関する相談を受け付け、指導を実施する。

ケ　機能訓練

　疾病などにより心身の機能が低下している人に対し、心身機能の維持回復に必要な訓練の実施により、閉じこもり防止、日常生活の自立を促し、要介護状態の予防を目的とする。

コ　肝炎ウイルス検査

　肝炎ウイルス検診および肝炎ウイルス検診の結果に基づく指導を行う。

⑸　高齢者保健サービスとして

　介護保険サービスについては第3章で詳述しているが、4の保健サービスに加えて高齢者を対象としてフレイル予防のため、以下のようなサービスが提供されている。要介護認定のあるなしにかかわらずすべての高齢者が利用できるものである。

ア　地域介護予防活動支援事業

　地域における住民主体の通いの場等の介護予防活動の育成・支援を行う。具体的には、公民館、公園、コミュニティスペース、自宅などを会場として、体操教室、料理教室、茶話会、趣味活動などが行われており、高齢者の閉じこもり予防としても期待される。

イ　地域リハビリテーション活動支援事業

　地域における介護予防の機能を強化するために、通所、訪問、地域ケア会議、サービス担当者会議、住民運営の通いの場等へのリハビリテーション専門職等の関与を促進する事業である。

5 労働者と家族、退職者を支える保健サービス

(1) 産 業 保 健

　産業保健は、労働者とその家族、退職者を対象としており、労働者の健康の保持・増進、健康障害や疾病の予防を行うとともに生産性の向上も目指すのが特徴である。明治時代の日本では、資本主義国家を目指して、製糸業・紡績業などの軽工業、製鉄業などの重工業が発展していった。

　一方で、鉱山等における劣悪な環境での坑内労働、製紙工場での女工の酷使、結核などの感染症の流行などが問題視されるようになった。

　1911年に、就業時間、女性や年少者の有害作業の禁止、産後5週間の就業禁止などを定めた工場法が制定された[13]。さらに、第二次世界大戦終戦後、1947年に労働基準法が施行され、賃金、休憩時間、休日、災害補償等の基準が示された。

　高度経済成長期の化学工業の発展とともに炭坑や化学工場における一酸化炭素中毒、有機溶剤による中毒、化学染料による膀胱がんの発生などが問題となっていた。1972年に労働者の安全衛生に関する労働安全衛生法が制定された。

(2) 産 業 保 健 の 課 題

　2016年に閣議決定された「ニッポン一億総活躍プラン」において働き方改革計画の立案や、働き方改革関連法の制定が行われた。長時間労働の是正、有給取得率の向上などの取り組みが進められている。これにより、労働時間は減少してきているが、諸外国と比較するといまだ長時間労働の傾向[14]にある。

13　三浦豊彦『労働と健康の歴史　明治初年から工場法実施まで』（労働科学研究所、1981）

14　日本経済団体連合「2020年労働時間等実態調査」https://www.keidanren.or.jp/policy/2020/081.pdf

図表10－5　諸外国における年平均労働時間の推移

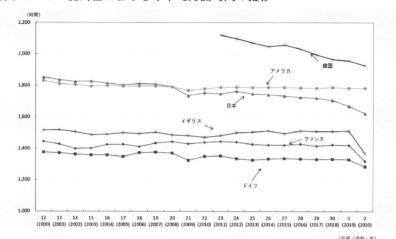

（資料出所）OECD Database　（https://stats.oecd.org/Index.aspx?QueryId=10162）（2021年7月現在）をもとに作成
（注）年平均労働時間は、各国雇用者一人当たりにおける年間労働時間の平均を示す。

出典：厚生労働省「令和2年版過労死等防止対策白書」26ページから抜粋

　また、2007年以降減少の傾向にあった被雇用者・勤め人の自殺者数は、2019年から増加に転じている[8]。仕事や職業生活に関することでの強い不安、悩み、ストレスを感じている労働者の割合は、2020年に54.2％と半数を超えており[15]、従業員のメンタルヘルスに対する対策も重要であることがわかる。

　産業保健は、勤労者の健康の保持増進、疾病予防を目的とするとともに、生産性の向上も目指していくものである。事業者は、労働者の安全と健康の確保、快適な作業環境を整え、労働災害対策を講じなければならない。THP（トータル・ヘルスプロモーション・プラン）は、労働安全衛生法に基づき、すべての人を対象に心とからだの両面からトータルな健康づくりを目指した運動である。健康測定を行いその結果に基づ

15　厚生労働省「令和3年版過労死等防止対策白書」https://www.mhlw.go.jp/content/11200000/000845668.pdf

いた運動指導・保健指導・栄養指導・メンタルヘルスケアを行うことが
基本となる。

ア　健康診断・保健指導
　雇入れ時健診、定期健診（1年に1回）、特定業務従事者の健康診断（6
か月に1回）など、労働者の健康管理を目的として実施する。その後、
必要に応じて保健指導を実施する。

イ　健康診断後の措置
　健診の結果、医師や歯科医師が必要と認める場合は作業の転換、労働
時間の短縮をすることで、労働者の健康被害を予防する。

ウ　特定健康診査・特定保健指導
　⑷ア（229ページ）と同様である。

エ　職業性疾病の予防
　特定の職業に従事することで発生する疾病（粉塵作業者のじん肺罹患、
チェーンソーなどの振動工具を長年使用することによる振動障害など）
について、作業管理、作業環境管理などにより予防していく必要がある。

オ　メンタルヘルスケア・ストレスチェック
　定期的にストレスチェックを行い、その結果により労働者が自らのス
トレスに気づきストレスに対処すること、ストレスチェックを通じて職
場環境を見直し、ストレスの要因そのものを低減させ、メンタルヘルス
不調のリスクが高い者を早期に発見し、医師による面接指導につなげる
ことにより、労働者のメンタルヘルス不調を未然に防止することを目指
している。

カ　作業管理

　環境を汚染させないような作業方法や、有害要因のばく露や作業負荷を軽減するような作業方法を定めて、それを適切に実施させるように管理する。

キ　作業環境管理

　作業環境中の有害因子の状態を把握して、できる限り、良好な状態で作業できるように管理する。

第11章
子育て支援と児童福祉

1 子育て支援が求められる背景

⑴ 子育て支援を行う目的

　2012（平成24）年 8 月22日に公布された子ども・子育て支援法の目的には、「我が国における急速な少子化の進行並びに家庭及び地域を取り巻く環境の変化に鑑み、児童福祉法その他の子どもに関する法律による施策と相まって、子ども・子育て支援給付その他の子ども及び子どもを養育している者に必要な支援を行い、もって一人一人の子どもが健やかに成長することができる社会の実現に寄与する」ことが記されている。つまり、子育て支援を行う際には、法が示している目的達成のために、「子どもの最善の利益」が実現することを基本に据えながら、まずは、子どもの視点に立つことが必要となる。すなわち、子どもが安心して生活でき、日々の生存と発達が保障されるよう、子どもを産み育てる家庭に対して社会的にサポートしていくことが期待されるということになる。社会的なサポートには、人的資源や経済的な支援、情報提供や社会資源を整備していくことなどが含まれる。特に、障害、疾病、虐待、貧困、家族の状況その他の事情により社会的な支援の必要性が高い子どもやその家族を優先していくことが求められる。他方で、子育て支援の対象は全世帯が対象となることを忘れないでおきたい。つまり、どのような家庭に誕生したとしても、一人ひとりの子どもの健やかな育ちが等しく保障され、すべての子どもが健やかに成長できる社会を実現することを目指していく視点が欠かせないということである。

⑵　子育て支援が必要となる要因

　現代では、核家族化が進み、地域コミュニティとのつながりが希薄化している。そのため、祖父母や親族、地域住民など身近にいる人から育児に関する助言や支援などを受ける機会が減少している。また、親世代のきょうだい数も少なくなってきていることから、自分の子どもを持つまで乳幼児と関わる経験を持たない親も多い。このように、地域や家庭の状況は大きく変容しており、子どものいる家庭の育児に直接的な影響を及ぼしている。さらに、結婚や出産を機に、退職や休職する母親の数は少なくなっており、継続的に就労する共働き家庭が増加の一途をたどっている。その一方で、就労を継続したいにもかかわらず、仕事と子育ての両立が困難であるとの理由に退職する母親についても一定数存在しており、いまだに、出産に伴う女性の就労継続が厳しい状況下に置かれている家庭も少なくない。

　子育て家庭を取り巻く環境は、社会や経済の動きに合わせて変化を余儀なくされおり、就労の有無や状況にかかわらず、子育ての負担感や不安感、孤立感は高まっている。こうした状況のなか、子どもの心身の健やかな発達を妨げるような児童虐待の発生が後を絶たない。さらに、少子化により、きょうだい数も低下していることから、乳幼児期に異年齢の中で育つ機会が減少しているなど、子どもの育ちをめぐる環境が大きく変化している。そのため、子どもが安心して育成され、子ども同士が集団内で育ち合うことができるような環境を整備していくことが求められている。また、子どもを育てる各家庭の負担や育児不安、孤立感の緩和を目指し、子どもの育ちやすい環境を醸成していくことも不可欠となる。このように現代では、親と子ども双方へのサポートが、子育て支援の意義となっている。また、子育て当事者だけで子どもを育てていくのではなく、行政や地域など社会全体での取り組みが必要となる。以上のような実践の積み重ねこそが、「すべての子どもの健やかな育ちの実現」へと導いていく。

(3)　新型コロナウイルス感染症と出生数への影響

　新型コロナウイルス感染症の影響は、婚姻件数及び妊娠届出数に顕著にあらわれ、減少傾向が続いている。出生数については、厚生労働省が2022年6月3日に2021年の人口動態統計月報年計（概数）を発表している。公表された出生数は、前年（2020年）より2万9,231人少ない81万1,604人であった。この数値は、1899年の調査開始以来の過去最少となっている。合計特殊出生率は、前年比0.03ポイント低下し、1.30であった（図表11－1）。自然増減数は15年連続で減少しているが、妊娠から出産までの期間を踏まえると2020年12月頃から新型コロナウイルス感染症の影響が出始めていることがわかる。2021年の婚姻件数は、51万4,242組であり、前年の53万7,583組と比較して4.3％の減少となっている。この動向は、例年並み、もしくは例年を下回る水準となっているものの、低調であることには変わりない。そのため岩澤（2021）は、2022年の第1子出生や2020年の婚姻控えによる第2子、第3子の落ち込みの影響で、平

図表11－1　出生数及び合計特殊出生率の年次推移

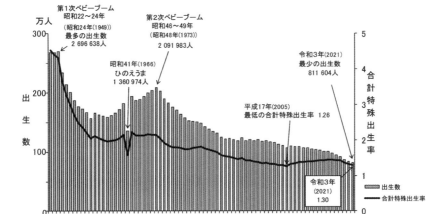

出典：厚生労働省「令和3年（2021）人口動態統計月報年計（概数）の概況」

常時に期待される水準を大きく下回ってくる可能性があることを指摘している。新型コロナウイルス感染症の影響は、今後も継続していくことが予測されるため、新型コロナウイルスと人々の出産動向との因果関係について今後も注意深く探りながら、現状に合わせた子育て支援施策を施行していくことが重要となってくる。次の節では、これまでの日本でどのように少子化が進み、政策が展開されてきたかを概観してみることにしよう。

2 少子化対策・子育て支援施策の変遷

⑴　エンゼルプラン・新エンゼルプラン

　我が国では、第二次ベビーブーム（1971 ～ 1974年）以降、少子化の一途を辿っており、1975年には合計特殊出生率[1]が2.0を下回った。1989年は、戦後の過去最低であった1966年の1.58を下回り、その数値が1.57になったことから、いわゆる「1.57ショック」と呼ばれることになり、我が国において少子化問題が露呈するようになった。1992年になると、育児休業法が公布されることになり、保育所の需要が高まりをみせ、乳児保育や延長保育などをはじめとする保育内容の充実と長時間保育の実施が図られるようになった。1994年には、文部・厚生・労働・建築の4大臣合意によって、今後10年間に取り組むべき基本的方向と重点施策を定めた「今後の子育て支援のための施策の基本的方向について」が定められた。いわゆる「エンゼルプラン」である。この施策では、保育の量的拡大や0 ～ 2歳児の低年齢児に対応する保育、延長保育等の多様な保育の充実、地域子育て支援センターの整備等を図るための「緊急保育対策等5か年事業」が1999年度を目標年次として推進された。

　「エンゼルプラン」が施行されて5年後、1999年12月になると、「少子

1　人口統計上の指標であり、15歳から49歳までの出産年齢人口に該当する女性の年齢ごとの出生率を合計した数値をいう。つまり、ひとりの女性が生涯産む子どもの数を示す。

化対策推進基本方針」（少子化対策推進関係閣僚会議決定）とこの方針に基づく重点施策の具体的実施計画となる「重点的に推進すべき少子化対策の具体的実施計画について」が策定された。この施策は、「新エンゼルプラン」と呼ばれ、大蔵、文部、厚生、労働、建設、自治の6大臣合意によって定められた。「新エンゼルプラン」は、「エンゼルプラン」と緊急保育対策等5か年事業の見直しによって策定され、2000年度〜2004年度の5か年計画として実施された。「新エンゼルプラン」には、保育サービスの充実とともに雇用、母子保健、相談、教育等の事業内容が盛り込まれることとなった。2001年4月に発足した小泉内閣では、「仕事と子育ての両立支援策の方針について」が閣議決定され、「待機児童ゼロ作戦」が打ち出された。このように、少子化対策の萌芽期となる1990年代の施策は、①複数の省庁が議論を重ね、②社会全体で少子化を食い止めようとした点で先駆的であった。しかし、その中身は共働き世帯への子育て支援が中心であったため、主として保育サービスの拡大や拡充策に留まった。少子化の流れを変えるためにもう一段の少子化対策として、2002年には「少子化対策プラスワン」が策定された。この施策では、子育てと仕事の両立支援が中心であった従来の対策に加え、「男性を含めた働き方の見直し」「地域における子育て支援」「社会保障における次世代支援」「子どもの社会性の向上や自立の促進」という4つの柱に沿った対策が目指されることとなった。

(2) 「次世代育成支援対策推進法」と「少子化対策基本法」

　2004年に新エンゼルプランが期限を迎えるため、2003年には2つの法整備が行われた。1つ目は、「次世代育成支援対策推進法（平成15年法律第120号）」である。この法律は、2003年7月に策定され、家庭や地域の子育て力の低下に対応し、次世代を担う子どもを育成する家庭を社会全体で支援する観点から、地方公共団体および企業における10年間の集中的・計画的な取り組みを促進するための法律として制定された。同法では、地方公共団体および事業主が、次世代育成支援のための取り組み

を促進するために、それぞれ行動計画を策定し、実施していくことがねらいとされている。なお、「次世代育成支援対策推進法」は、2014年の改正によりさらに10年の延長がなされ、2005年度〜2025年度の時限立法として新たな認定制度の導入など内容の充実が図られた。

　2つ目は、「少子化対策基本法」（平成15年法律第133号）である。この法律は、2003年9月に策定され、国民生活に深刻かつ多大な影響をもたらす急速な少子化の進展への対策を目的とし、少子化社会において講じ、行える施策の基本理念を明らかにしている。また同法第7条では、「少子化社会対策大綱」を策定し、概ね5年後を目処に見直しを行っていく旨が示されている。そこで、2004年6月に、少子化に的確に対処するための施策を総合的に推進することを規定した「少子化社会対策大綱」が閣議決定された。この大綱では、「3つの視点」と「4つの重点課題」および「28の具体的行動」が提示されている。

⑶　「子ども・子育て応援プラン」

　2004年12月になると、「少子化社会対策大綱」に盛り込まれた施策の効果的な推進を図るため、「少子化社会対策大綱に基づく具体的実施計画について」が少子化社会対策会議において決定した。この施策は、「子ども・子育て応援プラン」と呼ばれ、2005年度〜2009年度の5年間に国が地方公共団体や企業等とともに計画的に取り組む必要がある事項についての具体的な施策内容と目標を掲げている。また、幼稚園と保育所の連携と施設の共有化を図るための「幼保一元化」の推進についても提言がなされた。具体的には、「三位一体改革（国から地方への税源移譲）」と呼ばれ、この改革では、施設を設置・運営するための「最低基準」を緩和すると同時に、財政効率の高い幼稚園と保育所の制度を一元化していこうとする動きがみられた。その後の2006年10月には、「就学前の子どもに関する教育、保育等の総合的な提供の推進に関する法律案」、いわゆる「認定こども園法案」が成立した。

⑷ 仕事と生活の調和～第２次少子化対策大綱の策定へ～

　2007年12月には、少子化社会対策会議において「子どもと家族を応援する日本」の重点戦略が取りまとめられた。この重点戦略では、就労と出産・子育ての二者択一構造を解決するためには、「働き方の見直しによる仕事と生活の調和（ワーク・ライフ・バランス）の実現」、「包括的な次世代育成支援の枠組みの構築」が必要であるとし、就学前の子どもに対する制度を一元的なものとする考え方がより一層強調されていった。こうした動きが「子ども・子育て新システム」や「子ども・子育て関連３法」の制定における礎となっていった。

　2010年になると、2004年に策定された第１次となる「少子化社会対策大綱」が５年ぶりに見直され、第２次の「少子化社会対策大綱」が策定された。この大綱では、社会全体で子育てを支え、個々の人々の希望がかなう社会の実現を基本理念とする「子ども・子育てビジョン」が定められた。目指すべき社会への政策として、以下の４つの柱が掲げられ、12の主要施策が提示された。

　　①子どもの育ちを支え、若者が安心して成長できる社会
　　②妊娠、出産、子育ての希望が実現できる社会
　　③多様なネットワークで子育て力のある地域社会
　　④男性も女性も仕事と生活が調和する社会の実現

3　子ども・子育て関連３法の公布と少子化対策大綱(第３次)

⑴　子ども・子育て関連３法の制定

　2012年には「子ども・子育て関連３法」が制定された。「子ども・子育て関連３法」とは、幼児期の学校教育及び保育、地域の子ども・子育て支援を総合的に推進するために制定された法律である。具体的には、①「子ども・子育て支援法」、②「認定こども園法の一部改正法（就学

前の子どもに関する教育、保育等の総合的な提供の推進に関する法律の一部を改正する法律）」、③「子ども・子育て支援法及び認定こども園法の一部改正法の施行に伴う関係法律の整備等に関する法律」の３法を示す。その後、2013年12月になると、「持続可能な社会保障制度の確立を図るための改革の推進に関する法律」が成立し、第３条１項には、少子化対策として「子ども・子育て関連３法」と「子ども・子育て支援新制度」、並びに「待機児童解消加速化プラン」の着実な実施が規定されるようになっていった。同法に基づき2015年度から実施された「子ども・子育て支援新制度」では、これまでバラバラだった給付制度・財源を一元化した、教育・保育の新しい仕組みを構築し、子どもの幼児期の学校教育・保育の一体的な提供、保育の量的拡充、地域における子育て支援等を柱として総合的に推進していくこととされた。

　第３次となる新たな大綱については、2015年３月に閣議決定した。2015年の大綱では、従来の少子化対策の枠組みを超え、以下の５つの重点課題を設定したうえで、きめ細かな少子化対策を総合的に推進することが示された。

　　①子育て支援施策の一層の充実

　　②若い年齢での結婚・出産の希望の実現

　　③多子世帯への一層の配慮

　　④男女の働き方改革

　　⑤地域の実情に即した取組強化

⑵　「子ども・子育て支援新制度」

　2015年から導入された「子ども・子育て支援新制度（以下、「新制度」という）」の構造的背景としては、①少子化や核家族化の進行、②地域コミュニティの希薄化、③女性の就労と非正規雇用の増加、④子ども育成環境の貧困化、⑤経済的・地域的格差の拡大、⑥教育・保育需要の変化などが挙げられる。とりわけ、少子化や核家族化の進行に伴い、子育て支援の重要性がさらに増したため、これまで社会保障が高齢者に偏っ

ていたものを全世帯対応型に変える必要があった。さらに、地域コミュニティの希薄化が進んでいることから、子どもが親以外の大人とかかわりを持つ機会が減少したり、子ども同士が群れ遊びなどを通じて育ち合ったりする環境自体がなくなってきている。他方、育てる保護者にとっても、育児の支え手がいないことなどの理由から育児不安や育児ストレスが増大している。また、就労世帯の増加によって子育ての社会化が進んだことでますます保育需要が高まり、待機児童の解消が困難となったことが新制度の策定に至る要因となっている。

　これらに加え、世帯間格差や子どもの貧困率の高まりにより、子どもに対する公平な教育システムの構築が求められるようになった。子どもや子育て家庭への公的投資が高い諸外国は、子どもの「教育を受ける権利」の保障を重要視しており、その機会提供が社会の安定や出生率の向上へとつながっている。このような諸外国の先行事例も新制度導入に大きな影響をもたらしている。そのため、医療・介護の充実、年金制度の改善とともに子育ての分野も社会保障の枠組みのなかで考え、社会全体で子どもたちの育成を担っていく仕組みが構築されたのである。

　新制度においては、少子化対策及び子ども・子育て支援の企画や立案、総合調整、少子化社会対策大綱の推進や子ども・子育て支援新制度の施行をするため新たな組織である「子ども・子育て支援本部」が内閣府に設置された。新制度の実施に向けた安定的な財源確保に向けては、2012年8月に「社会保障・税の一体改革関連8法案」が可決・成立している。8法案のうち、子どもや子育てに関わる法案が、「子ども・子育て関連3法」と呼ばれている。

　その後、2017（平成29）年12月には、「人づくり改革」と「生産性革命」を車の両輪とする「新しい経済政策パッケージ」が閣議決定された。「人づくり改革」については、幼児教育の無償化、待機児童の解消、高等教育の無償化など、2兆円規模の政策が盛り込まれることとなった。つまり、従前の制度においては、高齢者3経費（基礎年金・老人医療・介護）に充てられていたものが、少子化対策や子育て支援施策も含めた社会保

障4経費（年金・医療・介護・子育て）へと拡大したということになる。なお、これら全世代型の社会保障制度を実施するための安定財源には、2019年10月からの消費税10％の引上げによる財源活用と子ども・子育て拠出金となる0.3兆円の増額分が充当されている。

　「家族関係社会支出の対GDP比」を見てもわかるように、我が国は、ヨーロッパ諸国に比べて現金給付、現物給付を通じた家族政策全体の財政的な規模が小さい。国民負担率などの違いもあり単純には比較できないが、家族関係社会支出の対GDP比をみると、我が国は、1.65％（2018年度）となっており、イギリス3.19％、スウェーデン3.42％、フランス2.93％などのヨーロッパ諸国と比べて低水準となっており、概ね2分の1の水準となっている（図表11－2）。この数値は、我が国においても着実に改善してきているものの、いまだその水準は1％にとどまることから、この先も子どものいる世帯に対するより一層の社会保障の充実を図っていくことが期待されている。

⑶　教育・保育の質的改善と子ども子育て支援法の改正

　質の高い幼児期の学校教育・保育、地域での子育て支援を一体的に行う「認定こども園」については、これまで複雑とされていた設置に伴う手続の簡略化や財政支援の充実と強化を実施することで普及を促進している。さらに、保育者の配置や待遇を改善し、すべての就学前の子どもに対する質の高い教育と保育を提供することを目指していくこととされた。

　「認定こども園」とは、いわゆる「認定こども園法」に依拠する施設となる。つまりは、教育基本法第6条第1項に基づく学校であり、かつ児童福祉法に基づく児童福祉施設および社会福祉法に基づく第2種社会福祉事業として扱われる。設置主体は、国および地方公共団体、学校法人、社会福祉法人のいずれかとなる。すなわち、改正認定こども園法（平成24年法律第66号）によって、学校および児童福祉施設として法的位置付けを持つ単一の施設として、新たに「幼保連携型認定こども園」が創

図表11-2　各国の家族関係社会支出の対GDP比の比較（2018年）

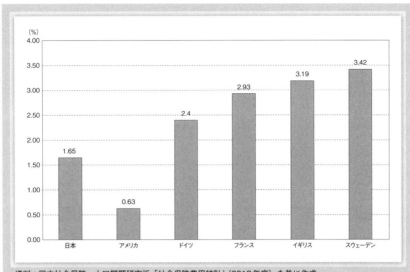

資料：国立社会保障・人口問題研究所「社会保障費用統計」（2018年度）を基に作成。
注：1．家族関係社会支出…家族を支援するために支出される現金給付及び現物給付（サービス）を計上。
　　　計上されている給付のうち、主なものは以下のとおり（国立社会保障・人口問題研究所「社会保障費用統計」巻末参考資料より抜粋）。
　　　・児童手当：現金給付、地域子ども・子育て支援事業費
　　　・社会福祉：特別児童扶養手当、児童扶養手当、保育対策費等
　　　・協会健保、組合健保：出産手当金、出産手当附加金
　　　・各種共済組合：出産手当金、育児休業手当金等
　　　・雇用保険：育児休業給付、介護休業給付等
　　　・生活保護：出産扶助、教育扶助
　　　・就学援助、就学前教育：初等中等教育等振興費、私立学校振興費等
　　2．日本は2018年度、アメリカ、ドイツ、イギリス、スウェーデンは2017年度、フランスは2015年度
　　3．諸外国の社会支出は、2020年6月29日時点の暫定値

出典：内閣府「令和3年版少子化社会対策白書」7ページから抜粋

設されるに至ったということになる。なお、「認定こども園」の指針となる「幼保連携型認定こども園教育・保育要領」は新規に作成となった。つまりは、総合的かつ一元的な保育や教育、子ども・子育て支援サービスの象徴的な存在として「認定こども園」の推進が図られるようになった。

　子どものよりよい成長と子どもの最善の利益を守っていくために、保育者の質を高め、保育や子育て支援の質を向上させていくことが求めら

れる。具体的には、保育に従事する職員に対する研修制度の確立や情報
提供等によって、保育士の専門性の向上を図り、より質の高い保育の実
現をめざしていくことが求められる。そのため、新制度の下では、保育
の質の向上を図るため、保育・幼児教育の専門職である保育士の処遇改
善についても重要視されるようになった。

その後、2016年になると、子ども・子育て支援の提供体制のより一層
の充実を図るため、事業所内保育業務を目的とする施設等の設置者に対
する助成及び援助を行う事業を創設するとともに、一般事業主から徴収
する拠出金の率の上限を引き上げるなど、子ども・子育て支援法の改正
が進められた。

⑷　ニッポン一億総活躍プランの策定

「ニッポン一億総活躍プラン」（2016年6月2日閣議決定）等において、
保育士（子ども・子育て支援新制度における認定こども園および幼稚園
等の職員を含む）や放課後児童クラブの職員について処遇改善を行って
いくことが決められた。2015年10月から、「夢をつむぐ子育て支援」な
どの「新・三本の矢」の実現を目的とする「ニッポン一億総活躍プラン」
が取りまとめられ、同年6月2日に閣議決定された。このプランでは、
経済発展のためにも、少子高齢化に正面から立ち向かい「希望出生率1.8」
の実現に向けて若者の雇用安定・待遇改善、多様な保育サービスの充実、
働き方改革の推進、希望する教育を受けることを阻む制約の克服等の対
応策が示された。

結婚支援の充実に関しては、結婚の希望を叶える環境整備として、働
き方改革が重要であるとしたうえで、両立支援や多様な交流の機会の提
供、結婚につながる活動に対する支援などの企業等における自主的な取
組みの例や、働き方改革・子育て支援の推進、地方公共団体と連携した
自主的な取り組みに対する支援などの国・地方公共団体の支援の在り方
とともに、特定の価値観や生き方を押し付けたり、推奨したりしないこ
となど取り組むにあたっての留意点等が示された。2017年には、時間外

労働の上限規制の在り方など長時間労働の是正、同一労働同一賃金の実現などによる非正規雇用の処遇改善等が盛り込まれた「働き方改革実行計画」が取りまとめられた。

(5) 「安心子育てプラン」「新安心子育てプラン」

　近年では、25～44歳の女性就業率が上昇し、その就業率と相関して保育の利用申込率も伸びている。こうした傾向を受け、2017年6月に「子育て安心プラン」が公表された。そこでは、2018年度～2022年度末に女性就業率80％となった場合でも対応できる32万人分の保育の受け皿を整備することが示されている。

　実際の保育施設では、1、2歳児の保育利用率が増加傾向にあり、2014年4月の数値で35.1％、2016年4月で41.1％、2020年で50.4％となっている（図表11−3）[2]。

　政府は、2017年12月に閣議決定した「人づくり革命」と「生産性革命」の2本柱の新しい経済政策パッケージを打ち出し、そこでは幼児教育や高等教育の無償化が盛り込まれた。幼児教育・保育の無償化については、2019年4月から一部を先行して実施し、0～2歳児を持つ住民税非課税世帯（年収約250万円未満）を対象に無償化する方針を示している。3～5歳児の幼児教育（保育）については、保護者の所得に関係なく認可保育所や幼稚園、認定こども園の利用者は無償化していくこととなった。

　「新子育て安心プラン」は、2021年度～2024年度を実施期間として「待機児童解消加速化プラン」「子育て安心プラン」に続く施策として策定された。このプランでは、待機児童の解消が改めて目指され、14万人の保育の受け皿を整備することが示されている。さらに、女性の就業率の上昇（2025年には82％を目標）を踏まえた保育施設の整備、保育士の人材の確保など、さらなる子育て支援の充実に向けた計画が掲げられている。

2　厚生労働省子ども家庭局保育課「保育所等関連状況取りまとめ（令和3年4月1日）」
　　プレスリリース資料（令和3年8月27日）より

図表11－3　保育所等待機児童数及び保育所等利用率の推移

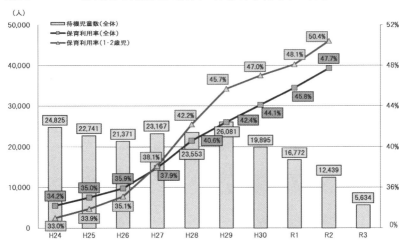

（注）令和３年の保育所利用率については、前年に国勢調査を実施した関係で直近の就学前児童数
　　　が今後公表される予定であるため、集計を行っていない。

出典：厚生労働省「保育所等関連状況取りまとめ（令和３年４月１日）」

4 少子化対策大綱（第４次）

　2003年に成立した少子化社会対策基本法の第７条に基づき、少子化社会対策大綱として、これまで５年ごとに2005年度～2009年度「子ども・子育て応援プラン」、2010年度～2014年度「子ども・子育てビジョン」、2015年度～2019年度「少子化対策大綱（第３次）」が策定されてきた。その後は、2020年度～2024年度が実施期間となる「少子化社会対策大綱（第４次）」が策定されている（図表11－４）。

　第４次少子化対策大綱策定の背景としては、①少子化による人口減少と高齢化を通じて社会経済に多大な影響を与えること、②未婚化・晩婚化、有配偶出生率が低下していること、③個々人の結婚や出産、子育ての希望の実現を阻む様々な要因があること、④希望の実現を阻む隘路の打破にむけ、長期的な展望に立ち、必要な安定財源を確保しながら、総

図表11－4　これまでの少子化対策・子育て支援に関する取り組み

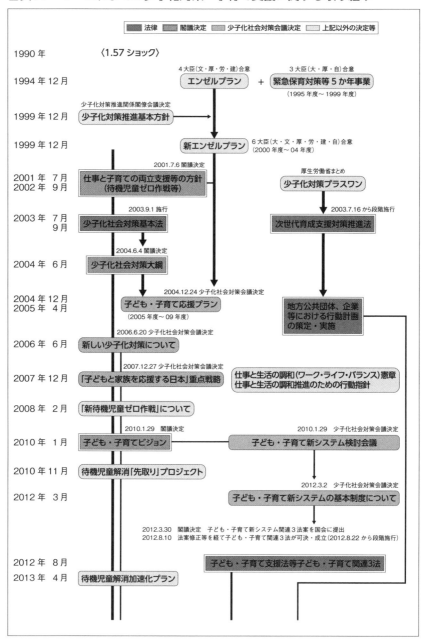

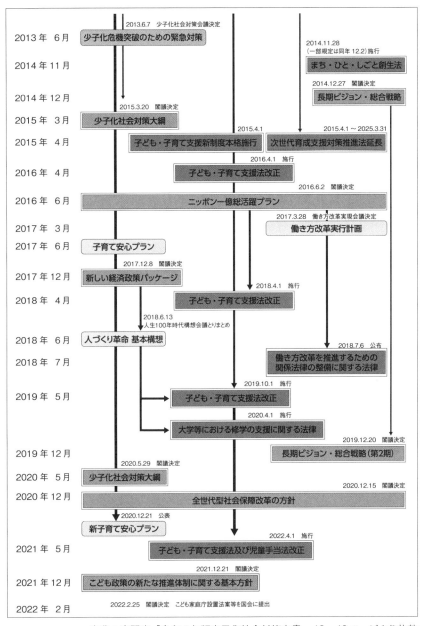

2013 年　6 月	2013.6.7　少子化社会対策会議決定 少子化危機突破のための緊急対策
2014 年 11 月	2014.11.28 （一部規定は同年 12.2）施行 まち・ひと・しごと創生法
2014 年 12 月	2014.12.27　閣議決定 長期ビジョン・総合戦略
2015 年　3 月	2015.3.20　閣議決定 少子化社会対策大綱
2015 年　4 月	2015.4.1 子ども・子育て支援新制度本格施行　2015.4.1〜2025.3.31 次世代育成支援対策推進法延長
2016 年　4 月	2016.4.1　施行 子ども・子育て支援法改正
2016 年　6 月	2016.6.2　閣議決定 ニッポン一億総活躍プラン
2017 年　3 月	2017.3.28　働き方改革実現会議決定 働き方改革実行計画
2017 年　6 月	子育て安心プラン
2017 年 12 月	2017.12.8　閣議決定 新しい経済政策パッケージ
2018 年　4 月	2018.4.1　施行 子ども・子育て支援法改正
2018 年　6 月	2018.6.13 人生100年時代構想会議とりまとめ 人づくり革命 基本構想
2018 年　7 月	2018.7.6　公布 働き方改革を推進するための 関係法律の整備に関する法律
2019 年　5 月	2019.10.1　施行 子ども・子育て支援法改正
	2020.4.1　施行 大学等における修学の支援に関する法律
2019 年 12 月	2019.12.20　閣議決定 長期ビジョン・総合戦略（第2期）
2020 年　5 月	2020.5.29　閣議決定 少子化社会対策大綱
2020 年 12 月	2020.12.15　閣議決定 全世代型社会保障改革の方針
	2020.12.21　公表 新子育て安心プラン
2021 年　5 月	2022.4.1　施行 子ども・子育て支援法及び児童手当法改正
2021 年 12 月	2021.12.21　閣議決定 こども政策の新たな推進体制に関する基本方針
2022 年　2 月	2022.2.25　閣議決定　こども家庭庁設置法案等を国会に提出

出典：内閣府「令和４年版少子化社会対策白書」48・49ページより抜粋

合的な少子化対策を大胆に進める必要があること、⑤新型コロナウイルス感染症の流行による子育て環境の整備と非常時の子育て世帯への支援が不可欠となることの諸点があげられている。こうした現状を受け、「一人でも多くの若い世代の結婚や出産の希望をかなえる『希望出生率1.8』の実現に向け、令和の時代にふさわしい環境を整備し、国民が結婚、妊娠・出産、子育てに希望を見出せるとともに、男女が生き方を尊重しつつ、主体的な選択により、希望する時期に結婚でき、かつ、希望するタイミングで希望する数の子供を持てる社会をつくることを、少子化対策における基本的な目標とする」ことが大綱に明記された。また、大綱で示された重点課題は、以下の5点にまとめられた。

　①結婚・子育て世代が将来にわたる展望を描ける環境を作る
　②多様化する子育て家庭の様々なニーズに応える
　③地域の実情に応じたきめ細かな取組を進める
　④結婚、妊娠・出産、子ども・子育てに温かい社会を作る
　⑤科学技術の成果など新たなリソースを積極的に活用すること

5　「児童福祉法等の一部を改正する法律」と子育て

(1)　児童虐待の現状

　全国の児童相談所が2021年度に対応した児童虐待の件数は、20万7,659件に上り、統計を始めて以来30年連続して増加している（図表11-5）。20万件を超えたのは2020年度に入ってからのこととなるが、このように児童虐待の対応件数が近年増えてきた要因として、虐待への関心が社会的に高まったことや警察との連携が強化されことがあげられる。近年では、新型コロナウイルス感染拡大も児童虐待の増加につながっていると考えられるが、厚生労働省は「現時点で明確な関連性は見られない」との見解を示している。ただし、子どもが通っている児童福祉施設や学校等からの通告が減っていることから、登園自粛や一斉休校などが影響し

図表11−5　児童相談所での児童虐待相談対応件数とその推移

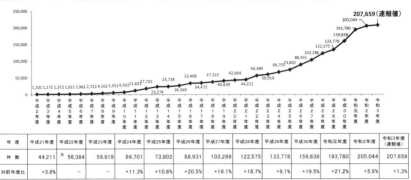

年　度	平成21年度	平成22年度	平成23年度	平成24年度	平成25年度	平成26年度	平成27年度	平成28年度	平成29年度	平成30年度	令和元年度	令和２年度	令和３年度 （速報値）
件　数	44,211	注 56,384	59,919	66,701	73,802	88,931	103,286	122,575	133,778	159,838	193,780	205,044	207,659
対前年度比	+3.6%	−	−	+11.3%	+10.6%	+20.5%	+16.1%	+18.7%	+9.1%	+19.5%	+21.2%	+5.8%	+1.3%

（注）平成22年度の件数は、東日本大震災の影響により、福島県を除いて集計した数値。

出典：厚生労働省「令和３年度児童相談所での児童虐待相談対応件数」

ている可能性があること自体には否定をしていない。いずれにせよ、コロナ禍という突然の非常事態に見舞われ、半強制的に密室育児が常態化することで、虐待のリスクが高まったことは間違いないだろう。

⑵　「児童福祉法等の一部を改正する法律」（令和６年４月施行）

　このように、児童虐待や子どもの貧困、少子化、いじめ、不登校の問題など、子ども・子育てをめぐる状況が変化していることから、2022年６月８日には、「児童福祉法等の一部を改正する法律案」が参議院本会議で可決・成立に至った。改正の趣旨は、児童虐待の相談対応件数の増加など、子育てに困難を抱える世帯がこれまで以上に顕在化してきている状況等を踏まえ、子育て世帯に対する包括的な支援のための体制強化等を行うこととされ、改正の概要として以下の７点が示されている[3]。これらは、一部を除いて、2024年４月１日より施行されることとなっている。

3　厚生労働省「説明資料３、（資料３）児童福祉法等の一部を改正する法律案関係」『令和３年度全国児童福祉主管課長会議資料』2022年３月22日、20頁参照。

ア　子育て世帯に対する包括的な支援のための体制強化及び事業の拡充
【児童福祉法、母子保健法】
　　①市区町村は、すべての妊産婦・子育て世帯・子どもの包括的な相談
　　　支援等を行うこども家庭センター（子ども家庭総合支援拠点と子育
　　　て世代包括支援センターを見直し）の設置や、身近な子育て支援の
　　　場（保育所等）における相談機関の整備に努める。こども家庭セン
　　　ターは、支援を要する子どもや妊産婦等への支援計画（サポートプ
　　　ラン）を作成する。
　　②訪問による家事支援、児童の居場所づくりの支援、親子関係の形成
　　　の支援等を行う事業をそれぞれ新設する。これらを含む家庭支援の
　　　事業について市区町村が必要に応じ利用勧奨・措置を実施する。
　　③児童発達支援センターが地域における障害児支援の中核的役割を担
　　　うことの明確化や、障害種別にかかわらず障害児を支援できるよう
　　　児童発達支援の類型（福祉型、医療型）の一元化を行う。

イ　一時保護所及び児童相談所による児童への処遇や支援、困難を抱え
る妊産婦等への支援の質の向上【児童福祉法】
　　①一時保護所の設備・運営基準を策定して一時保護所の環境改善を図
　　　る。児童相談所による支援の強化として、民間との協働による親子
　　　再統合の事業の実施や、里親支援センターの児童福祉施設としての
　　　位置付け等を行う。
　　②困難を抱える妊産婦等に一時的な住居や食事提供、その後の養育等
　　　に係る情報提供等を行う事業を創設する。

ウ　社会的養育経験者・障害児入所施設の入所児童等に対する自立支援
の強化【児童福祉法】
　　①児童自立生活援助の年齢による一律の利用制限を弾力化する。社会
　　　的養育経験者等を通所や訪問等により支援する拠点を設置する事業
　　　を創設する。

②障害児入所施設の入所児童等が地域生活等へ移行する際の調整の責任主体（都道府県・政令市）を明確化するとともに、22歳までの入所継続を可能とする。

エ　児童の意見聴取等の仕組みの整備【児童福祉法】

　児童相談所等は入所措置や一時保護等の際に児童の最善の利益を考慮しつつ、児童の意見・意向を勘案して措置を行うため、児童の意見聴取等の措置を講ずることとする。都道府県は児童の意見・意向表明や権利擁護に向けた必要な環境整備を行う。

オ　一時保護開始時の判断に関する司法審査の導入【児童福祉法】

　児童相談所が一時保護を開始する際に、親権者等が同意した場合等を除き、事前または保護開始から７日以内に裁判官に一時保護状を請求する等の手続を設ける。

カ　子ども家庭福祉の実務者の専門性の向上【児童福祉法】

　児童虐待を受けた児童の保護等の専門的な対応を要する事項について十分な知識・技術を有する者を新たに児童福祉司の任用要件に追加する。

キ　児童をわいせつ行為から守る環境整備（性犯罪歴等の証明を求める仕組み（日本版DBS）[4]の導入に先駆けた取組強化）【児童福祉法】

　児童にわいせつ行為を行った保育士の資格管理を厳格化するとともに、ベビーシッター等に対する事業停止命令等の情報の公表や共有を可能とするほか、所要の改正を行う。

　以上のように、この改正法では、子育て世帯に対する包括的な相談や

4　DBSとは、イギリス内務省が所管する組織「ディスクロージャー・アンド・バーリング・サービス（Disclosure and Barring Service）」の略称である。DBSでは、性犯罪歴がないことを証明する書類を発行している。

支援に関わる体制を強化していく方向性が示されている。そのため、市区町村は子育て世代が気軽に相談できる機関を整備するよう、これまで以上に努めていかなければならなくなる。とりわけ、保育所を利用していない家庭の孤立化とそれに伴う相談窓口の少なさが問題になることから「かかりつけ相談窓口」としての機能強化が各保育所に対して求められていく。

　加えて、児童相談所が虐待を受けた子どもを「一時保護」する際に、親の同意がない場合には「司法審査」を導入し、その判断を裁判所が行っていく。また、基礎自治体が児童虐待などに対応する児童福祉司を任用する要件として、認定資格などを新たに創設し、職員の専門的な知識・技術の向上に向けて研修受講を求めることとしている。

　他方、児童養護施設などで暮らす子どもや若者に対する自立支援については、原則18歳・最長22歳までとしてきた年齢制限を撤廃する。さらに、子どもに対するわいせつな行為などを理由に保育士の登録を取り消された者への再登録については厳格化されるようになる。

6　こども政策の新たな推進体制にむけて

⑴　こども家庭庁の創設

　2023年4月に創設される「こども家庭庁」は、2021年12月に閣議決定した「こども政策の新たな推進体制に関する基本方針」に基づき設置される。この基本方針では、「こどもまんなか社会」の実現に向けて、常にこどもの視点に立って、こども政策に強力かつ専一に取り組む独立した行政組織として「こども家庭庁」を設置するものと示されている。「こども家庭庁」は、内閣府の外局として設置されるが、その任務は、「こどもが、ひとしく健やかに成長することができる社会の実現に向けて、こどもとこどものある家庭の福祉の増進・保健の向上等の支援、こどもの権利利益の擁護」としている。すなわち、子どもや子育て家庭の福祉

や権利に関する「強い司令塔機能」をもつ機関としての役割が期待されている。

　強い司令塔としての機能をもたせるための方法として、内部部局は以下の３つの部門（「企画立案・総合調整部門」「成育部門」「支援部門」）に分かれて各種の取り組みを展開していく[5]。

部門名	取り組み内容	
企画立案・総合調整部門	①こどもの視点・子育て当事者の視点に立った政策の企画立案・総合調整	・こどもや若者から意見を聴くユース政策モニターなどの実施、審議会等委員等へのこども・若者の参画促進、SNSを活用した意見聴取等の検討 ・こども政策に関連する大綱を一体的に作成・推進、地方自治体における関連計画の策定支援 ・児童の権利に関する条約に関する取り組みを主体的に実施（外務省と連携）
	②必要な支援を必要な人に届けるための情報発信や広報等	
	③データ・統計を活用したエビデンスに基づく政策立案と実践、評価、改善	・こどもや若者の意識調査、子どもの貧困対策や少子化対策に関する調査研究の充実、関連する国会報告（法定白書）の一体的な作成 ・こどもや家庭に能動的なプッシュ型支援を届けるためのデジタル基盤の整備推進（デジタル庁と連携）
成育部門	①妊娠・出産の支援、母子保健、成育医療等	・子育て世代包括支援センターによる産前産後から子育て期を通じた支援 ・産後ケアなどの支援を受けられる環境の整備

5　厚生労働省「説明資料３、（資料３）こども家庭庁の設置について」『令和３年度全国児童福祉主管課長会議資料』2022年３月22日、90頁参照。

成育部門	②就学前のすべてのこどもの育ちの保障	・幼稚園・保育所・認定こども園、家庭、地域を含めた取組の主導、未就園児対策 ・3施設の教育・保育内容の基準の文部科学省との共同告示 ・認定こども園の事務の輻輳や縦割りの改善（施設整備費の一本化等）
	③相談対応や情報提供の充実、すべてのこどもの居場所づくり	・子ども・若者総合相談センター、子育て世代包括支援センター、子ども家庭総合支援拠点、地域子育て支援拠点の充実 ・放課後児童クラブ、児童館や青少年センター、こども食堂、学習支援の場などの様々な居場所（サードプレイス）づくり ・児童手当の支給
	④こどもの安全（性的被害の防止、事故防止、予防のための死亡検証（CDR））等	
支援部門	①様々な困難を抱えるこどもや家庭に対する年齢や制度の壁を克服した切れ目ない包括的支援	・地域の支援ネットワークづくり（子ども・若者支援地域協議会、要保護児童対策地域協議会） ・児童虐待防止対策の強化 ・いじめ防止及び不登校対策（文部科学省と連携）等
	②社会的養護の充実及び自立支援	
	③こどもの貧困対策、ひとり親家庭の支援	
	④障害児支援	

　以上の記述からもわかるように、「こども家庭庁」は、子どもの権利を実現するための機関であることがわかる。そのため、当事者となる子どもの意見や権利を反映させていくことが強調されており、内閣官房のこども家庭庁設立準備室では、こども向け資料として「こども家庭庁について」を作成し、公表している。ここでは、子どもにも理解しやすいような言葉を用いて、以下の6つの方針が説明されている。

　①こどもや子育てをしている人の目線に立った政策を作ること
　②すべてのこどもが心も身体も健康に育ち、幸せになること

③だれひとり取り残さないこと

④政府の仕組みや組織、こどもの年齢によって、こどもや家庭への支援がとぎれないようにすること

⑤こどもや家庭が自分から動かなくても、必要な支援が届くようにすること

⑥こどものデータを集め、それをしっかり政策にいかすこと

　この方針からは、子どもの目線に立った政策展開こそ、子どもの最善の利益につながっていくという政策的メッセージが伝わってくる。すなわち、いかなる環境に生まれてきても「どのこどもも取り残さない支援」「切れ目のない支援」の実現が目指されていくことになる。子どもの権利を基盤とした、子どもを中心とした政策がいかに推進されていくのか、「こども家庭庁」の下に進められる今後の展開に大いに期待していきたい。

7　これからの少子化対策・子育て支援制度のあり方

(1)　良質な成育環境

　社会保障制度改革国民会議による報告書を受け、2013年12月に成立した「持続可能な社会保障制度の確立を図るための改革の推進に関する法律」では、「年金・医療・介護」などと同様にして「子育て」についても社会保障制度の一環として取り組む方針が明示された。

　つまり、乳幼児や高齢者など各人の年齢区分や健康状態にかかわらず、それぞれの持てる力を最大限発揮しながら生きていける社会の実現が推進されてきたことになる。すべての子どもに良質な成育環境を保障するためには、「就労・結婚・妊娠・出産・育児」等の各段階の支援を切れ目なく行い、子ども・子育て支援の量的拡大と質の向上が目指されなければならない。新制度が施行されてからは、これまで別々になされてき

た政策が総合的に一本化する方向となり、「現物給付」から「個人給付」の制度へと改変がなされた。

　柏女（2014）は、新制度が策定される以前の制度の下では、子どもと子育て家庭が置かれている状況によって当該親子がいくつかの舞台を往来しなければならなかったと指摘している。しかし、新制度が実現することで、実施主体や財源、支援者の援助観の相違など数々の点でこれまで生じてきたいくつもの溝が解消されていくだろうと述べている。もちろん、制度の実施が基礎自治体に委ねられていることから、地域によっては国や都道府県の基準に上乗せした計画を盛り込む自治体もあれば、現行よりも質が低下する自治体も出てきてしまうだろう。すなわち、保育や教育、子育て支援の地域間格差や利用者間格差が生まれるということだ。これらの格差を是正していくためには、保護者自身も自分たちの要望や意向を居住地区の自治体や各施設に伝え、単に利用者としてだけではなく、教育・保育の共同生産者として、格差を埋めるような働きかけや保育の質の向上に努めることが不可欠となる（佐藤、2014）。具体的には、行政との協働を推進していくために、施設や事業運営を改善する保護者会活動などの当事者からの発信や仕組みづくりが必要となってくる（中山、2014）。

⑵　少子化対策・子育て支援制度の向かうべき方向性

　1994年のエンゼルプランから始まり、我が国では30年近くも少子化対策に取り組み、子育て支援を実践している。しかしながら、少子化の流れは止まらないどころか、むしろ深刻さは増すばかりである。そのため、これまでの施策を振り返るとともに、国が目指す「希望出生率1.8」を実現するための方策を子育て世帯の現状を鑑み、推考しながら実施していくことが求められるだろう。

　2015年に閣議決定された第3次少子化社会対策大綱では、「結婚、妊娠、出産支援」が政策における中心的な柱となっており、政策的にも「結婚」への介入が進められることになった。晩産化や晩婚化、未婚化が進行す

る要因としては、人々の結婚に対する価値観の変容は大きく、優先して考えていくべきではあるが、それと不随して、新型コロナウイルスの感染拡大など災害時における非常事態の発生や雇用環境や所得の不安定化も「結婚や出産動向」に影響を及ぼしていることにも留意していきたい。このことからも、「生活と仕事の調和」に関わる政策の推進についても引き続き取り組んでいくことが不可欠となる。さらに、仕事を継続していくうえでのジェンダー格差の是正（たとえば、男性の育児休業取得率目標値を30％に設置する目標など）、就労時間やリモートワークの推進を含めた働き方の見直し、非正規雇用の処遇改善についての強化も期待される。つまり、子育て世帯が安心して仕事が継続できるよう、保育サービスの質・量の拡充についても同時に確保していく必要性が出てきている。実際、第4次少子化対策大綱においては、非正規労働者の処遇改善や正社員への転換、子育て世帯の住宅購入や引っ越し費用などの補助制度について言及されている。

　守泉（2020）は、日本の少子化は様々な要因が複雑に絡み合って生じており、教育費のコストへの不安とともに、「エリート教育競争」への心理的プレッシャーなど親の精神的な負担も増大していることも少子化となる要因の1つであると指摘している。このことは、これまで実施してきた少子化対策としての雇用・労働政策、男女共同参画政策と連携策だけでは不十分であり、教育政策との連携も踏まえながら総合的に考えていくことの必要性を示唆している。加えて、過去30年間の制度では、少子化対策のそもそもの目的が明確化されていなかったこと自体が課題であると捉えることもできるだろう。すなわち、政策の目指すべき計画が、人口問題の対策なのか、令和時代にふさわしい子育て環境の整備なのか、ロジックモデルが確立されてこなかったために、国民にとっても伝わりくい制度設計となっていた。石田ら（2022）は、これまでの少子化対策に内在する問題を受け、今後は、施策の「目的・手順・成果」を明示し、国民にとってわかりやすい、少子化対策の「見取り図」を明確に示していくことが大切になってくると述べている。つまり、一つひと

つの課題を検証し、議論を重ねていくことが少子化を打破する策となるということである。我が国の少子化は、既述したとおり、様々な要因が複雑に絡み合って生じているため、「重点課題」に対する丁寧なアセスメントを行いながら、計画と方法論を国民に提示し、それらの結果、どのように少子化社会が変化を遂げたのか評価し、具体的な指標を公表していくことが肝要となってくる。

参考文献

石田慎二・田中弘美・遠藤希和子（2022）「少子化社会対策をひもとく——目的・手段・成果の視点から」埋橋孝文編著『福祉政策研究入門　政策評価と指標　第1巻』明石書店

伊藤周平（2012）『子ども・子育て支援法と社会保障・税一体改革』山吹書店

岩澤美帆、小池司朗、林玲子、別府志海、是川夕（2021）「新型コロナウイルス感染拡大と人口動態：何が分かり、何が起きるのか」国立社会保障・人口問題研究所 Working Paper Series, July 2021,No.51

柏女霊峰（2014）「社会保障制度改革と子ども・子育て支援新制度」『月刊福祉』2014年2月号、pp.23-26、全国社会福祉協議会出版部

佐藤純子（2014）「ニュージーランド－親も学ぶ幼児教育施設」池本美香編著『親が参画する保育をつくる：国際比較調査をふまえて』勁草書房

内閣府（2020）「少子化社会対策大綱～新しい令和の時代にふさわしい少子化対策へ～」2020年5月29日

内閣府（2020）「令和2年版少子化社会対策白書」日経印刷、2020年8月31日

内閣府（2021）「令和3年版少子化社会対策白書」日経印刷、2021年7月30日

中山徹・杉山隆一・保育行政研究会編著（2013）『直前対策！子ども・子育て支援新制度PART2』自治体研究社

中山徹・藤井伸生・田川英信・高橋光幸（2014）『保育新制度　子どもを守る自治体の責任』自治体研究社

守泉理恵（2020）「第4次少子化社会対策大綱と日本の少子化対策の到達点」厚生労働行政推進調査事業費補助金（地球規模保健課題解決推進のための行政施策に関する研究事業）「日中韓における少子高齢化の実態と対応に関する研究」令和2年度総括研究報告書、pp.14-56

参考資料

内閣府・文部科学省・厚生労働省（2014）『子ども・子育て支援新制度　なるほどBOOK 平成26年9月改訂版』

内閣官房 こども家庭庁設立準備室（2022）『こども家庭庁について』令和4年9月

第12章
外国人材の活用と課題

1 社会的背景

　日本の少子高齢化が進展し、2010年頃をピークに人口減少に転じた（図表12－1）。超高齢社会、多死社会を迎えつつあり、現時点の高齢化率は28.9％であるが、2040年頃には約35％になる見込みである。

　一方で、労働人口、再生産人口は人口のおよそ半数となる。女性の人口を踏まえても少子化に歯止めをかけることは困難である。このことから、労働力が激減するなかで、援助を必要とする層の急激な増加は日本社会の根幹を揺るがす課題である。そして、労働人口を、日本国内で賄うことは難しい。

図表12－1　高齢化者数の推移

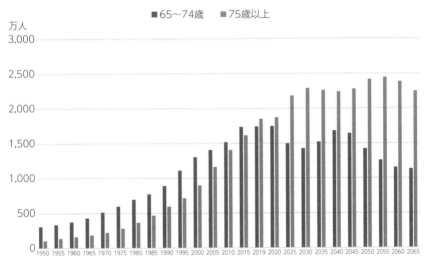

出典：内閣府「令和2年版高齢社会白書（全体版）」2020年4ページをもとに筆者作成

社会福祉現場で行われている対人援助については援助の「質」を妥協し、ロボットを入れていくことにより、限られた人的資源を活用しなければならない。また、外国人労働者を入れるなどの対策が考えられている。

介護現場においては、慢性的な人材不足となっており、外国人材の活用について期待が寄せられている。

2 外国人材への期待

⑴ 修学資金制度と保証人

日本で生活している外国人の数は毎年増加している。少子高齢化に伴う人手不足の問題から、政府は外国人労働者の受け入れを拡大している。全産業で人手不足ということは、社会福祉の分野（特に介護）では、人手不足が深刻な状況になる。

このように深刻な人材不足に対処していくために、相当数の外国人の受け入れが必要となっており、外国人に依存する傾向となる。

筆者の勤務している介護福祉士養成校（介護福祉士の資格を取得する専門学校）では、過去３年で100人近くの留学生が入学している。多くの学生が千葉県社会福祉協議会の「修学資金制度」を活用して、学費を賄っている。ただし、「修学資金制度」には保証人が必要であるが、法人（介護施設など）保障制度が始まってからは「留学生を紹介してほしい」と依頼する法人（介護施設など）が毎年増えてきている。

法人保障制度を活用すると、学生のあいだは介護施設でアルバイトをし、卒業後は正規雇用を５年間することになる。もちろん、法人保障を請け負ってくれた法人での正規雇用である。人手不足から、年々、「法人保障をする人数を増やしたい」という声が介護現場で増えている。

(2)　高齢化で介護人材が必要

　高齢化に伴い介護職員の数も増加すればよいが、希望する日本人介護職員の数は足りない。介護職員は他の産業よりも入職率が低く離職率も高い。慢性的に人出不足が続いているのが現状だ。「やりがい」がある仕事だと思って「介護」という仕事を選び、入職しても人手不足に伴い、働く側の「負担」が大きくなってしまっている。そして、実際、働いても耐えられずに「離職」するケースが多い。

(3)　外国人材の増加

　日本介護福祉士養成施設協会の調査によると、2016年度からの5年間で介護福祉士養成施設に入学した外国人留学生は、257人から2,395人と約9倍にも増加している（図表12−2）。

　一方、日本人の入学者は年々減少が続いており、外国人留学生とは真逆の傾向だ。介護を必要とする人が増える一方で、介護の担い手不足が深刻化している。

　政府は、この状況を打開するため、アジア諸国を中心に海外からの人

図表12−2　介護福祉士養成施設への入学者数

出典：日本介護福祉士養成施設協会「令和2年度介護福祉士養成施設の入学定員充足度状況等に関する調査の結果について」をもとに筆者作成

材の受け入れを積極的に進めている。

3 外国人が日本を選ぶ理由

⑴ 安全な国

　筆者の勤務校の学生に、日本を選んだ理由を聞くと、皆、「日本は治安がいいです」と答える。夜の繁華街でも外出できる、衛生管理が行き届いているなどの理由から、安全な日本での就職を希望する外国人もいる。自国の治安が悪い場合、「家族と安全な環境で暮らしたい」と将来を見据えて、日本での就労を希望するようだ。

　しかし、実際には「痴漢」など治安の悪い側面もある。あらかじめ、日本で生活する外国人に「痴漢」に対する被害についての対策が必要なこと、イメージと違うことがあるかもしれないことを丁寧に説明し、サポートしていく必要がある。

⑵ 日本に対しての良い印象

　外国人に日本の良いところを聞くと、春夏秋冬と１年のうちで四季を感じることができること、季節ごとの楽しみがあること、旬の食材があり食事がおいしいこと、歌舞伎など日本古来の文化があること、衛生面が優れていること等、日本人が当たり前のことが、外国人から見ると「良い」ところのようだ。

　外国人が家電量販店や大型スーパーなどで大量の買い物をしている光景を見たことはないだろうか。コロナ禍の前は、テレビでもよく外国人観光客の買い物をしている光景を見た。

　日本のアニメも高い人気を得ている。日本のアニメには海外でも有名な作品が多くあり、日本のアニメを観て、日本文化に興味を持ったり、日本語を勉強したりしたという話を聞く。文化や技術力だけでなく、外国人留学生が日本国内で就職する際などの手厚い支援など、日本人の面

倒見の良さも好印象を与えている。

⑶　日本の情報の入手

　SNSの普及や年々日本で働く外国人の増加により、海外に住んでいる外国人も日本の情報を得やすくなっている。

　繰り返すが、筆者は介護福祉士養成施設での教員経験において数百人の留学生と携わってきているが、ほとんどの学生が、自国にいたときからテレビやインターネットなどで日本の情報を得ていた。「先に日本に来ている友人に日本のことを聞きました」、「親戚から聞きました」等、日本へ留学したり、日本で就業したりする外国人が増えているため、情報が入りやすいことがわかる。

⑷　自国への仕送り

　筆者が携わってきた留学生は、「自分の国に帰っても仕事がない」と言う学生が多い。自国での就職が難しかったり、給料が安かったりと、生活すること自体が難しいようである。日本では安定的に収入を得られるため、家族を養うべく日本で働いて得た給料を自国の家族に仕送りする者も多い。

　そして、ほとんどの学生が、両親、兄弟、配偶者、子ども、恋人などに仕送りをしているようだ。しかし、在留資格「留学」の学生たちは、勉強を目的に日本に入国しているため、仕送りしていることを口に出すことはない。

⑸　スキルを身に付けたい

　自分自身のキャリアアップや自国の発展のために、日本で働くことを希望する外国人も多い。介護だけではなく、建設業や製造業など一定期間働いて手に職をつける外国人もいる。

　「介護」分野では初任者研修（旧ヘルパー２級講座）受講や介護福祉士を取得していると、韓国やカナダにおいて高賃金で雇用されるという

話を聞く。日本の介護技術は海外でも高く評価されており、外国人が日本で身に付けたスキルを日本以外の国で活用し、海外就職や転職にも役立てているケースもある。

4 介護現場における外国人材の受け入れ制度

(1) EPA（経済連携協定）

ア　制度趣旨

　たとえば、介護分野における外国人材の受け入れルートにもいくつか種類がある。その代表的なシステムが二国間の経済連携協定EPAだ（図表12-3）。これまでEPAを使って、多くの外国人材が来日している。

　公的機関である「公益社団法人国際厚生事業団（JICWELS)」が受け

図表12-3　外国人介護人材受け入れの仕組み

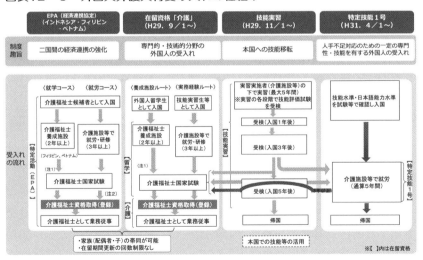

（注1）平成29年度より、養成施設卒業者も国家試験合格が必要となった。ただし、令和8年度までの卒業者には卒業後5年間の経過措置が設けられている。
（注2）4年間にわたりEPA介護福祉士候補者として就労・研修に適切に従事したと認められる者については、「特定技能1号」への移行に当たり、技能試験及び日本語試験等を免除。

出典：厚生労働省 東海北陸厚生局「外国人介護人材の受け入れの仕組み」令和3年2月5日2ページから抜粋

入れを一手に担っていることもあり、安心した受け入れを行うことができる。すなわち、EPAを利用する際の大きなメリットは「制度の信頼性が一番高く、来日者は基本的に高等教育を受けた人材のため質が高い」ことである。

　介護福祉士としての就労が可能になり、ビザの更新についても制限はない。研修と就労を兼ねた期間内には、日本人が従事した場合と同等以上の報酬が約束されていて、社会保険や労働保険が適用されるという、とても手厚い対応がなされており、相手国が十分に満足できる内容となっている。

イ　日本語能力

　国の規定によって異なるものの、入国時、インドネシア人、フィリピン人は日本語能力試験N5程度以上、ベトナム人は日本語能力試験N3以上が求められている。

ウ　介護スキル

　介護資格については必要ないものの、母国で看護系の学校を卒業した者もしくは、母国政府により介護職員に認定された者が入国し、介護福祉士候補生として資格取得することを目的としている。

エ　就労期間

　入国後、4年目までに介護福祉士を取得すれば在留資格「介護」を選択でき、永続的な就労が可能となる。期間中に取得できない場合は帰国となるが、一定の条件を満たせば、「特定技能1号」に移行でき最長5年まで延長できる。

(2)　在留資格（介護）

ア　制度趣旨

　専門的・技術的分野の外国人の受け入れである。日本に入国した外国

人は、まず、在留資格「留学」（留学ビザ）として日本語学校で日本語を学び、その後に介護福祉士養成施設で２年間1,850時間以上介護を学ぶ。２年目に国家資格を受験する流れであるが、外国人の合格は難しいのが現状である。

　介護福祉士養成施設を卒業した者は国家試験に合格せずとも暫定的に介護福祉士として登録して（2026年度卒業まで）就労することが可能となっている。卒業から５年間、介護福祉士として勤続することで正式な資格を取得することができる。

　在留期間は無制限に更新が可能となり、長期間就労することができる。在留資格「介護」は、留学後に資格が取得しやすいため、職が確実に見つかることで人気が高い。

イ　日本語能力
　養成校の入学条件は、日本語能力試験N2程度以上である。

ウ　介護スキル
　介護福祉士の資格を取得しているので、専門的な知識を持っている。

エ　就労期間
　本人の希望があれば、在留期間を繰り返し更新する永続的に就労することができる。

(3)　技 能 実 習

ア　制度趣旨
　本国への技能移転である。技能実習は以下の３つに区分されている。

資格	対象
第１号技能実習	入国後１年目の技能等を修得する活動
第２号技能実習	２〜３年目の技能等に習熟するための活動
第３号技能実習	３〜４年目の技能等に熟達する活動

　第１号技能実習から第２号技能実習へ、第２号技能実習から第３号技能実習へそれぞれ移行するためには、技能実習生本人が技能実習評価試験（２号への移行の場合は学科と実技、３号への移行の場合は実技）に合格していることが必要である。また、第３号技能実習が修了する前にも、技能実習評価試験（実技）を受検する必要があり、技能実習期間が５年の場合、計３回技能実習評価試験を受検することとなる。

　日本の優れた技術の技能移転が目的で、先進国日本としての、国際社会での役割を果たすためであるが、日本において深刻な人手不足に見舞われている産業を支えるという目的も兼ねる側面があることは否めない。

イ　日本語能力

　入国時に必要な日本語能力は、日本語能力検定試験N4程度だが、１年後にはN3が要件である。

ウ　介護スキル

　介護と同種の業務に外国において従事した経験がある者とされている。介護資格についての要件はない。

エ　就労期間

　在留することができるのは最長５年である。介護福祉士の資格を取得すれば、在留資格「介護」を得ることができる。３年目まで修了すると、「特定技能１号」の試験が免除され、「特定技能１号」に移行すると、さらに５年継続して就労できる。

⑷　特定技能１号

ア　制度趣旨

　人手不足対応のための一定の専門性・技能を有する外国人の受け入れである。2019年に新設され、明確に労働力として外国人を位置付けてお

り、介護人材の人手不足を解消するために外国人を雇用する制度である。学歴や前職要件がなく、試験によって確認され、在留資格が許可されている。この制度は、他の制度とことなり、新設してから3年未満の事業所でも導入することができ、人員配置基準に算入することができる。

イ　日本語能力

日本語能力試験N4以上、もしくは、国際交流基金日本語基礎テストA2レベル以上と介護日本語評価試験の合格が求められる。

ウ　介護スキル

日本技能評価試験に合格している必要がある。資格についての要件はない。

エ　就労期間

就労期間は最長5年である。介護福祉士の資格を取得すれば、在留資格「介護」を得ることができる。

5 介護現場でのメリット

(1)　介護職員の数の確保

外国人介護職を採用する最も大きなメリットは、人手不足の解消である。少しずつではあるものの、介護業界の慢性的な人材不足の解消が図れると期待されている。採用する外国人の在留資格によっては、長期にわたっての雇用や、永続的に就労してもらうこともでき、若い労働力の確保も期待できる。

(2)　長期の雇用が可能

外国人の採用制度によっては、長期雇用が可能になる。公益法人介護

労働センター「介護労働実態調査」によると、離職者を勤続年数の内訳で見た場合、「勤続1年未満」の離職者が全体の4割を占めている。また、勤続3年未満の離職者を合計すると6割強となり離職率を引き上げているのは、勤続年数の短い労働者が原因となっているともいえる。

外国人は様々な理由で就労しているが、大きな問題がなければ長期就労が期待できる。筆者が見てきた学生たちは、在留資格「留学」→在留資格「介護」となり、7年間同じ法人で働いてきた。介護観の違いや他職員の離職が重なってしまったことによる心身の負担等で離職したケースがあるがこれはごくまれで、ほとんどの学生は、最初に入職したアルバイト先で長期間就労している。離職率が高いように見受けられるような事業所で勤務していても、長期就労することができている。

(3)　介護現場の介護職員の負担の軽減

介護現場に外国人介護職員を受け入れられて人材が確保されれば、介護職員一人ひとりの過度な負担を軽減・分散できる。人命に直結するサービスを提供している介護現場では、人材不足により、精神的にも肉体的にも常に多大な負担がかかっている。負担が減れば、心身ともに余裕がうまれ、介護サービスの質の向上が期待できる。

(4)　介護現場が明るくなる

外国人介護職員の多くは東南アジア諸国の人々である。東南アジアの人々は、明るく朗らかで、サービス精神にあふれている性格の持ち主が多い。筆者の体験では、介護福祉士養成施設の歓迎会やクリスマス会などの行事は、留学生の数が多ければ多いほど盛り上がり、学生たちは楽しい時間を過ごしている。外国人介護職員のホスピタリティの高さが日本人介護職員の刺激にもなり、介護現場が明るくなることが期待される。

介護福祉士養成施設では、介護現場で実習が行われるが、「留学生の〇〇さんが来てくれたから、利用者の△△さんがとっても元気になりました」といった声をよく聞く。日本人介護職員と違う文化で育ってきた

外国人介護職員は、利用者にとってもよい刺激になっているといった報告を多く受けている。

(5)　異文化交流ができる

　外国人介護職員が介護現場にいることで、異文化交流の進展も考えられる。日本人介護職員も外国人介護職員の文化や生活習慣を学べば、多様な利用者を受け入れるトレーニングにもなり得る。

　外国の歌やダンス、衣装などをレクリエーションに取り入れたり、他国の文化に触れたりすることで、利用者に楽しんでもらえ、要介護者の活力になることが期待できる。

(6)　職場環境改善としての離職の防止策

　心身の負担の軽減という職場環境の改善は、介護職員の離職率低下を望める可能性もある。残業が当たり前のようになっている現状のなか、残業時間を減らすことができたり、休みがとりやすくなったりと、職場環境改善につながる。

　資格や経験を備えた人材の離職を防げば、事業所全体の大きな利点になるのではないかと考える。

(7)　指導力の向上

　スキルの未熟さや日本の文化に不慣れな外国人を指導することで、介護職員としての自分自身を見つめ直すきっかけとなり、言語化するための知識の再確認などの自己研鑽につながることがある。

　現状の介護現場では、丁寧な指導が必要な日本人の新人介護職員も多くいる。外国人介護職員に指導するスキルや知識とそれを伝える方法を身に付けることにより、指導力の向上が見込まれる。

　また、計量的データはないものの、筆者の教員としての経験上日本で介護を学べば、世界水準で通用する。日本の介護は、専門的な価値・知識・技術を心身の状況に合わせて応用して技能としてケアしているため、

専門性が高く、海外にて高賃金で雇ってもらっている例を知っている。

6　今後の課題

⑴　日本語力

ア　やさしく丁寧に

　外国人介護職員には、会話はできるが読み書きが苦手な学生、逆に読み書きはできるが会話が苦手な学生と国や本人の性格によっても得意なこと不得意なことが分かれる。外国人材の制度については「4　介護現場における外国人材の受け入れ制度」で示したが、制度ごとに日本語の習得度が違う。しかしながら、日本語能力試験N〇「程度」という表記になっていて、合格が要件になっているわけではない。面接時は日本語が話せるように感じることが多いが、それは、面接のトレーニングをしているからであり、生活するうえでの日常会話を修得できているわけではない。

　日本語は、やさしく丁寧に指導していく。一つひとつの言葉の意味と会話を合わせて指導する。

イ　関わり始める頃（N3程度の外国人）

　介護現場で「Xさんのところに行って、Yさんのズボンを取ってきてください」と指示を出すことがある。日本人介護職員に対してなら「Yさんのズボンを取ってきて」で済む。また、「Xさんのところに行って、Yさんのズボンを取ってきてください」は丁寧に指導したように感じてしまいがちであるが、指示が通らない可能性が高い。

　正しくは、「Xさんの部屋に行く。Yさんのズボンを探す。ここに持って来る。」と主語と述語を1つずつの文章に分けて、指示を出す。そして、伝えた後に、「わかりましたか？」「大丈夫？」と聞くのは厳禁である。理解していても、理解していなくても「わかりましたか？」「大丈夫？」

の返事は「はい」がほとんどである。理解したかを確認するには、復唱してもらうことだ。この方法なら、指示が理解できているかの確認できるだけでなく、外国人介護職員も語彙を修得することができる。

ウ　語彙が増えたころ（N2程度）の外国人

日本語特有の含みのある表現やあいまいな表現に気をつけて指導する必要がある。たとえば、日本語の「いいです」にはいろいろな意味がある。同様に、「ちょっと」や「やさしく」なども、外国人にとってはわかりにくい表現である。外国人がわかる単語を用いて、確実に理解できるように表現する必要がある。

⑵　文化の違い

言語や文化の違いが外国人材活用のデメリットになり得る可能性があるという点に注意が必要である。日本語の習得や日本文化への理解が不十分な場合には、日常生活全般や社会生活、職場への適応や業務上の支障などが懸念される。ここでは、いくつかの例を挙げてみる。

ア　助け合いの精神

筆者が携わってきた留学生をみていると、外国人はサービス精神が旺盛で、こちらが見習わなくてはいけないくらい助け合って生活している。良い点としては、困っている人を気持ちよく助けることができる。悪い点としては、困っている人を、ルールを破ってでも助けてあげたくなってしまうことがあることだ。学校での出来事を例に出すと、留学生は、カンニングは不正行為ということは何となく理解していて、やってはいけないとわかっているがカンニングをする。人の解答用紙を見る側の学生と、人に自分の答案用紙を見せる側の学生がいる。留学生は、不正行為という感覚以上に、「困っている人を助ける」と考えている。テスト以外にも同じだ。レポートなどの提出物や課題があった場合、人のものを写して提出するのは当たり前に行われる。彼らは、「できなくて困っ

ているから助け合っている」という感覚なのだ。

　このように、留学生が助け合いの精神でルールを破って行動してしまうことがある点を理解しておく必要がある。その影響は、現場で仕事をする際、介護の知識や思考が乏しく、人のまねをすることしかできない介護福祉士となってしまう可能性がある。

イ　義務を果たすことより権利を主張する

　職場では就業規則、学校では校則と、ルールのもとで義務を果たし、権利が守られているが、それがアンバランスなケースが見られる。たとえば、時間を守らなかったり、急な欠勤でシフトを乱してしまったりすることだ。自分の都合で休んでいる場合でも、「昨日休んで給料が減ったら困るから、明日働きに行ってもいいですか？」と、自分の都合で要望を伝えてくることがある。

　介護福祉士養成施設で働いている期間中、いろいろと驚いた出来事があった。一番驚いたことは、実習初日、「実習生の○○さんが、昼休み中に休憩室でお酒を飲んでいました」と実習施設から学校に連絡があったことだ。本人に確認すると、「私の国では、昼休みにお酒を飲むのは当たり前だから、悪いことではない」と話していた。珍しいケースではあるが、外国人との文化の違いを痛感した。

　介護現場で働いている外国人について、施設の職員に聞いた話の1つだが、介護現場がどんな状況でも、退勤時間になると、挨拶もせずに帰宅してしまう人もいるようだ。

　これはごくまれな例で、すべての外国人に当てはまるわけではないが、育ってきた環境や文化が違う外国人と関わることは様々な問題が生じるリスクがあることを知っておく必要がある。

　問題が起きてしまった場合は、文化の違いや本人自身を受け入れながら、同じことが起こらないように対策を考える必要がある。また、問題が起こらないようにするためには、最初が肝心である。事前のルール説明をどれだけ丁寧に行ったかにより、外国人の意識に変化が見られる。

筆者の勤務校では、入学時のオリエンテーションで学校のルールを説明するが、同じ内容を3回実施して理解度を確認している。説明する内容は、学費の納入の仕方、授業中のルール、成績、欠席・遅刻などはもちろんのこと、それ以外に、在留資格「留学」という制度や、在留資格「介護」を取得するためにはどのようにする必要があるのかなど、細かい説明を、時間をかけて行う。説明したルールを理解できていることは確認できるが、そのルールを守ることができるかどうかは別の問題であるようだ。

(3)　生活支援

　外国人労働者の人事管理や福利厚生を適切に運営するために、労働施策総合推進法に基づいて、「外国人労働者の雇用管理の改善等に関して事業主が適切に対処するための方針」が定められている。外国人労働者を雇用する事業主に向けて、様々な措置が挙げられている。

　外国人労働者に対する生活支援に関しては、「事業主は、外国人労働者の日本社会への対応の円滑化を図るため、外国人労働者に対して日本語教育及び日本の生活習慣、文化、風習、雇用慣行等について理解を深めるための支援を行うとともに、外国人労働者が地域社会における行事や活動に参加する機会を設けるように努めること。

　また、事業主は、居住地周辺の行政機関、医療機関、金融機関等に関する各種情報の提供や同行等、外国人労働者が居住地域において安心して日常生活を営むために必要な支援を行うように努めること。」と定められている。

　日本語の理解不足だけでなく、生活習慣や雇用慣行の違いから、思わぬ問題が発生してしまうことがある。右に、筆者が目の当たりにしたケースを示す。

①ゴミ出しの問題

　　外国人が引っ越しの際、ゴミを出す曜日の変更に気づいていなかったため、ゴミ出し日以外の日に大量にゴミが出されていた。近隣の住人が警察に連絡し、ゴミの中から給料明細を発見し、事業主に連絡がきた。

②税金滞納による給料の差押え

　　留学生のアルバイト先に行政から給料の差し押さえ文書が届いた。内容を確認すると住民税を30万円以上滞納していた。留学生のもとに何度も督促状が届いていたはずだが、封筒を確認せずに捨ててしまっていた。

③騒音の苦情

　　成人している外国人介護職員が集まり、友人の誕生会をしていた。午前3時に母国の楽器（打楽器）で演奏しながら歌を歌っており、警察に通報された。

④体調不良の対応

　　在留資格「留学」の学生から学校が受けた相談。アルバイト先の施設の指導者に「体調が悪いから病院に行きたい」とお願いしたが、「時間が経てば治る」と病院に行く時間をくれない。

（統計的なデータはないが、筆者の経験から18〜25歳くらいの女性は、日本での生活や夜勤により、ホルモンのバランスが崩れ、辛い思いをしている外国人が多いように感じる。）

以上は一部であるが、ゴミ出しなどの生活上のことから、社会保険などの日本における制度に至るまで、異文化であるからこそ、教える必要がある暮らし方やルール、暗黙知など、職業そのもの以外にもケアする必要があることがわかる。

事業主には、外国人労働者が快適に生活できるように助言・相談など、様々な問題の解決や指導を積極的に行うことが求められている。

⑷　労力とコスト

　制度によっては、外国人介護職員を導入したことにより義務が生じる
場合がある。たとえば、EPA（経済連携協定）では、導入の際のマッ
チングが成立するという保証がないが、マッチングが成立した場合は、
受け入れるまでに数十万円の支払があり、介護福祉士候補者を受け入れ
た施設では、介護福祉士候補者を施設で就労させながら、国家試験に向
けた研修を実施しなければならない。

　国家資格の取得前でも、受け入れ施設と候補者のあいだで雇用契約が
締結され、日本人が就労する場合に支払う報酬と同等以上の報酬を候補
者に支払う義務がある。中小規模の介護施設では、コストと労力を考え
ると受け入れが実現できない場合もある。

⑸　在留資格「介護」のアルバイト時間

　留学生は、本来の入国目的である勉強に支障をきたさないように、ア
ルバイトは1週間で28時間までと定められている。労働時間の制限違反
は、留学生と雇用側双方が罰則を受けることになり、留学生側は、強制
送還になることもある。

　筆者が留学生と携わってから、強制送還になった学生を8人見ている。
外国人に関する情報は行政機関で共有されているため、入国管理局は在
留カードを通じて外国人留学生のアルバイトの状況を把握できることに
なっている。雇用する側が不法就労という認識がなくても、28時間を超
えてしまうと厳しい罰則があるため、1週間に28時間を超えていないか
を十分に確認する必要がある。

⑹　給料でのトラブル

　介護福祉士養成施設を卒業して、晴れて在留資格「介護」となった外
国人介護職員から受ける相談のなかで一番多い問題は、給料についてで
ある。相談してくる学生は皆同じことを言う。「先生、仕事を辞めたい

です。約束していたお給料をもらえません」と相談してくる。外国人は、日本の福利厚生への理解不足に加えて、会社側は時間をかけて何度も説明しているはずが、当の本人には自分に都合のいい言葉しか頭にインプットされないようである。雇用契約を結ぶ際に説明された金額が、そのまま銀行に振り込まれると認識しているため、聞いた金額と違う場合、約束が違うと思ってしまう。

　ある学生は、毎月給料日の0時にコンビニエスストアで銀行に振り込まれている残高をすべて引き出していると聞いたので、理由を尋ねると、「0時ピッタリに引き出せば、差し引かれる金額が少なくなるはずだ」と答えていた。その回答には唖然としてしまった。

　このような事例があったため、学生には、「お給料が100万円の社長さんがいます。社長さんのお給料日に、銀行に入るお金はいくらでしょうか？」とクイズを出して、日本の制度について説明する時間を設けている。

　別の事例として、「仕事を休むと罰金として給料からお金を取られている。そんな施設は辞めたい」と言ってくる外国人介護職員もいる。施設に確認すると、自分の都合で1か月に定められた公休以上の日数を休んでいることに対して罰金をとられていると勘違いしていて、罰金制度があると思い込んでいる外国人介護職員もいた。

(7)　丁寧な説明

　介護職員になるための制度を利用して就労している外国人介護職員のなかには、生活そのものを目的として、日本での就職を希望する外国人も多数いる。「自国に帰りたくない。日本で生活したい」という留学生も少なくない。いろいろな理由が重なりあっていると考えられるが、日本にいたい気持ちが大きく、日本で暮らすために外国人労働者として働くのは、収入源を確保することが目的の場合が多い。

　日本に入国した時から労力をかけて指導し育てあげた外国人材を、本人の知識不足、あるいは雇用側の説明不足で離職の方向になるのは損失

である。また、外国人介護職員は、「１か月に手取りで〇〇万円いただけたらがんばって働ける」と自分の希望を持っている。

　現状の給与体系についてと今後の昇給制度について、十分すぎるくらいに丁寧に説明することでモチベーションを高く維持し、金銭トラブルを回避できる。

参考文献

内閣府「令和２年版高齢社会白書（全体版)」
厚生労働省「外国人介護人材受入れの仕組み」
日本介護福祉士養成施設協会『令和２年度介護福祉士養成施設の入学定員充足度状況等に関する調査の結果について』
厚生労働省「外国人労働者の雇用管理の改善等に関して事業主が適切に対処するための指針」
結城康博、金井怜己『事例でわかる　介護現場の外国人材　受け入れ方と接し方ガイド』（ぎょうせい、2021年）
『おはよう21　2019年10月号増刊　外国人材の採用・育成・定着　完全ガイド』（中央法規、2019年）

1 人口減少社会は深刻

⑴　福祉マンパワー不足

　2021年12月31日に総務省が発表した人口推計によれば、2022年1月1日時に新成人を迎える人口が前年から4万人減って120万人となっている。

　新成人の推移を見ると、人口減少社会の現実を理解できる。1995年に団塊ジュニア世代が成人式を迎えた201万人を境に減少傾向にある。しかも、2021年の出生数が約80万5,000人となり、20年後の成人は約80万人と現在の3分の2程度になる。

　また、25歳以下の人口層をみればこの傾向は明白である（図表終－1）。この少ない若者層から、今後、どれだけ福祉人材（マンパワー）を確保できるのだろうか。

　実際、福祉・介護分野に限らず、農業、サービス業、建設業といった多くの産業でも「人手不足」は深刻化している。いわば各産業界で「人材獲得競争」が激化しているのだ。

　それに対して、高齢者の人口構成を見る限り、団塊世代層の割合がかなりの塊となっている（図表終－2）。2020年簡易生命表によると、男性の平均寿命は81.64年、女性の平均寿命は87.74年となっており、前年と比較しても男性は0.22年、女性は0.30年上回っている[1]。つまり、これら団塊世代の多くは85歳以上まで存命することとなり、急激に2035年に

1　厚労省「令和2年簡易生命表の概況」2020年7月30日

図表終-1 25歳以下の人口数 (2021年10月1日時点)

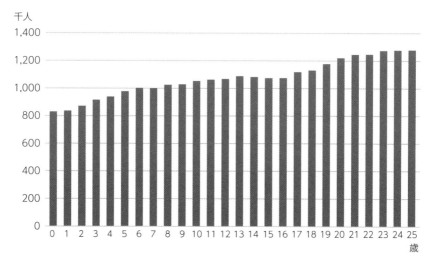

千人

出典：総務省「各年10月1日現在人口年齢（各歳、男女別人口-総人口、日本人口）」をもとに筆者作成

図表終-2 70歳〜90歳の人口数 (2021年10月1日時点)

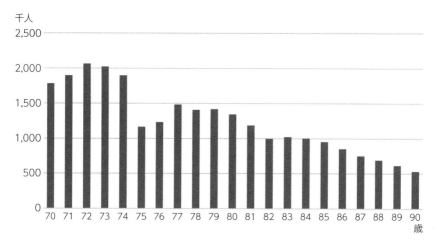

千人

出典：総務省「各年10月1日現在人口年齢（各歳、男女別人口-総人口、日本人口）」をもとに筆者作成

は要介護者が増加することになる。

　現在の85歳以上の人口でさえ、「介護施設が見つからない」「訪問介護事業所にお願いしてもヘルパー不足でサービスが使いにくい」「ケアマネジャー探しに苦慮している」といった現場の声を耳にする。このことから、2035年には大きく需給バランスが崩れ、いわば「介護難民」続出といったことが現実味を帯びてくる。

⑵　地方は「２０歳代の第二期人口減少」

　地方はさらに深刻な人材不足が予測される。大分県の人口構成を例に見てみると、18歳以上の層が減少傾向にあるのは当然であろう（図表終－３）。しかし、地方では、20歳代の人口が「20歳代の第二期人口減少傾向」に陥る。これは、高校を卒業して大学進学もしくは就職などにより、福岡や東京といった大都市部に転出するためだ。

　一方、70歳以上の人口は、ほぼ全国水準と変わらない。同じように団塊世代がかなりの層を占めており、多くの人が85歳まで存命し要介護者となることは明白である。実際、このようなケースが日本の大半となり、札幌、仙台、東京、名古屋、大阪、福岡といった大都市周辺部を除いて「20歳代の第二期人口減少」社会が到来する。

　そのため、出生数が減少傾向で「少子化対策」が急務とされているが、並行して「18歳以上の人口流出防止策」や「Ｕターン施策」に力点を置かなければ、大部分の地方は深刻な人手不足問題となる。

　特に、福祉・介護ニーズが2035年以降に一挙に高まることから、若年層が少ないながらも福祉・介護人材の確保および定着に、社会全体が邁進しなければならない。現在でさえも福祉・介護人材不足が深刻化しているが、より若年層が少ない2035年以降を見据えて抜本的な施策が求められる。

⑶　２０３５年「介護難民」続出の懸念？

　現在、団塊世代のすべてが75歳を迎える2025年問題が注目され、「地

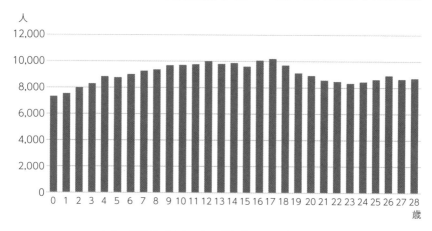

図表終－3　大分県における年齢階層別（0歳〜28歳）人数（2020年10月時点）

出典：総務省「令和2年国勢調査　人口等基本集計」をもとに筆者作成

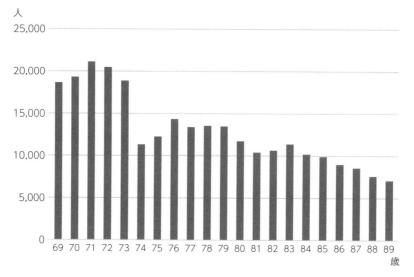

図表終－4　大分県における年齢階層別（70歳〜89歳）人数（2020年10月時点）

出典：総務省「令和2年国勢調査　人口等基本集計」をもとに筆者作成

域包括ケアシステム」といった在宅介護を基軸とした介護・高齢者福祉施策等が進行中である。

　しかし、要介護者の需給バランスを予想する限り、2035年の団塊世代がすべて85歳となる時期が、介護問題最大のターニングポイントとなるだろう。なぜなら、年齢に応じた要介護者の発症率は、85歳以降に高くなっており、85歳以上の２人のうち１人が、軽度であっても要介護者となる（図表終－５）。

　その時期までに、社会が抜本的な福祉人材・介護職員問題に対応しておかなければ「介護難民」続出といった事態を招きかねない。厚生労働省の資料によれば、将来、必要とされる介護職員の人数は現行（2019年時）から、さらに2023年22万人、2025年32万人、2040年69万人との推計が示されている[2]。

　繰り返すが、明らかに人口減少社会における出生数と要介護者数の増

図表終－５　年齢別における要介護者の割合

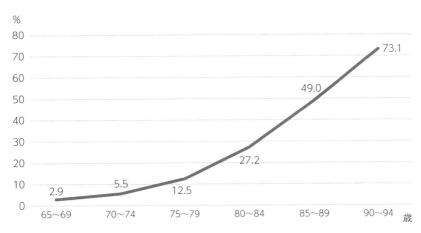

出典：社会保障審議会会議保険部会資料（2022年３月24日）をもとに筆者作成

2　内閣府「選択する未来－人口推計から見えてくる未来像－」124頁、2015年10月

加を見据えた対策を講じなければ大きく受給バランスが崩れることになる。

2 日本の少子化問題

⑴　男女共同参画社会

　昨今、政府は、成長戦略の１つに社会での女性の積極的な活用を掲げ、さらなる男女共同参画社会を推進しようとしている。しかし、「社会保障制度」の持続可能性を考えるうえでは、男女共同参画社会と少子化対策の両面の遂行が求められる。

　女性の第１子平均出産年齢は「男女共同参画社会」の影響もあってか、年々、高くなっている。女性が社会に進出することは歓迎すべきことである。しかし、大学を卒業した女性が社会でキャリアを一定程度積んでも、結婚・出産を実現できるというライフスタイルが浸透する社会環境も整えていかなければならない。実際、その環境が未整備なため、第２子、第３子と女性が複数の出産を諦める傾向が窺える。

⑵　少子化問題の解決

　男女共同参画社会と少子化対策を進めるにあたっては、産休・育休といった仕事にブランクがあっても女性のキャリアに「不利」とならない、企業体質を普遍化すべきである。

　場合によっては産休期間のみで仕事に復帰できるため、４〜５か月程度の休業期間において、０歳児保育所の一層の拡充など女性が安心して仕事に復帰・継続できる雇用・育児システムが当たり前となる環境が求められる。

　女性の社会進出は好ましいことではあるが、それによって女性の結婚・出産の年齢がさらに引き上がり、さらなる「晩産化」が進む可能性が高くなる。本来、合計特殊出生率を高めていくには、20歳代〜30歳代前

半に結婚・出産というライフスタイルを浸透させ、子育てしやすい社会環境をつくることが必然である。女性の出産時期といった医学的な事象も踏まえながら、雇用環境や育児環境の変革を忘れてはならない。

3　世帯構造の変容

⑴　家族構成の変化

　日本の家族形態は三世代家族が減少し、「核家族化」と言われながらも、実態は一人世帯が多くなっている。そうなると、世帯単位を基軸に構築されている日本の社会保障制度に歪みが生じてくる。

　一人世帯が増えるということは、制度上の不平等さも明確になる。たとえば、年金制度は、夫の厚生年金と妻の国民年金を併せて約20 〜 22万円が平均受給モデルとされている。しかし、一人世帯が増えると一人が受給する年金額で老後を暮さなければならず、社会制度との歪みが生じてくる。

　また、年金の保険料においても専業主婦は保険料が実質免除されているが、そうでない一人世帯の人は、しっかりと納めなければならず両者の不平等感が鮮明となる。

⑵　一人世帯の変貌

　医療保険制度においては、毎月支払う保険料は「世帯単位」となっており、「個人単位」での制度設計にはなっていない。そのため、個人単位で支払う際の保険料が高く、世帯主以外の世帯員との差が拡大する。

　「負担と給付」の実態が一人世帯と世帯主以外の世帯員とで差が生じれば、社会保障制度は不平等な制度と認識されていく。たしかに、一昔前は、一人暮らし世帯の割合が低く、しかも、独身の現役世代の割合が多く、いわば「独身貴族」を楽しむといった経済的に余裕のある者が一人世帯であった。しかし、現在の一人世帯は、独居高齢者や非正規雇用

者といった経済的に厳しい層が多い傾向にある。

　今後、一人世帯の増加が予測されるなかで、原則、社会保障制度全体の「負担と給付」を「個人単位」とする決断を下さなければ、不平等なシステムが拡大する可能性も生じている。つまり、18歳未満の子育て世帯に限っては「世帯単位」の考え方を維持し、それ以外においては、原則、「個人単位」で保険料等の負担や給付のあり方に再構築すべきであろう。そして、併せて税制度の「扶養」といったシステムも見直していかなければならない。

4　社会保障と雇用政策

(1)　雇用形態の変容

　一昔前までは、非正規職員（パート含む）・契約社員・派遣社員などの割合は少なかった。しかし2000年以降、これらの層が増加し、終身雇用制度の解体が生じている。そのため、社会保障制度の不安定化を招きかねない事態となっている。

　周知のように医療・年金・介護・労働といった「社会保険」制度は、労働者である被保険者と、雇用者である事業主が支払う保険料で賄われている。ただし、税金である公費も投入されており、同様に労働者と事業主と双方が税金といった形態でも負担している。

　つまり、非正規職員等の割合が高くなれば、賃金も正規職員と比べて低水準となり保険料や納める税金も低くなり、結果的には社会保障財源が少なくなる。

　また、「生涯未婚率」が高くなっている背景には、安定した雇用環境が整っていないため、結婚して家庭を築くことに踏み切れない男女が増えている背景もある。実際、少子化対策というと、保育サービスの拡充や育休・産休といった子育てシステムに目が向けられがちだが、安定した雇用環境が整備されることが最優先であろう。

(2)　終身雇用制度の再構築

　このまま雇用の流動化が進めば、社会保障財源の確保につながらず、少子化対策の是正にも結び付かない。再度、「終身雇用制度」の再構築を図らなければならないと考える。しかも、不安定な雇用環境となれば個人消費にも影響をきたし、結果的に「内需」の規模を縮小させてしまい企業利益においても大きなデメリットとなる。

　そうなると、企業による業績も伸び悩み、繰り返しになるが社会保障における財源確保も未知数となる。いわば雇用政策と社会保障制度は表裏一体の構図であり、短期的な企業経営の効率化を優先して終身雇用制度の解体に向かう動きは、長期的には日本全体の社会保障制度の不安定化を招く危険性をはらんでいる。

5　貧困の連鎖

(1)　教育と経済格差

　貧しい家庭に生まれても、子どもの努力次第で「奨学金」などを利用しながら一流大学に進学し、それなりの社会的地位と賃金を稼げる「平等社会」は崩れつつある。

　序章でも述べたように、現在、4年制大学の進学率は約50％であるが、明らかに親の年収と大学の進学率は関連している。もちろん、4年制大学に進学したからといって将来の賃金が保障されるとは限らない。高卒であっても、大卒者よりもはるかに高額な賃金を稼いでいる者もいる。

　しかし、労働政策研究・研修機構の統計によれば、大卒者は高卒者よりも勤務年数が少ないにもかかわらず生涯年収が3千万円も違うことから、高学歴のほうが賃金水準は高い傾向にある。つまり、親の年収が高いほど高学歴となる確率は高く、生涯賃金も高額になる可能性が高いことになる。

(2) スタートから平等でない

　序章でも触れたが、児童福祉の現場では「貧困の連鎖」といった問題が深刻化している。貧しい家庭に生まれた子どもは大人になっても低賃金労働者として働く可能性が高く、再度、貧困家庭を築き、そして、その子どもも貧困層となるというのだ。

　厳しい家庭環境では塾に行く費用も工面できず、幼い頃から美術館や博物館、映画といった文化的な暮らしにも縁遠くなる。このような児童・学生の家庭環境が、教育格差につながり大人になっても階層化していくというのである。

　高度経済成長期であれば、公立学校の授業を真面目に受けていれば、それなりの大学に進学できた。しかし今は、小学校から英語やIT教育が導入され、学校以外での教育機会に恵まれれば、それだけ有利となる。全体の教育水準が高くなることは歓迎すべきだが、親の年収格差によって、その子どもの教育水準に差が生じることは結果として「貧困の連鎖」を招く一因となる。

　そのため、低所得者の児童や学生には、塾代を工面する等の機会を提供する「福祉的教育」サービスを早い時期から構築していかなければならない。子どもは親を選べないのだから、社会で補填するしかない。

6 経済的貧困と社会的孤立

(1) 孤立する高齢者

　超高齢化社会の到来により独居高齢者や老夫婦世帯が増加することで、社会からの「孤立化」が懸念される。たとえば、孤独死、高齢者虐待、介護殺人、老老介護といった問題は、高齢者世帯が社会から孤立することで引き起こされる。社会とのパイプが少しでもあれば、福祉・介護サービスにつなげることができ、最悪の事態を招くことも回避できる。

　高齢者世帯が社会から「孤立化」される要因としては、家族機能や地域社会の希薄化によって、潜在的に社会サービスが必要とされる高齢者世帯が顕在化されにくくなっているためである。

(2)　経済的貧困

　しかし、もう1つの要因として、経済的貧困を忘れてはならない。つまり、65歳を過ぎた高齢者でも一定の経済的収入が確保されれば、友人や親戚とも夕食・懇親会などの交流を持つことができ、あるいは高齢者間の趣味活動などで社会とのつながりを継続できる。また、遠い親戚の子どもでもお年玉を通して交流を深めることができる。しかし、家計が厳しくなれば、付き合いなどの金銭的余裕がなくなり社会との交流機会も減っていく。

　実際、筆者が高齢者現場で相談員の仕事に従事していた際、家計が厳しい高齢者世帯では知人の葬式をためらうという相談を受けたことがある。葬儀に行くと5千円～1万円の香典を支払うことになり、世代的にも亡くなる知人が多い高齢者世帯の一部には、本当は葬儀に行きたいのだが手ぶらではいけないという。特に、毎月の年金収入が5万円程度の国民年金受給者にとっては、香典代は大きな出費となる。

　その意味では、高齢者間格差を是正していくには、低所得者を中心に社会保障制度を充実させ、年金収入などの可処分所得を保険料や税金等で目減りさせない方策を講じることで、社会からの「孤立」を防ぐことを忘れてはならない。

7　日本経済の持続性

(1)　保険料や税収に影響

　日本の生産年齢人口が減少することで、「経済力」の持続性にも不安が生じる。当然、日本の経済力が減退すれば、保険料徴収や税収にも大

きく影響を及ぼし、社会保障制度の維持・充実にも問題が生じるからだ。

　内閣府資料によれば、世界のGDPに占める日本の割合は、1980年は9.8％、1995年には17.6％まで高まった。しかし、2010年には8.5％、2020年には5.3％と大きく下がり、このまま推移していくと2040年には3.8％、2060年には3.2％まで低迷するというデータが示されている[3]。

(2)　期待する外国人介護職員にも疑念

　中長期的に見て、日本の「円」が強くあり続けるとは限らない。日本の国際経済力が回復すれば問題はないかもしれないが、このまま低迷していけば、たとえば、介護人材不足に期待を寄せる「外国人介護職員」の来日メリットも薄くなる。いわば外国人労働者への期待は、日本の国際競争力の強化次第といえる。そのため、長期的には外国人労働者に頼らない労働政策も考える必要があるのではないだろうか。

8　医療・福祉分野と経済政策

(1)　雇用の創出機能

　医療保険・介護保険等の「社会保険」は、どうしても被保険者や企業による保険料拠出といった「負担」のイメージが先行する。まして自治体の福祉サービス拡充には、多くの「税」負担があるとされ大きな懸念を抱く者も少なくない。

　しかし、これら医療や介護を「社会投資」として社会が理解していく必要がある。保険料や税を単なる「負担」と捉えるのではなく、団塊ジュニア世代の「親」世代が要介護者となる年齢層に達することも想定して「投資」と考えるのである。

　それでは既述の大分県の現状をみてみよう（図表終－6）。各産業別

3　財務省「令和4年度国債発行計画概要」2021年12月24日

図表終－6　大分県の雇用と賃金の動き（事業所規模5人以上）

	実数（人）	パート比率（%）	平均月間現金給与（円）
調査産業計	368,557	30.9	243,239
建設業	24,744	19.9	278,467
製造業	53,282	9.9	285,090
電気・ガス・熱供給・水道業	2,112	7.7	458,373
情報通信業	5,307	4.0	534,706
運輸業、郵便業	20,180	9.9	272,178
卸売業、小売業	65,532	51.6	193,997
金融業、保険業	10,865	11.5	267,070
不動産業・物品賃貸業	3,962	15.6	302,329
学術研究、専門・技術サービス業	6,551	14.7	282,133
宿泊業、飲食サービス業	29,647	81.6	123,945
生活関連サービス業、娯楽業	3,473	38.8	162,661
教育、学習支援業	26,200	37.7	236,828
医療、福祉	87,479	24.9	261,502
複合サービス事業	2,939	14.2	272,129
サービス業（他に分類されないもの）	25,812	27.6	207,528

出典：大分県「毎月勤労統計調査地方調査結果（令和4年4月分）」より

の雇用者数において「医療・福祉」分野が多くを占めている。つまり、県民の多くは医療・福祉関連で生計を維持しており、地域雇用の重要な柱となっている。しかも、月額賃金もわずかばかりではあるが平均を上回っている。仮に医療・福祉分野の発展がなければ地域経済の活性化は期待できないともいえる。

⑵　「負担」から「投資」というイメージへ

医療・福祉といった分野は、社会的弱者を支える社会サービスというイメージを払拭させ、各地域の「雇用創出」、消費活動の「源」といった認識を持つべきである。これだけの雇用者がいれば、消費者としての大きな役割を果たしている産業として認識されなければならない。

その意味では、「公共事業」は、地域経済の活性化のカンフル剤とし
て考えられがちだが、医療・福祉の充実を達成させてそれらの分野の職
員等の給与を引き上げることで「内需」を喚起させることが重要である。
　社会保障のために保険料上昇、税負担に消極的な国民は多い。しかし、
このような人々は、医療や福祉における「投資」的役割を理解できてお
らず、「負担」といったイメージを抱いている。この認識から変えてい
かないと、社会保障は「お荷物」といったイメージが先行されてしまう。

⑶　福祉の「乗数効果」

　「乗数効果」という経済用語を耳にしたことがあるだろうか。国会で
も話題となった専門用語である。乗数効果とは、一定の条件下において
有効需要を増加させたときに、増加させた額より国民所得が拡大する現
象である。
　しかし、昨今、「公共事業」による乗数効果はそれほど期待できず、
GDPを増やすどころか、かえって国債発行を増大させ金利を上げてし
まう。その結果、民間投資を減少させてしまい景気回復には効果がない
と評されることもある。
　同じ財政出動をするのであれば、福祉部門へ集中的に「投資」して福
祉サービスを充実させてはどうだろうか。いわゆる「福祉循環型社会シ
ステム」を目指し、サービスを充実させることで福祉従事者の雇用増大
と賃金引き上げ、内需経済を活性化させることにより景気回復につなげ
るのである。

⑷　企業の法人税

　一方、「社会保障制度」の財源となる税金や保険料を負担においては、
繰り返すが現役世代といった「人」だけでなく、法人といった「企業」
も大きな役割を果たしている。
　そこで政府は、「国際競争」という名の下に段階的に法人税を引き下
げた。しかし、それによって大手株式会社は多額の「内部留保」を増や

している。しかも、これら大企業の資産額は増加傾向にある。大企業は、法人税減税を強化しても市場経済で有利となり、ゲームを始める前から恩恵が与えられる。その意味では、今後は企業の法人税引き上げも考える必要がある。

9　公共政策としての福祉

⑴　公務員もしく準公務員化

　福祉人材不足対策の具体的な抜本施策の１つに、訪問介護部門の一部を自治体（市町村）が直に引き受け、公務員もしくは準公務員ヘルパーとして雇用形態を再構築することが考えられる。介護保険制度の創設前を振り返ると、「措置」制度による訪問介護が基本であった。いわゆる公費による「ホームヘルプ事業」を基軸に、自治体もしく社会福祉協議会による職員（ヘルパー）による訪問介護サービスが主体となっていた。

　一部の地域においては委託事業形態によって「ホームヘルプ事業」を民間供給主体が担っていたケースがあったが、多くは自治体（市町村）や社会福祉協議会の職員で運営されている。そのため、雇用環境も安定しており、当時、ホームヘルパー（訪問介護員）に公募があれば多くの人が応募していた。

　ところで、昨今、保育士不足が指摘されているが、公立保育園の採用においては応募者が多く、採用試験に倍率が生じている。つまり、保育士不足は民間保育園が主流であり、公立保育園の課題ではない。

⑵　18歳人口流出の防止策

　このように、公務員もしくは準公務員といった雇用形態によって訪問介護員（ヘルパー）を増やす施策に転じれば、深刻な人材不足の解消につながるはずだ。なぜなら、生産年齢人口が減少しても、依然として若者の公務員人気は高いからだ。そして、過疎地で公務員として働く訪問

介護員が増えれば、若者が当該地域に定住することとなり、人口減少対策の１つの方策ともなるだろう。

10 高齢者層からの負担の検討

「骨太の方針」（2022年６月７日）では、社会保障における「給付は高齢者中心、負担は現役世代中心」を見直すと明言された。その流れもあってか、たとえば、後期高齢者医療制度における年間保険料上限額、現行66万円である賦課限度額のさらなる引き上げも提唱されている。加えて、2022年10月からは、後期高齢者で年収200万円以上の単身者は医療費窓口自己負担が１割から２割に引き上げられることとなっている。もっとも、すでに現行年収383万円以上は３割負担ではあるが。

一定の余裕のある高齢者層に負担を課していくことは理解できる。しかし、年金収入等の所得に応じて負担をさらに課していく分配手法よりも、まずは「金融所得課税」を強化して財源に充てることのほうが先ではないだろうか。

今回の「骨太の方針」では、投資による資産所得倍増を目指して、「NISA（少額投資非課税制度）」の抜本的拡充も提唱されている。日本証券業協会資料の個人株主の年齢別データによれば、個人株主数約1,407万人のうち年齢不明が約232万人となっており、それらを除いた数に占める半数以上が60歳以上となっている。その意味では「金融所得課税」を強化することで、一定の高齢者層に負担を求めることは可能だ。

しかも、現行の所得税および地方税の最高税率は年収4,000万円以上に対して55％ではあるが、株式譲渡益や配当金など金融所得課税は一律20％となっている。つまり、所得といっても金融所得が占める割合が高くなると、富裕層優遇といった不公平感が生じかねない。その意味では、現役世代においても金融所得課税を強化したならば、給与所得層との公平感が保てると考える。

社会保障の財源確保から考えるならば、短期的には株式相場に影響を

及ぼしかねない「金融資産課税」の強化だが、年金収入等の所得に応じて課すよりも先に手をつけるべきだ。超高齢社会においては、優先順位を考慮した分配の議論が不可欠である。

11　「自助」というが

　現在の日本では、「グローバル化」「規制改革の推進」「競争社会への期待」といった社会の流れから、「自助」の理念が台頭しているかに感じられる。厳しい市場経済下で努力して良いアイデアを生み出し成功した人々から、高額な税金や保険料を徴収して不遇な人に財を「再分配」することに、消極的な意見は少なくない。フェアな市場経済で得た富において、「正直者が損をする」ことは許されるべきではない。「再分配」システムは重度障害者や特定の子どもらなどに限定的にすべきという「小さな政府」こそが、公正な社会システムというのだ。

　そのため、「大きな政府」のように市場経済で配分された富を、もう一回、税金や保険料として国などに納め、困っている人々などの社会的弱者に「再分配」する考えは、厳しい国際社会に勝ち抜いていくためには、もはや日本社会では消極的にならざるをえない。しかし、だからといって生活困窮者は自業自得であり、フェアな市場経済で敗者となったのだから、やむなしというわけにはならない。

12　潜在能力（capability）というキーワード

　ノーベル賞（経済学）を受賞したアマルティア・K・セン（Amartya Kumar Sen）は、財貨の支配は、「福祉」という目的のための「手段」であって、それ自体は目的にはならないと主張する（アマルティア・セン著、鈴村興太郎訳『福祉の経済学』岩波書店　1988年　44頁）。つまり、センは「潜在能力」というキーワードを用いて、必ずしも「貨幣」を中心とした所得の再分配だけでなく、個人が自らサービスを獲得できる能

力も評価しなければならないとした。

　要するに中長期的な社会保障制度の方向性を考えるならば、サービスにつながらない層を想定しながら、所得の再分配機能をどのように社会システムに盛り込むかを考え、潜在的な格差是正策が求められるべきである。そして、経済学のオーソドックスである「合理的選択論（Rational Choice）」の欠点を踏まえ、今後の社会保障施策が議論されるべきであろう。

　その意味で、ジニ係数により格差問題を分析することは一定程度可能ではあるが、「潜在能力」「合理的選択論」の是非を踏まえながら、今後の日本社会における「再分配」施策の重要性について議論されなければならない。

13 制度あってもサービスなし

⑴　経済学における「自由」「市場」を踏まえて

　昨今、施設経営、自治体経営など重要な要素として位置づけられ、「福祉経営学」といった研究分野も成立してきた。しかし、いまだ「経済学」をベースにした「福祉経済学」といった探求は少ない。今後、人口減少社会およびグローバル化を考慮するならば、「経済学」を踏まえた「社会福祉」の確立が不可欠である。なぜなら、福祉・介護マンパワー不足によって需給バランスが大きく崩れているため、これらに真っ正面から取り組まなければならないからだ。

　また、「契約」システムを社会福祉制度の中核に据えることは、需要側である利用者にも「選択」権が担保されるものの、同時に、供給側にも「自由」を保障させることになる。つまり、「契約」が成立しなければ、サービス事業者は利用者を受け入れる必要がないのである。

⑵　「合理的経済人」の罠にはまる

　特に「契約」システムの欠点は、サービスを利用する意向を示さなければ、利用者は取り残されることだ。たとえば、経済学の初歩的な理論として「合理的経済人」という考え方がある。自己利益を最大化しようとする行動規範が多くの経済学モデルの基礎をなしている。これらは金銭的側面だけではなく、自己実現や達成感も「利益」と考えられる。しかし、超高齢社会においては、人は必ずしも合理的な行動をとるとは限らない。

　今後、認知症高齢者の増加により、「合理的判断」をすることが難しい者が増えることになる。つまり、「市場経済（社会保険制度のような擬似的市場を含む）」といった契約システムの問題が浮き彫りとなり、「オレオレ詐欺」「消費者被害」など高齢者をターゲットとした悪質業者や犯罪件数が増えていく。しかも、「契約」システムには「保証人」が必要とされ、身寄りのいない高齢者などがアパートに入居する、介護施設に入所する、病院へ入院するなどの際、多くの問題が生じている。特に、医療処置の判断や死亡時の葬儀など、親族に替わる「保証人」が求められるため、身寄りのいない場合には「契約」に至らずサービスを利用できないケースも少なくない。

　このように、人口全体に占める一定割合の人が「合理的判断」ができず、経済活動に問題が生じている事実を社会全体が受けとめなければならない。救済手段として、家庭裁判所の判断で「契約行為」を弁護士、司法書士、社会福祉士などが代替することができる成年後見制度が挙げられるが、認知症高齢者すべてをカバーしているわけではない。

　経済活動の前提は「互いに合理的判断ができる」「買い手と、売り手が『契約』を交わしていく」ことであり、これらの関係が成立してこそ「対等」な関係となる。

⑶　地域や家族機能の希薄化

　本来であれば、これらの機能は家族や近所の友人が代替してきたのだが、独居高齢者の急増や地域社会の希薄化により、「契約社会」から一部の「人」は置き去りにされている。そのため、合理的判断に基づく経済システムには限界があり、新たな仕組みを考えていく必要がある。超高齢社会において社会の包容力は欠かせないが、一部、利用者の意思に反する（そぐわない）場面も存在し、「社会福祉学」の援助体系の再構築が求められている。

　しかし、現在、大部分の「措置制度」は解体されてしまい、すでに公的機関（自治体）の役割・責務も後退しているなかで、利用者の意思に反して（そぐわない）サービスを強制的に行政処分として提供することは難しい。そのため、再度、「社会福祉基礎構造改革」の検証が必要である。

⑷　競争原理の限界

　2000年に始まった介護保険制度のコンセプトは、規制緩和によって多くの供給主体が社会保険を媒介にした「市場」に参画できることであった。その結果、「競争原理」が働き、介護サービスの質の向上が部分的には達成され、誰もが介護サービスにアクセスしやすくなった。しかし、既述のように福祉・介護人材不足が深刻化し有効求人倍率が驚異的に高くなると、多くの介護事業者は人材の確保・定着に苦慮するようになる。そして、やむなく介護市場から撤退する事業所が生じ始めている。

　今後、このような状況が続けば介護分野の需給バランスが崩れ、需要側である利用者が供給側である「介護事業所に選ばれる」可能性も考えられる。これまでも、特別養護老人ホームでは、一部、待機者が多く、需給のアンバランスは問題であった。

　しかし、昨今の介護人材不足を背景とした供給不足は、地域・分野に関係なく介護サービス全体に及んでいる。当然、この状況が深刻化して

いけば、介護事業者側が利用者を選択してしまい、たとえ認知症や重度要介護者であっても例外にはならない。つまり、今後、「制度あっても介護サービスなし」といった介護崩壊を招きかねない。

14 まとめ

　当然、公費による社会保障サービスの拡充には、多くの財源確保が必要となる。そのため、既述のとおり「社会投資」と社会全体が理解していく必要がある。

　近い将来、団塊ジュニア世代の「親」世代が要介護者となる年齢層に達する。もし、社会的な介護システムが機能しなければ、団塊ジュニア世代に親の介護が重くのしかかり、「介護離職」といった問題が深刻化し、労働力維持にも問題が生じるであろう。特に、70歳まで働ける社会を目指すのであれば、親の介護を社会が担わなければ安心して働き続けることは難しい。

　また、福祉職等の賃金がアップされ雇用が増大されれば、福祉職も消費者でもあることに変わりなく、地域の「内需」の牽引役にもなるだろう。

≪執筆者一覧≫　　　　　　　　◎は編著者

◎序　章　結城　康博（淑徳大学総合福祉学部教授）
◎第1章　大津　　唯（埼玉大学大学院人文社会科学研究科准教授）
　第2章　佐保　昌一（日本労働組合総連合会　総合政策推進局長）
　第3章　木島　望美（淑徳共生苑（特別養護老人ホーム）社会福祉士）
　第4章　大越　　公（宮古市市民生活部総合窓口課）
　第5章　市川　正人（地域福祉ユニオン東京相談員）
　第6章　吉田佳代子（吉田佳代子税理士事務所所長　税理士）
　第7章　元田　宏樹（聖学院大学心理福祉学部准教授）
　第8章　小板橋恵美子（東邦大学健康科学部教授）
　第9章　阿比留志郎（養護老人ホーム丸山　施設長）
◎第10章　河村　　秋（和洋女子大学看護学部准教授）
　第11章　佐藤　純子（流通経済大学社会学部教授）
　第12章　松山　美紀（国際医療福祉大学介護福祉特別専攻科専任講師）
　終　章　結城　康博（前　掲）

わかりやすい　社会保障制度 改訂版
～ はじめて福祉に携わる人へ ～

2023年1月31日　第1刷発行
2024年3月31日　第3刷発行

編　著　結城　康博・河村　秋・大津　唯
発　行　株式会社 ぎょうせい

〒136-8575　東京都江東区新木場1-18-11
URL：https://gyosei.jp

フリーコール　0120-953-431
ぎょうせい　お問い合わせ 検索 https://gyosei.jp/inquiry/

〈検印省略〉

印刷　ぎょうせいデジタル㈱　　　　　　　©2023 Printed in Japan
※乱丁・落丁本はお取り替えいたします。

ISBN978-4-324-11235-9
(5108849-00-000)
[略号：わかりやすい社会保障（改訂）]